作者简介

肖沛权，法学博士，中国政法大学教授，硕士生导师，美国加州大学戴维斯分校法学院访问学者，北京市炜衡律师事务所律师。近年来，先后在《法商研究》《政法论坛》《法学》《比较法研究》等刊物发表学术论文40余篇。出版个人学术专著《排除合理怀疑研究》《刑事司法改革问题研究》等两部。参编《刑事诉讼法》《刑事诉讼法学案例研究指导》等教材。主持教育部人文社科项目、北京社科基金项目等多项。研究成果获中华法学硕博英才奖、陈光中诉讼法学优秀博士论文奖等。

KEEP AWAKE
觉晓教育

2022年觉晓法考培优系列

刑诉主观题

知识点+小案例

肖沛权◎编著　觉晓法考◎组编

中国政法大学出版社

2022·北京

图书在版编目（ＣＩＰ）数据

2022 年觉晓法考培优系列. 刑诉主观题：知识点+小案例/肖沛权编著；觉晓法考组编. —北京：中国政法大学出版社，2022. 3

ISBN 978-7-5764-0374-9

Ⅰ. ①2… Ⅱ. ①肖… ②觉… Ⅲ. ①刑事诉讼法－中国－资格考试－自学参考资料 Ⅳ. ①D92

中国版本图书馆 CIP 数据核字(2022)第 029894 号

出 版 者　中国政法大学出版社
地　　址　北京市海淀区西土城路 25 号
邮寄地址　北京 100088 信箱 8034 分箱　邮编 100088
网　　址　http://www.cuplpress.com（网络实名：中国政法大学出版社）
电　　话　010-58908285(总编室)　58908433（编辑部）58908334(邮购部)
承　　印　北京鑫海金澳胶印有限公司
开　　本　787mm×1092mm　1/16
印　　张　14.25
字　　数　370 千字
版　　次　2022 年 3 月第 1 版
印　　次　2022 年 3 月第 1 次印刷
定　　价　58.00 元

CSER高效学习模型

传统机构没有搭建教学体系的能力，只贩卖老师讲知识点的课件，缺失搭框架、刷题、记忆等环节；听完课不会做题、知识点散、后期没有背诵资料，学习效果很差！

觉晓坚持每年投入上千万，组建**名师+高分学霸**教学团队，按照 **C（讲考点→理解）→S（搭体系→不散）→E（刷够题→会用）→R（多轮背→记住）**学习模型设计教学产品，让你学习效果提高 **1.97 倍**。

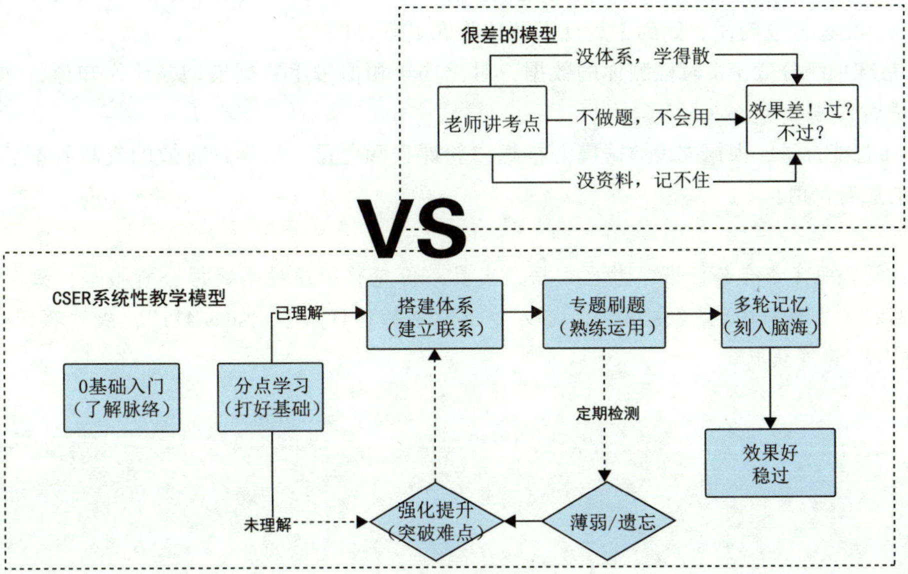

前面理解阶段跟名师，但后面记忆应试阶段，高分学霸更擅长，这样搭配既能保证理解，又能应试；时间少的在职考生可以直接跟学霸高效应试。

同时，知识要成体系性，后期才能记住，否则学完就忘！因此，觉晓有**推背图，诉讼流程图**等产品，辅助你建立知识框架体系，后期可以高效复习！

觉晓坚持数据化学习

觉晓已经实现听课、刷题、模考、记忆全程线上化学习；在学习期间，觉晓会进行数据记录，自 2018 年 APP 上线，觉晓已经积累了上百万的数据，并有十多万过线考生的精准数据。

觉晓有前百度、腾讯、京东等大厂的 AI 算法团队，建模分析“过线考生”VS“没过线考生”的数据差异，建立“过考模型”，其应用层包括：

1. 精准的数据指标，让你知道过线每日需要消耗的“热量、卡路里”，有标准，过线才稳！

2. 按照数据优化教学产品，一些对过线影响不大的科目、知识点就减少，重要的要加强；课时控制，留够做题时间，因为中后期做题比听课更重要！

3. 精准预测分数，实时检测你的数据，对比往年相似考生数据模型，让你知道，你这样学下去，最后会考几分！

4. AI 智能推送，根据过线数据模型推送二轮课程和题目，精准且有效的查缺补漏，让你的时间花的更有价值！

注：觉晓每年都会分析当年考生数据，出具一份完整的通过率数据分析报告，每年有三份“客观题版”“主客一体版”“主观题二战版”，可以在微信订阅号“sikao411”，或“蒋四金法考”“觉晓法考”微博获取。

KEEP AWAKE

目录
Contents

第一部分　2010-2021年主观题考点分布

第二部分　具体专题

第一部分　2010–2021年主观题考点分布

KEEP AWAKE

重点章节/考点	真题考查	具体考点	重点法条
认罪认罚从宽制度	2019	1. 认罪认罚从宽处理原则	《刑事诉讼法》第 15 条
	2021	2. 侦查阶段的认罪认罚	《自首和立功的解释》第 7 条 《公安机关规定》第 188 条
刑事管辖	2019	1. 立案管辖	《监察法》第 11 条 《刑事诉讼法》第 19 条
	2019	2. 审判管辖（指定管辖）	《刑诉解释》第 18 条
	2019	3. 管辖权竞合（监察机关和其他机关）	《监察法》第 34 条
	2020	1. 利用计算机网络实施犯罪的管辖	《刑诉解释》第 2 条
辩护与代理	2021	1. 刑诉当事人（单位犯罪）	《刑诉解释》第 336、337 条
	2021	2. 值班律师制度	《值班律师工作办法》第 2、6 条
刑事证据	2010、2011、2015、2018	1. 达到证明标准的条件（证明标准；间接证据定罪标准）	《刑事诉讼法》第 55 条 《刑诉解释》第 140 条
	2011、2012、2018	2. 犯罪嫌疑人、被告人供述的审查判断、重复性供述的排除等	《刑诉解释》第 69~146 条

续表

重点章节/考点	真题考查	具体考点	重点法条
刑事证据	2015	3. 证人证言的审查判断（证人出庭条件；证人拒绝出庭的后果；强制证人出庭的规定）	《刑诉解释》第 87~92 条、第 249~266 条
	2012、2015	4. 非法证据排除规则	《刑事诉讼法》第 56 条
	2020	5. 讯问录音录像	《严格排非规定》第 34 条 《刑诉解释》第 94 条
	2020	6. 电子证据的审查判断	《刑诉解释》第 110、112 条
	2020	7. 有专门知识的人对鉴定报告提出意见	《刑诉解释》第 100 条
强制措施	2013	1. 监视居住的地点、条件（指定监视居住）	《刑事诉讼法》第 75 条
刑事附带民事诉讼	2008	1. 刑事/附带民诉部分各自生效时二审法院的处理规则	《刑诉解释》第 407、409 条
侦查制度	2013	技术侦查措施	《刑事诉讼法》第 150 条 《公安机关规定》第 265 条
起诉制度	2019	移送审查起诉的案件漏罪漏人	《最高检规则》第 356 条
审判概述	2014	1. 审判公开原则及其例外	《刑事诉讼法》第 285 条
	2021	2. 审判组织（合议庭）	《刑诉解释》第 213、215 条
第一审程序	2020	1. 检察院的举证、质证方式	《最高检规则》第 399 条
	2016	2. 庭前会议的审查规则（非法证据的审查）	《严格排非规定》第 25 条
第二审程序	2009	1. 二审全面审查	《刑事诉讼法》第 233 条
	2016	2. 上诉不加刑原则	《刑事诉讼法》第 237 条
	2016	3. 二审审理方式（开庭审理；不开庭审理）	《刑事诉讼法》第 234 条
	2017	1. 二审判决的效力	《刑诉解释》第 413 条
	2021	1. 并案审理与分案审理 2. 二审的审理结果	《刑诉解释》第 24、404 条
死刑复核程序	2009	1. 死刑复核程序（死缓）	《刑诉解释》第 408、423、424、428、500、512 条

续表

重点章节/考点	真题考查	具体考点	重点法条
审判监督程序	2017	1. 向检察院申诉的程序	《最高检规则》第 593~595 条
	2017	2. 事实不清、证据不足的再审处理结果	《审理检察院按照审判监督程序提出抗诉案件规定》第 4 条
	2017	3. 再审程序的启动	《刑事诉讼法》第 254~256 条
执行程序	2009	1. 死刑立即执行的变更	《刑诉解释》第 500 条
特别程序	2014	1. 强制医疗程序的适用条件	《刑事诉讼法》第 302 条
	2014	2. 强制医疗程序决定的救济	《刑事诉讼法》第 305 条
	2014	3. 强制医疗程序的审理程序	《刑事诉讼法》第 304 条

第二部分　具体专题

KEEP AWAKE

专题一 刑事诉讼法的基本理论

第一节　刑事诉讼的基本理念

一、惩罚犯罪与保障人权

（一）惩罚犯罪

概念：惩罚犯罪是指通过刑事诉讼程序，在准确及时查明案件事实真相的基础上，对构成犯罪的被告人公正适用刑法，以打击犯罪。

（二）保障人权

1. 概念：保障人权是指在刑事诉讼过程中，保障诉讼参与人特别是犯罪嫌疑人、被告人的权利免受非法侵害，是对国家刑罚权的规制。

2. 具体要求：①无辜的人不受追究；②有罪的人受到公正处罚；③诉讼权利得到充分保障和行使；④保障被害人和其他受到犯罪影响的人的合法权益。

（三）惩罚犯罪与保障人权的关系

社会存在着犯罪，就必须进行追究，否则，就不能保障公民的生命、财产和其他合法权利不受侵犯，不能维护社会秩序的稳定。然而，由于国家专门机关在追究、惩罚犯罪的过程中，往往自觉不自觉超越权力、甚至滥用权力，从而侵犯诉讼参与人的权利，因此要求保障人权。由此可见，**惩罚犯罪不能忽视保障人权**。同时，**保障人权也不能脱离惩罚犯罪**。在处理二者的关系时，**应当坚持惩罚犯罪与保障人权并重**。

需要注意的是，虽然大多数情况下惩罚犯罪与保障人权是统一的，但也存在一些**发生冲突与矛盾的情形。此时则需要根据利益权衡的原则作出选择**。例如，非法证据排除规则的设置，从保障人权的角度来看，由于非法取证侵犯了公民的基本权利，原则上应当予以排除，但倘若非法证据一律排除，则可能阻碍案件事实的查清，难以惩罚犯罪，因此，在一些情况下又需要有条件地予以采纳。在惩罚犯罪与保障人权的平衡角度来看，非法证据排除是原则，在此基础上保留不排除的例外。

二、实体公正与程序公正

（一）实体公正

1. 概念：指结果公正，是案件实体的处理结果所体现的公正。

2. 具体要求：

①据以定罪量刑的犯罪事实的认定，应当做到证据确实充分。

②按照罪刑法定原则，正确适用刑法，准确认定犯罪嫌疑人、被告人是否犯罪及其罪名。

③按照罪刑相适应原则，依法合理判定刑罚。

④涉案财物得到公正合法的处理。

⑤对于错误处理的案件，通过救济程序及时纠正、及时补偿。

（二）程序公正

（1）概念：指过程公正，是诉讼程序方面体现的公正。

（2）具体要求：①严格遵守刑事诉讼法的规定。②全面保障当事人和其他诉讼参与人，特别是犯罪嫌疑人、被告人和被害人的诉讼权利。③适用涉及基本权利的强制性措施应当适度，必须严格符合法律规定的条件并经过适当的事前审查。④严禁刑讯逼供和以其他非法手段取证。⑤司法机关依法独立行使职权。⑥保障诉讼程序的公开性和透明度。⑦控辩平等对抗，控审分离，审判者居中裁判，不偏向任何一方。⑧严格依法定期限办案、结案。

（三）实体公正与程序公正的关系

实体公正和程序公正既对立又统一。在二者发生矛盾时，同样需要根据利益权衡的原则作出选择。在我国，长期存在“重实体、轻程序”的做法，应当着重予以纠正。因此，在执法方面，要严格执法，既遵循实体法，也遵循程序法。

三、诉讼效率

1. 概念：诉讼中所投入的司法资源（包括人力、财力、物力等）与案件处理数量的比例。

2. 体现诉讼效率的制度：（1）诉讼期限。（2）认罪认罚从宽制度。（3）酌定不起诉。（4）简易程序和速裁程序。（5）庭前会议。

3. 公正与效率的关系：公正优先，兼顾效率。应当是在保证司法公正的前提下追求效率。

【总结】在判断某项制度是否体现诉讼效率原则时，主要从以下两个方面考虑：一是此项制度的实施有没有帮助节省资源；二是此项制度的实施有没有帮助节省时间。能够节省资源或者节省时间的，都属于诉讼效率的体现。

第二节　刑事诉讼法的价值

一、刑事诉讼法的工具价值与独立价值

刑事诉讼法与刑法统称刑事法，刑法是实体法，刑事诉讼法是程序法。刑事诉讼法具有保障刑法正确适用的工具价值，也有自己独立的价值。

1. 刑事诉讼法的工具价值

（1）概念：【保障刑法实现】指刑事诉讼法在保障、促进查明事实真相，惩罚犯罪，保障实

体法内容的实现方面的价值。

（2）体现：

①【组织保障】通过明确对刑事案件行使侦查权、起诉权、审判权的专门机关，为调查和明确案件事实、适用刑事实体法提供了组织上的保障。例如《刑事诉讼法》第19条第2款规定人民检察院可以对司法工作人员利用职权实施的非法拘禁、刑讯逼供、非法搜查等案件立案侦查，为非法拘禁等犯罪案件的定罪量刑提供组织。

②【架构和有序保障】刑事诉讼法通过明确行使侦查权、起诉权、审判权主体的权力与职责及诉讼参与人的权利与义务，为调查和查明案件事实及适用刑事实体法的活动提供了基本构架。例如，《刑事诉讼法》规定公安机关负责对大部分案件的侦查工作，人民检察院负责对公诉案件审查起诉，法院负责审判等，为定罪量刑的实现提供基本框架。同时，由于有明确的活动方式和程序，也为刑事实体法适用的有序性提供了保障。例如，《刑事诉讼法》明确规定惩罚犯罪的活动方式和程序。

③【手段和程序规范】规定了收集证据的方法与运用证据的规则，既为获取证据、明确案件事实提供了手段，又为收集证据、运用证据提供了程序规范。

④【减少误差】关于程序系统的设计，可以在相当程度上避免、减少案件实体上的误差。

⑤【效率】针对不同案件或不同情况设计不同的具有针对性的程序，使得案件处理简繁有别，保证处理案件的效率。

2. 刑事诉讼法的独立价值

（1）概念：与刑法的定罪量刑实现没有关系，是刑事诉讼法所独有的价值。

（2）内容：【本身体现民主、法治、人权】包括程序本身的民主、法治、人权等价值。这反映出一国刑事司法制度的进步和文明程度，是衡量社会公正的重要指标。

（3）体现：

①【弥补创制实体的不足】刑事诉讼法具有弥补刑事实体法不足并创制刑事实体法的功能。

②【阻却实体】刑事诉讼法具有阻却或影响刑事实体法实现的功能。

【提示】关于独立价值的体现：

【例1】非法证据排除。如果控方向法庭提交的被告人供述是警察以刑讯逼供的方式获得的，那么，即使口供的内容是真实的，法官仍然要排除这份供述。一旦排除关键的被告人供述，有可能会影响到对被告人的定罪量刑，但是为了维护《刑事诉讼法》在人权保障方面的独立价值，必须排除这样的非法证据。

【例2】因程序问题撤销原判，发回重审。如果二审法院在审理当中，发现一审法院在审理过程中存在程序上的错误，如应当公开的没有公开，应当回避的没有回避，合议庭组成不符合规定等这些程序性的问题，那么即使一审法院所作出的裁判是正确的，二审法院仍然应当撤销原判，发回重审，从而制裁违法审判行为，维护程序正义。

【例3】刑事和解。法院根据被告人和被害人达成的和解协议，对被告人从宽量刑。独立的程序情节会影响到对被告人的量刑。

【例4】上诉不加刑。由被告人一方上诉的，二审法院不得加重被告人的刑罚，即使原判存在实体上的错误，二审法院也不得加重被告人的刑罚，上诉不加刑原则影响到了对被告人的定罪量刑。（如果确有错误，只能通过启动再审程序予以纠正。）

二、刑事诉讼法的具体价值

（一）概念：指刑事诉讼立法及其实施对国家、社会及其一般成员具有的效用和意义。

（二）内容：包括秩序、公正、效益诸项内容，其中公正在刑事诉讼价值中居于核心的地位。

1. 秩序价值：（1）通过惩治犯罪，维护社会秩序；（2）追究犯罪的活动是有序的。

2. 公正价值：包括实体公正与程序公正。在刑事诉讼价值中居于核心地位。

3. 效益价值：既包括效率，也包括刑事诉讼对推动社会经济发展方面的效益。

4. 三者关系：三者相互依存、相互作用、相互制约。

5. 实现方式：

刑事诉讼秩序、公正、效益价值是通过刑事诉讼法的制定和实施来实现的。

一方面，刑事诉讼法保证刑法的正确实施，实现秩序、公正、效益价值，这称为刑事诉讼法的工具价值；

另一方面，刑事诉讼法的制定和适用本身也在实现着秩序、公正、效益价值，这称为刑事诉讼法的独立价值。

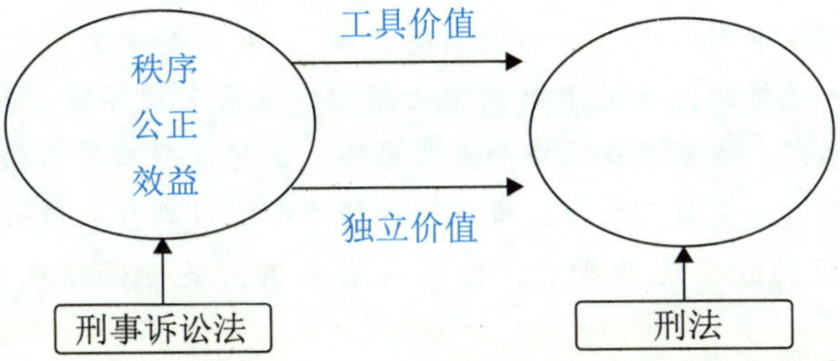

【提示】秩序、公正、效益价值既属刑事诉讼法的工具价值，也属刑事诉讼法的独立价值。

【小案例练习】

案例 1：根据《刑事诉讼法》“尊重和保障人权”的基本理念可知在惩罚犯罪与保障人权发生冲突时应当优先保障人权。

问题：上述说法是否正确？

案例 2：甲（20 岁）因私事与乙结怨，于是在某天下班路上持刀将乙刺伤，致乙轻伤。在刑事诉讼过程中甲均认罪认罚，法院采取速裁程序进行审理，并且认为由于甲认罪认罚，且案情简单，即直接宣判，既没有询问甲认罪认罚是否自愿，也没有让甲进行最后陈述。

问题：本案体现了追求诉讼效率的理念，法院的做法是正确的吗？

案例 3：甲侮辱诽谤乙私生活不检点，乙不理睬，并未向公安机关控告。这一做法体现了刑事诉讼法的工具价值。

问题：上述说法是否正确？

【解析】

案例 1—问题：上述说法是否正确？

答案：错误。惩罚犯罪和保障人权，是刑事诉讼目的两个方面的对立统一体，同等重要。当二者发生冲突时应当权衡考虑国家利益、社会利益和个人利益，坚持惩罚犯罪与保障人权相结合，二者应当并重，不可片面地强调一面而忽视另一面。

案例2—问题：本案体现了追求诉讼效率的理念，法院的做法是正确的吗？

答案：错误。在刑事诉讼过程中，公正与效率的关系应当是公正优先、兼顾效率。我们应当在保证司法公正的前提下追求效率，不能因为图快求多、草率办案而损害了司法公正，本案可以适用速裁程序以简化流程，但是再简化也不能省略必要步骤（即对被告人的认罪认罚自愿性的审查和最后陈述不能省）。

案例3—问题：上述说法是否正确？

答案：错误。工具价值是指刑事诉讼法为刑法的实现提供保障，而本案乙并未对甲的侮辱诽谤行为向公安机关控告，依据不告不理的原则，不能对甲的犯罪行为适用《刑法》，因此体现的是刑事诉讼法影响刑事实体法实现的功能，为刑事诉讼法的独立价值而非工具价值。

【总结】司法改革热点评论（谈理解、谈认识）的答题模板

（一）推进以审判为中心的诉讼制度改革

答：①所谓“推进以审判为中心的诉讼制度改革”，就是要求将审判作为整个刑事诉讼程序的中心环节和最后一道防线，凸显审判的中心地位。其有三项要求：一是要求庭审实质化，即改变庭审形式化的倾向，使庭审真正成为查明事实、认定证据和适用法律的核心。二是审判程序对审前程序进行制约，使侦查程序、审查起诉程序围绕审判程序展开和进行。三是要求依法独立公正行使审判权，由裁判者裁决，由裁决者负责，坚持证据裁判原则、疑罪从无原则等。

②推进以审判为中心的诉讼制度改革具有重大意义。第一，有利于实现司法公正。司法公正包括程序公正与实体公正，程序公正指诉讼过程公正，实体公正要求法官准确认定案件事实，准确适用法律。推进以审判为中心的诉讼制度改革，要求把法庭作为调查事实证据、形成裁判结果的中心，严格执行非法证据排除，体现了程序公正与实体公正。第二，有利于提高诉讼效率。以审判为中心要求办案人员从侦查阶段就必须依法、客观收集证据，确保进入庭审的案件事实和证据经得起检验，确保案件质量，进而提高诉讼效率。第三，有利于保障人权。以审判为中心，能够充分保障被告人的质证权，通过排除非法证据，遏制刑讯逼供，发挥审判保障诉权、尊重人权的作用。第四，有利于防止冤假错案。强调庭审的决定性作用，严格证据标准，落实规则要求，确保案件质量，从而有效避免冤错案件的发生。

③应当采取有效措施确保以审判为中心，如坚持无罪推定原则、证据裁判原则、疑罪从无原则，严格排除非法证据，完善证人出庭制度，当庭宣判制度等，真正实现以审判为中心，担负起实现司法公正的重任。

④总之，要推动以审判为中心的诉讼制度改革，坚持以审判为中心，努力使人民群众在每一个司法案件中感受到公平正义。

KEEP AWAKE

专题二

刑事证据制度

本专题思维导图

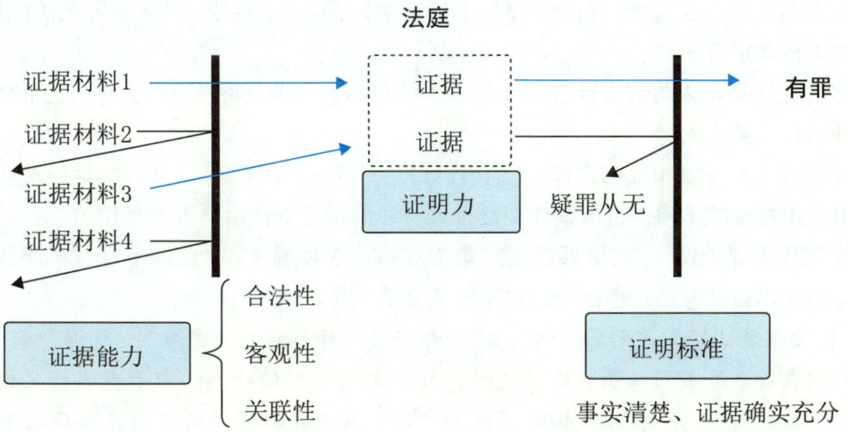

第一节　无罪推定原则

一、无罪推定的概念：

任何人在未经依法确定为有罪以前，应假定为无罪。

二、无罪推定的要求：

（1）认定犯罪的证明责任由代表国家的控方承担。

（2）控方的证明要达到排除合理怀疑的证明标准。

（3）被刑事指控人证实有罪之前应被“推定”无罪。

（4）存疑案件的处理应有利于被指控人，即疑罪从无。

【提示】（1）这种依法确定有罪以前的“无罪”状态只是法律推定的状态，这种状态是可以被推翻的。那么，谁来推翻，怎样才算是推翻了呢？首先，我们知道，这种无罪的推定状态是对被追诉人有利的，被追诉人不可能去推翻，故只能由控方来推翻（即控方承担证明责任）。其次，控方要提出证据来推翻这种“无罪”的推定状态，使“无罪”状态转为“有罪认定”，但不可能无穷无尽地提出证据，其提出证据证明达到法律规定的程度，就意味着这个“无罪”的推定状态被推翻，从而转为有罪认定，这个法律规定的证明要达到的程度，就是证明标准。按照联合国公约的要求，证明标准要求是“排除合理怀疑”的程度。再次，应当承认，控方不可能对所有案件的证明都能达到排除合理怀疑的标准，有的案件能达到，有的案件就是达不到这个证明标准，如果达不到排除合理怀疑的程度，意味着案件就处于真伪不明的疑案状态，这种疑案状态意味着控方没有推翻“无罪”的推定，那么对于疑案的处理，应当作出有利于被告人的处理，即“存疑有利于被告人”的处理。最后，由于在控方推翻这种“无罪”的推定之前，被追诉人在法律上都视为无罪，既然在法律上被视为无罪，那么在这种“无罪”的状态被推翻之前，被追诉人应当享有作为一个被视为“无罪之人”所应当享有的权利保护。

（2）根据我国未经人民法院依法判决对任何人都不得确定有罪原则的内容，只能**表明我国刑事诉讼法有体现无罪推定的精神的规定，但是没有确立无罪推定原则**。

三、我国《刑事诉讼法》中体现无罪推定原则的规定

（1）定罪权只能由法院统一行使。《刑事诉讼法》第 12 条规定：“未经人民法院依法判决，对任何人都不得确定有罪。”

（2）区分犯罪嫌疑人与刑事被告人。公诉案件在提起公诉前将被追诉人称为犯罪嫌疑人，提起公诉后开始称为被告人。

（2）明确规定控方承担证明责任。《刑事诉讼法》第 51 条规定：“公诉案件中被告人有罪的举证责任由人民检察院承担，自诉案件中被告人有罪的举证责任由自诉人承担。”

（3）疑案作无罪处理。《刑事诉讼法》第 200 条第 3 项规定：“证据不足，不能认定被告人有罪的，应当作出证据不足、指控的犯罪不能成立的无罪判决。”

【提示】要理解“疑案作无罪处理”，考生应当首先理解何谓“疑案”。所谓“疑案”，是指对案件的证明在最后达不到证明标准，使案件处于真伪不明的状态。由于我国证明标准表述为“事实清楚，证据确实充分”，故我国刑事诉讼中的疑案是指对案件的证明在最后达不到“事实清楚，证据确实充分”的程度，案件处于真伪不明的疑案状态。而达不到“事实清楚，证据确实充分”的另一种表述就是“事实不清，证据不足”。因此，“案件事实不清，证据不足”本身就是“疑案”的表述。

【注意】没有体现疑罪从无的情形

（1）二审阶段：二审法院经过审理后，发现原判决**事实不清或者证据不足**的，**可以**查清事实后**改判**，**也可**裁定撤销原判，**发回重新审判**。（《刑事诉讼法》第 236 条第（3）项）

（2）死刑缓期执行案件的复核程序：高级人民法院复核后，发现原判**事实不清、证据不足**的，**可以**裁定不予核准，并撤销原判，**发回重新审判**，或者依法**改判**。（与二审审理后证据不足的处理结果一样）（《刑诉解释》第 428 条第（4）项）

（3）死刑立即执行案件的复核程序：最高人民法院复核后，发现**原判事实不清、证据不足**的，**应当**裁定不予核准，并撤销原判，**发回重新审判**。（《刑诉解释》第 429 条第（3）项）

第二节　如何运用证据认定被告人是否有罪

一、证据能力与证明力

证据能力	概念	证据能力，又称“证据的适格性”“证据资格”，是指某一材料能够被允许作为证据在诉讼中使用的能力或者资格。
	内容	判断某一材料是否具有证据能力（即能不能作为证据来使用时）应当考虑以下三个方面：(1) 合法性。(2) 客观性。(3) 关联性。
证明力	概念	是指已经具有证据能力的证据对于案件事实有无证明作用及证明作用如何等，也就是证据对证明案件事实的价值。

二、证据的运用之证据能力的判断

（一）合法性的判断：不合法取得的证据的排除范围（《刑诉法》第56条、《刑诉解释》第82条~139条）

1. 物证、书证

(1) 直接排除的情形【真伪不明、来源不明、无法解释】（《刑诉解释》第83、84、86条）

①原物的照片、录像或者复制品，不能反映原物的外形和特征的；

②书证有更改或者更改迹象不能作出合理解释，或者书证的副本、复制件不能反映原件及其内容的，不得作为定案的根据；

③在勘验、检查、搜查过程中提取、扣押的物证、书证，未附笔录或者清单，不能证明物证、书证来源的。

(2) 可补正或解释的情形（《刑诉解释》第86条）

物证、书证的收集程序、方式有下列瑕疵，经补正或者作出合理解释的，可以采用：

①勘验、检查、搜查、提取笔录或者扣押清单上没有调查人员或者侦查人员、物品持有人、见证人签名，或者对物品的名称、特征、数量、质量等注明不详的；

②物证的照片、录像、复制品，书证的副本、复制件未注明与原件核对无异，无复制时间，或者无被收集、调取人签名的；

③物证的照片、录像、复制品，书证的副本、复制件没有制作人关于制作过程和原物、原件存放地点的说明，或者说明中无签名的；

④有其他瑕疵的。

【提示】物证、书证的来源、收集程序有疑问，不能作出合理解释的，不得作为定案的根据。

2. 证人证言

(1) 直接排除的情形

①【客观性考虑】证人证言具有下列情形之一的，不得作为证据使用（《刑诉解释》第88条）：

<1>处于明显醉酒、中毒或者麻醉等状态，不能正常感知或者正确表达的证人所提供的证

言，不得作为证据使用；

<2>证人的猜测性、评论性、推断性的证言，不得作为证据使用，但根据一般生活经验判断符合事实的除外。

②【合法性考虑】证人证言具有下列情形之一的，不得作为定案的根据（《刑诉解释》第89条）：

<1>询问证人没有个别进行的；

<2>书面证言没有经证人核对确认的；

<3>询问聋、哑人，应当提供通晓聋、哑手势的人员而未提供的；

<4>询问不通晓当地通用语言、文字的证人，应当提供翻译人员而未提供的。

③【真实性考虑】经人民法院通知，证人没有正当理由拒绝出庭或者出庭后拒绝作证，法庭对其证言的真实性无法确认的，该证人证言不得作为定案的根据。（《刑诉解释》第91条）

④采用暴力、威胁以及非法限制人身自由等非法方法收集的证人证言、被害人陈述，应当予以排除。（《刑诉解释》第125条）

【直接排除的记忆技巧】麻醉猜测未个别；核对翻译由暴胁；真实性无法识别

【例】证人小红今年13岁，侦查人员询问小红时并未通知小红的法定代理人到场，请问小红的证言能否作为证据使用？

答：可以，虽然侦查人员对小红的询问不符合法律规定（询问未成年人证人时必须通知该证人的法定代理人到场），但是该情况并不属于“直接排除”的情形，故可补正，补正后可以作为证据使用。

（2）可补正或解释的情形（《刑诉解释》第90条）

证人证言的收集程序、方式有下列瑕疵，经补正或者作出合理解释的，可以采用；不能补正或者作出合理解释的，不得作为定案的根据：

<1>询问笔录没有填写询问人、记录人、法定代理人姓名以及询问的起止时间、地点的；

<2>询问地点不符合规定的；

<3>询问笔录没有记录告知证人有关权利义务和法律责任的；

<4>询问笔录反映出在同一时段，同一询问人员询问不同证人的；

<5>询问未成年人，其法定代理人或者合适成年人不在场的。

（3）印证规则

证人当庭作出的证言，经控辩双方质证、法庭查证属实的，应当作为定案的根据。

证人当庭作出的证言与其庭前证言矛盾，证人能够作出合理解释，并有其他证据印证的，应当采信其庭审证言；不能作出合理解释，而其庭前证言有其他证据印证的，可以采信其庭前证言。（《刑诉解释》第91条）

3. 被害人陈述

对被害人陈述的审查与认定，参照适用证人证言的有关规定。

4. 犯罪嫌疑人、被告人的供述

（1）直接排除的情形（《刑诉解释》第94条）

被告人供述具有下列情形之一的，不得作为定案的根据：

①讯问笔录没有经被告人核对确认的。

②讯问聋、哑人，应当提供通晓聋、哑手势的人员而未提供的；讯问不通晓当地通用语言、文字的被告人，应当提供翻译人员而未提供。

③讯问未成年人，其法定代理人或者合适成年人不在场的。【区别证人】

④采用刑讯逼供等非法方法取得的供述，应当排除。

⑤采用刑讯逼供或者冻、饿、晒、烤、疲劳审讯等非法方法收集的被告人供述，应当排除。

⑥采用暴力或者侵犯合法权益等进行威胁使之遭受难以忍受的痛苦作出的供述。

⑦地点违规取得的供述。除情况紧急必须现场讯问以外，在规定的办案场所外讯问取得的供述，应当排除。（《关于建立健全防范刑事冤假错案工作机制的意见》第 8 条第 2 款）

⑧未依法全程录音录像收集的供述。未依法对讯问进行全程录音录像取得的供述，以及不能排除以非法方法取得的供述，应当排除。（《关于建立健全防范刑事冤假错案工作机制的意见》第 8 条第 2 款）

【提示】以下案件应当全程录音录像：无期徒刑、死刑案件、其他重大犯罪案件以及职务犯罪案件。

【注意】依法应当对讯问过程录音录像的案件，相关录音录像未随案移送的，必要时，法院可以通知检察院在指定时间内移送。人民检察院未移送，导致不能排除属于规定的以非法方法收集证据情形的，对有关证据应当依法排除；导致有关证据的真实性无法确认的，不得作为定案的根据。

⑨限制人身自由的方法收集的供述。采用非法拘禁等非法限制人身自由的方法收集的犯罪嫌疑人、被告人供述，应当予以排除。

⑩重复性供述的排除

<1>原则：采用刑讯逼供方法使犯罪嫌疑人、被告人作出供述，之后犯罪嫌疑人、被告人受该刑讯逼供行为影响而作出的与该供述相同的重复性供述，应当一并排除。

<2>例外：A.【换人】调查、侦查期间，监察机关、侦查机关根据控告、举报或者自己发现等，确认或者不能排除以非法方法收集证据而更换调查、侦查人员，其他调查、侦查人员再次讯问时告知诉讼权利和认罪的法律后果，被告人自愿供述的；

B.【换阶段】审查逮捕、审查起诉和审判期间，检察人员、审判人员讯问时告知诉讼权利和认罪的法律后果，犯罪嫌疑人、被告人自愿供述的。例：犯罪嫌疑人四金第一次接受讯问的时候遭到了刑讯逼供作出了有罪供述，第二次在接受讯问的时候由于害怕再次遭到毒打于是再次进行了有罪供述。第一次的有罪供述由于是通过刑讯逼供获得的所以应当排除，第二次的有罪供述属于"受该刑讯逼供行为影响而作出的与该供述相同的重复性供述"，也应当排除。

【提示】以引诱方法取得的犯罪嫌疑人、被告人供述虽然是非法证据，但根据法律规定是不排除的。

（2）可补正或解释的情形（《刑诉解释》第 95 条）

讯问笔录有下列瑕疵，经补正或者作出合理解释的，可以采用；不能补正或者作出合理解释的，不得作为定案的根据：

①讯问笔录填写的讯问时间、讯问地点、讯问人、记录人、法定代理人等有误或者存在矛盾的；

②讯问人没有签名的；

③首次讯问笔录没有记录告知被讯问人有关权利和法律规定的。

（3）印证规则（《刑诉解释》第96条）

被告人庭审中翻供，但不能合理说明翻供原因或者其辩解与全案证据矛盾，而其庭前供述与其他证据相互印证的，可以采信其庭前供述。

被告人庭前供述和辩解存在反复，但庭审中供认，且与其他证据相互印证的，可以采信其庭审供述；被告人庭前供述和辩解存在反复，庭审中不供认，且无其他证据与庭前供述印证的，不得采信其庭前供述。

5. 鉴定意见、有专门知识的人出具的报告

（1）直接排除的情形【资质、来源、程序、关联】（《刑诉解释》第98条）

①鉴定机构不具备法定资质，或者鉴定事项超出该鉴定机构业务范围、技术条件的；

②鉴定人不具备法定资质，不具有相关专业技术或者职称，或者违反回避规定的；

③送检材料、样本来源不明，或者因污染不具备鉴定条件的；

④鉴定对象与送检材料、样本不一致的；

⑤鉴定程序违反规定的；

⑥鉴定过程和方法不符合相关专业的规范要求的；

⑦鉴定文书缺少签名、盖章的；

⑧鉴定意见与案件待证事实没有关联的；

⑨违反有关规定的其他情形。

【注意1】经法院通知，鉴定人或者出具报告的有专门知识的人拒不出庭作证的，鉴定意见或者有关报告不得作为定案的根据。

【注意2】对有专门知识的人出具的报告的审查与认定，参照适用关于鉴定意见审查与认定的有关规定。

6. 辨认笔录

（1）直接排除的情形（《刑诉解释》第105条）

辨认笔录具有下列情形之一的，不得作为定案的根据：

①辨认不是在调查人员、侦查人员主持下进行的；

②辨认前使辨认人见到辨认对象的；

③辨认活动没有个别进行的；

④辨认对象没有混杂在具有类似特征的其他对象中，或者供辨认对象数量不符合规定的；

⑤辨认中给辨认人明显暗示或者明显有指认嫌疑的；

⑥违反有关规定、不能确定辨认笔录真实性的其他情形。

（2）可补正或解释的情形

有下列情形之一的，通过有关办案人员的补正或者作出合理解释的，辨认结果可以作为证据使用【瑕疵可补正】（《关于办理死刑案件审查判断证据若干问题的规定》第30条第2款）：

①主持辨认的侦查人员少于2人的；

②没有向辨认人详细询问辨认对象的具体特征的；

③对辨认经过和结果没有制作专门的规范的辨认笔录，或者辨认笔录没有侦查人员、辨认人、见证人的签名或者盖章的；

④辨认记录过于简单，只有结果没有过程的；

⑤案卷中只有辨认笔录，没有被辨认对象的照片、录像等资料，无法获悉辨认的真实情况的。

7. 侦查实验笔录

直接排除的情形：侦查实验的条件与事件发生时的条件有明显差异，或者存在影响实验结论科学性的其他情形的，侦查实验笔录不得作为定案的根据。

8. 勘验、检查笔录

（1）直接排除的情形：勘验、检查笔录存在明显不符合法律、有关规定的情形，不能作出合理解释的，不得作为定案的根据。

（2）可补正或解释的情形：有合理解释的，则不排。

9. 视听资料、电子数据

（1）直接排除的情形（《刑诉解释》第109条、第114条）

①视听资料或电子数据系篡改、伪造或者无法确定真伪的；

②视听资料制作、取得的时间、地点、方式等有疑问，不能作出合理解释；

③电子数据有增加、删除、修改等情形，影响电子数据真实性的；

④其他无法保证电子数据真实性的情形。

（2）可补正或解释的情形（《刑诉解释》第113条）

电子数据的收集、提取程序有下列瑕疵，经补正或者作出合理解释的，可以采用；不能补正或者作出合理解释的，不得作为定案的根据：

①未以封存状态移送的；

②笔录或者清单上没有调查人员或者侦查人员、电子数据持有人（提供人）、见证人签名或者盖章的；

③对电子数据的名称、类别、格式等注明不清的；

④有其他瑕疵的。

（二）客观性的判断：

概念：是指证据是客观存在的事实，是不以人的意志为转移的。

【注意】意见一般不能作为证据使用，但有四类意见是例外：

（1）鉴定意见。

（2）证人的猜测性、评论性、推断性的证言，不能作为证据使用，但根据一般生活经验判断符合事实的除外。

（3）具有专门知识的人出具的报告。

（4）有关部门就事故进行调查形成的报告。

（三）关联性的判断：

指作为证据的事实与案件事实之间存在某种客观的联系。包括但不限于因果关系。如与犯罪相关的空间、时间、条件、方法、手段的事实，虽然不是因果关系，但也具有关联性。

【注意】主要从以下2点进行判断：

（1）看所用证据是证明什么事实的。

（2）所证明的事实是不是犯罪构成的事实。

三、证据的运用之如何运用证据来证明（证明力之大小）

（一）直接证据与间接证据

1. 直接证据：仅凭一个证据就能**单独、直接**反映案件主要事实**【人+犯罪事实】**的。

【提示】①直接证据与间接证据的划分，与原始证据与传来证据的划分没有对应关系。

②直接证据与间接证据的划分，与证据的真伪没有关系。即在判断直接证据还是间接证据时，无须判断证据的真假。

③案件主要事实包括：<1>谁实施的犯罪；<2>谁没有实施犯罪；<3>没有犯罪事实存在。因此，直接证据包括肯定性直接证据与否定性直接证据：

A. 肯定性直接证据：仅凭一个证据就能指出谁实施犯罪**【肯定人+犯罪事实】**的。

B. 否定性直接证据包括两个：a. 仅凭一个证据就能否定谁实施犯罪**【否定人】**的；b. 仅凭一个证据就能否定犯罪事实存在**【否定事实】**。

2. 间接证据：仅凭一个证据**不能单独、直接**反映案件主要事实，它必须结合其他证据才能反映案件主要事实的。

（二）定罪证明标准（提出证据对被告人有罪证明要达到的程度、要求）

1.《刑事诉讼法》第55条：对一切案件的判处都要重证据，重调查研究，不轻信口供。只有被告人供述，没有其他证据的，不能认定被告人有罪和处以刑罚；没有被告人供述，证据确实、充分的，可以认定被告人有罪和处以刑罚。

证据确实、充分，应当符合以下条件：

（1）定罪量刑的事实都有证据证明；

（2）据以定案的证据均经法定程序查证属实；

（3）综合全案证据，对所认定事实已排除合理怀疑。

2.《刑事诉讼法》第200条：在被告人最后陈述后，审判长宣布休庭，合议庭进行评议，根据已经查明的事实、证据和有关的法律规定，分别作出以下判决：

（1）案件事实清楚，证据确实、充分，依据法律认定被告人有罪的，应当作出有罪判决；

（2）依据法律认定被告人无罪的，应当作出无罪判决；

（3）证据不足，不能认定被告人有罪的，应当作出证据不足、指控的犯罪不能成立的无罪判决。

3.《刑诉解释》第140条：没有直接证据，但间接证据同时符合下列条件的，可以认定被告人有罪：

（1）证据已经查证属实；

（2）证据之间相互印证，不存在无法排除的矛盾和无法解释的疑问；

（3）全案证据形成完整的证据链；

（4）根据证据认定案件事实足以排除合理怀疑，结论具有唯一性；

（5）运用证据进行的推理符合逻辑和经验。

4.《刑诉解释》第141条 根据被告人的供述、指认提取到了隐蔽性很强的物证、书证，且被告人的供述与其他证明犯罪事实发生的证据相互印证，并排除串供、逼供、诱供等可能性的，可以认定被告人有罪。

【典型案例】【2015-4-3】

案情：某日凌晨，A市某小区地下停车场发现一具男尸，经辨认，死者为刘瑞，达永房地产公司法定代表人。停车场录像显示一男子持刀杀死了被害人，但画面极为模糊，小区某保安向侦查人员证实其巡逻时看见形似刘四的人拿刀捅了被害人后逃走（开庭时该保安已辞职无法联系）。

侦查人员在现场提取了一只白手套，一把三棱刮刀（由于疏忽，提取时未附笔录）。侦查人员对现场提取的血迹进行了ABO血型鉴定，认定其中的血迹与犯罪嫌疑人刘四的血型一致。

刘四到案后几次讯问均不认罪，后来交代了杀人的事实并承认系被他人雇佣所为，公安机关据此抓获了另外两名犯罪嫌疑人康雍房地产公司开发商张文、张武兄弟。

侦查终结后，检察机关提起公诉，认定此案系因开发某地块利益之争，张文、张武雇佣社会人员刘四杀害了被害人。

法庭上张氏兄弟、刘四同时翻供，称侦查中受到严重刑讯，不得不按办案人员意思供认，但均未向法庭提供非法取证的证据或线索，未申请排除非法证据。

公诉人指控定罪的证据有：①小区录像；②小区保安的证言；③现场提取的手套、刮刀；④ABO血型鉴定；⑤侦查预审中三被告人的有罪供述及其相互证明。三被告对以上证据均提出异议，主张自己无罪。

请根据《刑事诉讼法》及相关司法解释的规定，对以上证据分别进行简要分析，并作出是否有罪的结论。

答题要求：

1. 无本人分析、照抄材料原文不得分；

2. 结论、观点正确，逻辑清晰，说理充分，文字通畅；

【参考答案】

在本案中，侦查机关收集到的证据材料有：①小区录像；②小区保安的证言；③现场提取的手套、刮刀；④ABO血型鉴定；⑤侦查预审中三被告人的有罪供述及其相互证明。三被告对以上证据均提出异议，主张自己无罪；⑥男尸。上述证据中，小区保安的证言因为无法核对确认，应当予以排除，不得作为定案的依据；手套、刮刀证据属于物证，因为未附笔录，因此予以排除，不得作为定案的依据。侦查预审中三被告人的有罪供述虽然被告人提出刑讯逼供，但没有提供相关线索或材料，也没有申请非法证据排除，因此不予以排除，能够作为定案的依据。其余证据是合法取得，可以作为定案的依据。综上，本案收集到的证据材料中，能够作为定案依据的证据有：小区录像；ABO血型鉴定；被告人的庭前供述与庭上翻供；男尸。

根据《刑事诉讼法》第200条和55条规定，要认定被告人有罪，要求对被告人有罪的证明达到事实清楚，证据确实充分，排除合理怀疑的程度。根据《刑诉解释》第140条规定排除合理怀疑要求对被告人实施犯罪的证明达到结论唯一的程度。本案中，上述能够作为证据使用的证据中，由于小区录像、ABO血型鉴定、男尸均是间接证据，被告人的供述虽然是直接证据，但庭上翻供属于否定性直接证据，二者矛盾。因此，上述证据表明有可能是被告人实施犯罪，也有可能是别人实施犯罪，排除不了别人实施犯罪的可能性，即对被告人实施犯罪得不出唯一结论，意味着达不到事实清楚，证据确实充分的程度，因此，根据《刑事诉讼法》第200条第3项规定，应当作出事实不清，证据不足的无罪判决。

综上，根据本案证据，不能认定被告人有罪。

【小案例练习】

案例1：根据无罪推定原则要求，我国已规定对于证据不足的案件一律应当作无罪处理。

问题：上述说法是否正确？

案例2：甲被打伤后送往医院，在短暂清醒时告诉家属“是乙”，甲向家属所说的“是乙”属于直接证据。

问题：上述说法是否正确？

案例3：侦查人员勘验现场所做的笔录没有侦查人员的签名，该笔录不得作为定案的依据。

问题：上述说法是否正确？

案例4：侦查人员在询问未成年证人时，其法定代理人没有在场的证人证言不得作为定案依据。

问题：上述说法是否正确？

案例5：公安机关聘请某鉴定机关对甲被乙损坏的物品进行金额鉴定，最后的鉴定意见仅有鉴定机关的盖章而没有鉴定人员的签名，法院在审查时公安机关对此提供了补正说明，因此该鉴定意见可以作为定案依据。

问题：上述说法是否正确？

【解析】

案例1—问题：上述说法是否正确？

答案：**错误**。在一审中，对于**事实不清**、**证据不足**、**不能认定**被告人**有罪**的，人民法院**应当作出**证据不足、指控罪名不能成立的**无罪判决**；在**二审**、**死缓复核**以及**死刑立即执行复核**程序中，对于证据不足、不能认定被告人有罪的，法律并**没有规定**按照无罪推定原则的要求作出**无罪判决**，而是依法改判或发回重审。法条依据为《刑事诉讼法》第200条。

案例2—问题：上述说法是否正确？

答案：**错误**。直接证据是指能够**单独**、**直接证明**案件**主要事实**的证据。就是说，某一项证据的内容，无需经过推理过程，即可以**直观**地说明犯罪行为是不是犯罪嫌疑人或被告人所实施的。甲仅单纯的说了一句“是乙”，并**不能直接说明乙是行凶人**，因此**不属于直接证据**。

案例3—问题：上述说法是否正确？

答案：**错误**。没有侦查人员签名的勘验笔录**属于瑕疵证据**，经**补正**或者作出**合理解释**的，**可以采用**；**不能补正**或者作出**合理解释**的，**不得作为定案的根据**，而**不是直接排除**。法条依据为《刑诉解释》第86条。

案例4—问题：上述说法是否正确？

答案：**错误**。**询问未成年**人，其**法定代理人**或者**合适成年人不在场**而获得的证人证言**属于瑕疵证据**，经补正或者作出合理解释的，可以采用；不能补正或者作出合理解释的，不得作为定案的根据，**而不是直接排除**。法条依据为《刑诉解释》第90条。

案例 5—问题：上述说法是否正确？

答案：错误。根据相关规定，鉴定意见必须同时具有鉴定人签名和鉴定单位盖章，鉴定意见缺少签名、盖章的，不得作为定案的依据，因此本案的鉴定意见应当直接排除。法条依据为《刑诉解释》第 98 条。

第三节　非法证据排除程序

一、非法证据排除规则的概念、意义以及在我国的立法沿革

概念	非法证据排除规则，是指违反法定程序，以非法方法获取的证据，原则上不具有证据能力，不能为法庭采纳。
意义	①体现了程序价值，即保障程序人权的价值，尤其是保障犯罪嫌疑人、被告人的程序人权保障。非法证据排除规则通过对刑讯逼供等非法取得的证据排除，可以有效地遏制侦查违法取证现象的发生，使犯罪嫌疑人、被告人的合法权益免受侵害，从而加强诉讼人权保障，彰显正当程序的正义价值。 ②体现了实体价值，即有利于查明案件事实真相。非法证据排除规则把非法取得的证据排除在诉讼之外，在很大程度上避免了根据虚假的证据对案件事实作出错误的认定，有利于最大限度地防止、减少冤案错案的发生。
历史沿革	非法证据排除规则在我国经历了从无到有，从有到深化发展的过程。 ①两院三部于 2010 年 6 月 13 日联合颁布了《关于办理死刑案件审查判断证据若干问题的规定》和《关于办理刑事案件排除非法证据若干问题的规定》，其中，后者对我国的非法证据排除规则首次作了比较明确具体的规定。一方面，明确了非法证据排除范围；另一方面，明确了非法取得被告人审判前的供述的排除程序。这标志着我国非法证据排除规则以司法解释的形式正式确立。 ②2012 年刑事诉讼法第二次修改将非法证据排除规则写入法典，正式以法律形式确立了非法证据排除规则。《刑事诉讼法》不仅规定严禁司法工作人员刑讯逼供和以威胁、引诱、欺骗及其他非法方法收集证据（现 52 条），而且对排除的范围（现 56 条）、法定调查，包括启动、证明、处理（现 58、59、60 条）以及法律监督（现 57 条）作出相关规定。 ③随后的司法解释中丰富了我国非法证据排除规则。一方面，2012 年底修订的《刑诉解释》、《最高检规则》以及《公安部规定》均对非法证据排除规则作了专门规定。另一方面，2013 年 10 月最高人民法院印发《关于建立健全防范刑事冤假错案工作机制的意见》对排除非法证据的情形又进行了更加细化的规定。 ④2014 年 10 月，《中共中央关于全面推进依法治国若干重大问题的决定》提出，要“健全落实罪刑法定、疑罪从无、非法证据排除等法律原则的法律制度。完善对限制人身自由司法措施和侦查手段的司法监督，加强对刑讯逼供和非法取证的源头预防，健全冤假错案有效防范、及时纠正机制。” ⑤2017 年 6 月，两院三部联合发布《关于办理刑事案件严格排除非法证据若干问题的规定》。该规定共 42 条，内容包括一般规定、侦查、审查逮捕、审查起诉、辩护、审判等方面，更严格、更全面、更详细地对非法证据排除问题作了规定。 ⑥2018 年 3 月，《监察法》通过，其中也规定了非法证据排除的内容。

二、非法证据排除程序

在侦查、审查起诉、审判时发现有应当排除的证据的，应当依法予以排除，不得作为起诉意见、起诉决定和判决的依据。

（1）审判阶段（一审）的排除程序

①启动

<1>依申请

A. 有权申请的主体：被告人及其辩护人、诉讼代理人有权申请人民法院对以非法方法收集的证据依法予以排除。

B. 申请的初步责任：申请排除以非法方法收集的证据的，应当提供相关线索或者材料（指涉嫌非法取证的人员、时间、地点、方式、内容等）。

C. 申请时间：应当在开庭审理前提出，但在庭审期间发现相关线索或者材料等情形除外。

<2>依职权

法庭审理过程中，审判人员认为可能存在以非法方法收集证据情形的，应当对证据收集的合法性进行法庭调查。

②法院对申请的审查——针对开庭审理前申请的情形

<1>开庭审理前，法院可以召开庭前会议，就非法证据排除等问题了解情况，听取意见。【注意】庭前会议只能了解情况，听取意见，不能作出是否排除的处理。

<2>在庭前会议中，检察院可以通过出示有关证据材料等方式，对证据收集的合法性加以说明。必要时，可以通知调查人员、侦查人员或者其他人员参加庭前会议，说明情况。

③对证据合法性的调查

<1>调查时间

A. 控辩双方在庭前会议中对证据收集是否合法未达成一致意见，法院对证据收集的合法性有疑问的，应当在庭审中进行调查。

B. 对证据收集的合法性没有疑问，且无新的线索或者材料表明可能存在非法取证的，可以决定不再进行调查并说明理由。

C. 庭审期间，法庭决定对证据收集的合法性进行调查的，应当先行当庭调查。但为防止庭审过分迟延，也可以在法庭调查结束前进行调查。

<2>调查的证明

A. 举证责任：人民检察院应当对证据收集的合法性加以证明【承担证明责任】。【注意】辩方不承担举证责任。

B. 证明方法

a. 控方：由公诉人通过宣读调查、侦查讯问笔录、出示提讯登记、体检记录、对讯问合法性的核查材料等证据材料，有针对性地播放讯问录音录像，提请法庭通知有关调查人员、侦查人员或者其他人员出庭说明情况等方式，证明证据收集的合法性。

b. 辩方：被告人及其辩护人可以出示相关线索或者材料，并申请法庭播放特定时段的讯问录音录像。

【提示】辩方此处申请出示相关线索或者材料等并非承担证明责任，而是积极进行程序辩护的行为。

c. 双方：公诉人、被告人及其辩护人可以对证据收集的合法性进行质证、辩论。

【提示 1–出庭】控辩双方申请法庭通知调查人员、侦查人员或者其他人员出庭说明情况，法庭认为有必要的，应当通知有关人员出庭。

【提示 2–录音录像】讯问录音录像涉及国家秘密、商业秘密、个人隐私或者其他不宜公开内容的，法庭可以决定对讯问录音录像不公开播放、质证。

④最后处理

法庭对证据收集的合法性进行调查后，确认或者不能排除存在以非法方法收集证据情形的，对有关证据应当排除。

（2）第二审阶段的排除程序

①具有下列情形之一的，第二审人民法院应当对证据收集的合法性进行审查并处理：

<1>第一审人民法院对当事人及其辩护人、诉讼代理人排除非法证据的申请没有审查，且以该证据作为定案根据的；

<2>人民检察院或者被告人、自诉人及其法定代理人不服一审法院作出的有关证据收集合法性的调查结论，提出抗诉、上诉的；

<3>当事人及其辩护人、诉讼代理人在一审结束后才发现相关线索或者材料，申请法院排除非法证据的。

②调查程序：第二审人民法院对证据收集合法性的调查，参照上述第一审程序的规定。

③最后处理：

<1>第一审人民法院对被告人及其辩护人排除非法证据的申请未予审查，并以有关证据作为定案根据，可能影响公正审判的，第二审人民法院可以裁定撤销原判，发回原审人民法院重新审判。

<2>第一审人民法院对依法应当排除的非法证据未予排除的，第二审人民法院可以依法排除非法证据。排除非法证据后，原判决认定事实和适用法律正确、量刑适当的，应当裁定驳回上诉或者抗诉，维持原判；原判决认定事实没有错误，但适用法律有错误，或者量刑不当的，应当改判；原判决事实不清楚或者证据不足的，可以裁定撤销原判，发回原审人民法院重新审判。

（3）审查起诉阶段的排除程序

①启动

<1>依申请。审查逮捕、审查起诉期间，犯罪嫌疑人及其辩护人申请排除非法证据，并提供相关线索或者材料的，人民检察院应当调查核实。调查结论应当书面告知犯罪嫌疑人及其辩护人。

<2>依职权。人民检察院在审查起诉期间发现侦查人员以刑讯逼供等非法方法收集证据的，应当依法排除相关证据并提出纠正意见，必要时人民检察院可以自行调查取证。

②调查核实

调查核实的方式：讯问犯罪嫌疑人；询问办案人员；询问在场人员及证人；听取辩护律师意见；调取讯问笔录、讯问录音、录像；调取、查询犯罪嫌疑人出入看守所的身体检查记录及相关材料；进行伤情、病情检查或者鉴定；其他调查核实方式。

③最后处理

<1>存在非法取证情形的，不得作为报请逮捕、批准或者决定逮捕、移送审查起诉以及提起公诉的依据。被排除的非法证据应当随案移送，并写明为依法排除的非法证据。

<2>对于确有以非法方法收集证据情形，尚未构成犯罪的，应当依法向被调查人所在机关提出纠正意见。对于需要补正或者作出合理解释的，应当提出明确要求。经审查，认为非法取证行为构成犯罪需要追究刑事责任的，应当依法移送立案侦查。

（4）侦查阶段的排除程序

①启动

<1>依申请。犯罪嫌疑人及其辩护人在侦查期间可以向人民检察院申请排除非法证据。犯罪嫌疑人及其辩护人提供相关线索或者材料的，人民检察院应当调查核实。调查结论应当书面告知犯罪嫌疑人及其辩护人。

<2>依职权。对重大案件，人民检察院驻看守所检察人员应当在侦查终结前询问犯罪嫌疑人，核查是否存在刑讯逼供、非法取证情形，并同步录音录像。

②最后处理

对确有以非法方法收集证据情形的，人民检察院应当向侦查机关提出纠正意见。经核查，确有刑讯逼供、非法取证情形的，侦查机关应当及时排除非法证据，不得作为提请批准逮捕、移送审查起诉的根据。

【知识点分析思路总结】“法院应当如何处理辩护方关于非法证据排除的申请”“对于非法证据排除的申请，法院应当如何调查”“对于非法证据排除的申请，法院应当如何处理”等问题，可按照以下模板回答。

（1）申请条件：根据《严格排除非法证据规定》第23、24、25条可知被告人及其辩护律师申请排除非法证据应当提供相应的线索和材料，若未提供相关线索或者材料，不符合法律规定的申请条件的，法院不予受理。法院应当要求辩方提供相关线索或材料。辩方提供相关线索或材料，法院应当决定启动非法证据排除程序。

（2）法院启动后，对证据收集合法性有疑问的，可以召开庭前会议就非法证据排除等问题了解情况、听取意见，但不能实质性处理。

（3）调查时间：根据《严格排除非法证据规定》第30条可知，庭审期间法庭决定对证据收集合法性进行调查的，应当先行调查。但是为了防止庭审的过分迟延，可以在法庭调查结束前进行调查。在开庭以后，法院可在辩方申请后，也可以在法庭调查结束前，对非法证据进行调查。

（4）证明责任：根据《刑诉法》第59条可知检察院应当对证据收集的合法性加以证明。调查时，要求控方对证据收集的合法性进行证明。控方可以出示相关证据进行证明。现有证据材料不能证明证据收集的合法性的，检察院可以提请法院通知有关侦查人员或者其他人员出庭说明情况。

（5）处理结果：根据《严格排除非法证据规定》第33条可知法庭对证据合法性进行调查后应当当庭作出是否排除的决定，必要时可以休庭由合议庭评议或者提交审委会讨论。最后，法院不能排除非法收集证据可能性或确认存在非法收集证据情形的，应当将证据排除，不得作为定案根据，并将结果告知当事人及其辩护人。

【小案例练习】

案例1：侦查人员在对犯罪嫌疑人甲进行讯问时威胁道：“如果你不讲的话就将你店铺偷税漏税的事情揭发出来”，甲因害怕被揭发于是作出供述。

问题：上述案情中侦查人员以威胁的方式获得甲的供述，是否应当予以排除？

案例2： 只有在法院确认确有《刑事诉讼法》第56条规定的“以非法方法收集证据情形时”，才可将相关证据排除。

问题： 上述说法是否正确？

案例3： 甲因涉嫌故意杀人罪被公安机关逮捕，在侦查阶段甲作出如下几份供述：（1）甲先拒绝承认自己实施犯罪事实，侦查人员乙、丙让甲48个小时无法休息，甲作出的有罪供述；（2）乙、丙二人再次对甲进行合法讯问，甲作出了相同的有罪供述；（3）经控告，公安机关更换侦查人员戊、己二人对甲重新进行讯问，戊、己再次讯问时告知甲所享有的诉讼权利和认罪的法律后果，甲自愿作出的有罪供述。

问题： 上述哪些供述需要排除？

【解析】

案例1—问题： 上述案情中侦查人员以威胁的方式获得甲的供述，是否应当予以排除？

答案： **不排除。** 根据相关规定，只有采取暴力或**严重损害**本人及其近亲属**合法权益**等**相威胁**的方法，使被告人遭受**难以忍受的痛苦**而**违背意愿**作出的**供述**才**应当排除**，而本案中威胁的是店铺偷税漏税的事实，**并非合法权益**，因此不属于非法证据排除规定的情形，不予排除。法条依据为《刑诉解释》第123条第2项。

案例2—问题： 上述说法是否正确？

答案： **错误。** 我国排除非法证据的标准为**“双重标准”：确认**或者**不能排除**。因此要排除非法证据**不是必须确认存在**《刑事诉讼法》第56条规定的非法收集证据情形才可排除，如果**不能排除存在非法取证的可能性**，**也可以**将相关证据**排除**。法条依据为《刑事诉讼法》第60条。

案例3—问题： 上述哪些供述需要排除？

答案： **（1）（2）供述需要排除，（3）不需排除。** 根据相关规定，甲因受**刑讯逼供**等非法方法收集的影响而作出的供述，应当予以排除，因此（1）供述需要排除。并且受该刑讯逼供行为影响而作出的与该供述相同的**重复性供述**，也应当**一并排除**，因此（2）供述需要排除。但是（3）经过控告**更换了侦查人员**且告知甲所享有的**权利和认罪的法律后果**后甲作出的自愿供述属于非法证据排除的**例外情形**，**不需排除**，因此（3）不需排除。法条依据为《刑事诉讼法》第56条、《严格排除非法证据若干问题的规定》第5条。

第四节　证明对象与证明责任

一、证明对象

刑事诉讼中的证明对象，也称证明客体、待证事实或要证事实，是证明主体运用一定的证明方法所要证明的一切法律要件事实。内容包括：

（1）实体法事实：**定罪**、**量刑**的事实；以及足以排除行为违法性、可罚性或行为人刑事责任的事实。

①**定罪、量刑**的事实包括：身份、刑事责任能力、罪过、犯罪时间、地点、手段、后果、共犯中的作用、附带民事诉讼的事实、涉案财物处理、法定量刑情节、酌定量刑情节等。

②足以排除行为违法性、可罚性或行为人刑事责任的事实包括：正当防卫、紧急避险、行使职权行为以及意外事件；《刑事诉讼法》第16条规定的不追究刑事责任的情形；未到承担刑事责任的法定年龄、不负刑事责任的精神病人的犯罪行为。

（2）程序法事实：管辖、回避（只针对请客送礼、违反规定会见的情形）；逮捕；期间的恢复；非法证据排除。

【提示】证据事实不是证明对象，不需要证明。理由是：证据事实归根到底是用以证明待证事实的，是证明手段。如果证明手段需要证明，那么将会陷入无穷无尽的证明循环，即这个证据的事实得找另一个证据来证明；而另一个证据又得找其他证据来证明，如此无限循环，显然没有办法进行。

（3）免证事实

①为一般人共同知晓的常识性事实；

②人民法院生效裁判所确认并且未依审判监督程序重新审理的事实；

③法律、法规的内容以及适用等属于审判人员履行职务所应当知晓的事实；

④在法庭审理中不存在异议的程序事实【无异议的实体事实不免证】；

⑤法律规定的推定事实；

⑥自然规律或者定律。

二、证明责任

1. 概念：

指人民检察院或某些当事人应当承担的收集或提供证据证明应予认定的案件事实或有利于自己的主张的责任，否则，将承担其主张不能成立的后果。

2. 证明责任的两项内容

证明责任所要解决的问题是：诉讼中出现的事实，应当由谁提出证据加以证明，以及在诉讼结束时如果案件仍然处于真伪不明的状态，应当由谁来承担败诉或不利的诉讼后果的问题。据此，承担证明责任，要求承担以下两项责任：

①行为意义上的证明责任：提出证据的责任；

②结果意义上的证明责任：在案件最终真伪不明时承担败诉或不利诉讼后果的责任。

3. 证明责任的分配

（1）分配原则：在刑事诉讼（无论是公诉案件还是自诉案件）中，证明责任的分配依据包括以下三个原则与法则：①“谁主张，谁举证”的古老法则；②“否认者不负证明责任”的古老法则；③现代无罪推定原则。

（2）具体分配

①控方承担证明责任

<1>公诉案件：证明犯罪嫌疑人、被告人有罪的责任由检察院承担。

<2>自诉案件：自诉人应对其控诉承担证明责任。

②辩方不承担证明责任，但有例外情形需要提出证据

被告人一般不承担证明责任，既不证明自己有罪，也不证明自己无罪。

【例外情形】在巨额财产来源不明案件；非法持有国家绝密、机密文件、资料、物品犯罪案

件这两类案件中，辩方负有一定的提出证据的责任（提出证据的责任不等于证明责任）。

【提示】巨额财产来源不明案件要求控方证明被告人存在来源不明的巨额财产，非法持有类犯罪要求控方证明被告人有非法持有行为。在该两类犯罪中，控方仍然承担证明责任，即需要提出证据，且要证明清楚案件事实，只是当前法律中对控方“证明清楚”的要求比较低，即控方只要证明了被告人存在来源不明的巨额财产、持有本不该持有的物品就算“证明清楚”，不再需要进一步证明被告人的辩解是否为虚假等。

③法院不承担证明责任，但可以调查核实证据

【总结】证明责任的承担

(1) 关于定罪证据的证明责任承担。基于无罪推定的原则，犯罪嫌疑人、被告人在刑事诉讼中是行使辩护权的主体，而不承担证明自己无罪的举证责任。《刑事诉讼法》第51条规定，公诉案件中被告人有罪的举证责任由人民检察院承担，自诉案件中被告人有罪的举证责任由自诉人承担。根据该条规定，对被告人定罪的证据由人民检察院、自诉人提出。

(2) 关于量刑证据的证明责任承担。量刑证据如何承担我国立法并没有作出规定。对于量刑证据，从重的情节应该由公诉机关承担举证责任；对于从轻、减轻的证据，被告人及其辩护人也负有提供初步证据的责任。对于立功、提供揭发他人犯罪的线索等。当辩护方提出量刑证据的相关线索后，人民检察院负有查证的义务。

(3) 关于非法证据排除的证明责任承担。根据《刑事诉讼法》第59条可知由控方承担证明取证合法性的证明责任。对于非法证据排除，辩护方负有提出实施非法取证的人员、时间、地点、内容、方式等相关材料和线索。

【小案例练习】

案例1：在甲盗窃一案中，甲对盗窃行为供认不讳，控辩双方对此均无异议。

问题：在本案中是否不需要对此提供证据证明即可认定甲实施了盗窃行为？

案例2：刑事诉讼的证明对象也称证明客体、待证事实或要证事实，是证明主体运用一定的证明方法所要证明的一切法律要件事实，其中包括证据事实。

问题：上述说法是否正确？

案例3：在甲盗窃一案中，被告人甲主张自己没有盗窃。

问题：甲是否需要对其所说的“自己没有盗窃”这一主张承担证明责任？

案例4：根据《刑事诉讼法》第54条可知：人民法院、人民检察院和公安机关有权向有关单位和个人收集、调取证据。有关单位和个人应当如实提供证据。因此公安机关、人民检察院、人民法院都是证明责任的承担主体。

问题：上述说法是否正确？

【解析】

案例1—问题：在本案中是否不需要对此提供证据证明即可认定甲实施了盗窃行为？

答案：需要。在我国，哪怕被告人认罪，即控辩双方对实体法事实不存在异议，控方对实体法事实仍然需要证明。因此仍然要求控方对甲构成盗窃进行举证才可认定。在法庭审理中不存在异议的程序事实才不必提出证据进行证明。法条依据为《最高检规则》第401条第4项。

案例2—问题：上述说法是否正确？

答案：错误。证据事实不是证明对象。案件事实情况是证明对象，而证据事实是证明手段。试想，如果证据事实要证明，那么整个刑事诉讼证明将会进入无限循环之中，因为每一个证据的事实都得有相应的证据予以证明，这显然不行。

案例3—问题：甲是否需要对其所说的“自己没有盗窃”这一主张承担证明责任？

答案：不需要。证明责任与一定的诉讼主张相连，这里的诉讼主张是指积极的诉讼主张，本案中甲主张自己没有进行盗窃属于消极主张，不需要承担证明责任。

案例4—问题：上述说法是否正确？

答案：错误。我国的公诉案件中被告人有罪的证明责任由检察院承担，法院和公安机关不承担证明责任。公安机关的侦查行为，是为了“查明”案件事实，辅助检察院行使控诉职能，本身不承担证明责任。而法院虽有调查权，也只是为了审查证据而不是证明自己的主张，其任务是居中裁判，因此也不承担证明责任。法条依据为《刑事诉讼法》第51条。

第五节　证据制度的基本范畴

一、证据的种类（法定形式）

（一）概念：也称证据的法定形式，是指法律规定的证据的不同表现形式。

（二）具体种类：根据《刑事诉讼法》第50条规定，证据包括：（1）物证；（2）书证；（3）证人证言；（4）被害人陈述；（5）犯罪嫌疑人、被告人供述和辩解；（6）鉴定意见；（7）勘验、检查、辨认、侦查实验等笔录；（8）视听资料、电子数据。

1. 物证：指以物质属性、外部特征或痕迹等来证明案件真实情况的一切物品或痕迹。比如：笔迹、指纹等属于物证。

2. 书证：指以文字、符号、图画等形式所表达的思想内容来证明案件真实情况的书面材料或者其他材料。

【提示1】物证、书证往往形成于案发过程中，而不是诉讼中。

【提示2】书证与物证的区别主要在于证明方式不同：书证以内容证明案件事实，物证则以物质属性和外观特征证明案件事实。书证与物证的联系主要是都要有实物载体，属于实物证据。如果一个物体同时以上述两种方式发挥证明作用，它就既是书证又是物证。

3. 证人证言：证人就其所感知的案件情况向公安司法机关所作的陈述。

4. 被害人陈述：刑事被害人就其受害情况和其他与案件有关的情况向公安司法机关所作的陈述。

5. 犯罪嫌疑人、被告人供述和辩解

（1）口供包括供述（有罪、罪重）与辩解（无罪、罪轻）。

（2）口供证明力：对一切案件的判处都要重证据，重调查研究，不轻信口供。只有被告人供述，没有其他证据的，不能认定被告人有罪和处以刑罚；没有被告人供述，证据确实、充分的，可以认定被告人有罪和处以刑罚。

【提示】只排除非法的供述、不排除辩解。共犯内的事实揭发属于供述和辩解，共犯外的事实揭发属于证人证言。

6. 鉴定意见

（1）概念：指公安机关、人民检察院、人民法院为了解决案件中某些专门性问题，指派或聘请具有专门知识和技能的人，进行鉴定后所作的书面意见。

（2）特殊的鉴定意见：精神病鉴定（不计入办案期限）。

（3）鉴定意见应当告知：犯罪嫌疑人和被害人。

（4）证据效力：鉴定意见必须有鉴定人的签名，不能只有鉴定单位的名称和盖章。【人的签名+单位名称盖章=有效】

（5）拒不出庭：①控辩双方对鉴定意见有异议，且法院认为有必要，鉴定人才应当出庭作证（但不得强制出庭）。②鉴定人拒不出庭作证的，鉴定意见不得作为定案的根据（区别于证人）。

7. 勘验、检查、辨认、侦查实验等笔录

（1）勘验笔录：指办案人员对与犯罪有关的场所、物品、尸体等进行勘查、检验后所作的记录。

（2）检查笔录：指办案人员为确定被害人、犯罪嫌疑人、被告人的某些特征、伤害情况和生理状态，对他们的人身（活体）进行检验和观察后所作的客观记载。

（3）辨认笔录：指客观、全面记录辨认过程和辨认结果，并由有关在场人员签名的记录。

（4）侦查实验笔录：指对侦查实验的试验条件、试验过程和试验结果的客观记载。

8. 视听资料、电子数据

（1）视听资料：以录音、录像所储存的信息证明案件事实的材料。例如，录像带、CD、DVD光盘、摄像头监控视频/图像资料、磁带等。

【提示】用讯问的录像去证明讯问过程合法，是视听资料（不是供述）。

（2）电子数据：以数字化形式存在的，用作证明案件情况的一切材料及其派生物。

电子数据包括但不限于下列信息、电子文件：

①网页、博客、微博客、朋友圈、贴吧、网盘等网络平台发布的信息；

②手机短信、电子邮件、即时通信、通讯群组等网络应用服务的通信信息；

③用户注册信息、身份认证信息、电子交易记录、通信记录、登录日志等信息；

④文档、图片、音视频、数字证书、计算机程序等电子文件。

【提示】以数字化形式记载的证人证言、被害人陈述以及犯罪嫌疑人、被告人供述和辩解等证据，不属于电子数据。

【提示】

1. 同一个证据材料有可能同时属于两种不同的证据法定种类（主要看该证据用什么去证明待证事实）比如，查获的一封书信，若以信中记载的内容(犯罪过程的描述）去证明案件事实，则是书证；若以信中笔迹去识别嫌疑人，则是物证。故同一个证据材料既可能是书证也可能是物证。

2. 载体不改证据性质。证人证言无论是书面、口头、录像，依然是证人证言，不会因为记载于书面就是书证，记载于录像就是视听资料。

二、其他能够作为证据使用的情形

1. 行政证据向刑事证据转化

行政机关在行政执法和查办案件过程中收集的物证、书证、视听资料、电子数据、鉴定意见、勘验、检查笔录等证据材料，在刑事诉讼中可以作为证据使用。

【提示】上述行政证据要用作刑事证据，需要经过转化手续。

2. 监察机关收集的证据用作刑事证据

监察机关依照法律规定收集的物证、书证、证人证言、被调查人供述和辩解、视听资料、电子数据等证据材料，在刑事诉讼中可以作为证据使用。

3. 有专门知识的人出具的报告

（1）因无鉴定机构，或者根据法律、司法解释的规定，指派、聘请有专门知识的人就案件的专门性问题出具的报告，可以作为证据使用。

（2）对有专门知识的人出具的报告的审查与认定，参照适用鉴定意见的有关规定。

（3）经人民法院通知，出具报告的人拒不出庭作证的，有关报告不得作为定案的根据。

4. 有关部门对事故进行调查形成的报告

（1）有关部门对事故进行调查形成的报告，在刑事诉讼中可以作为证据使用。

（2）报告中涉及专门性问题的意见，经法庭查证属实，且调查程序符合法律、有关规定的，可以作为定案的根据。

5. 来自境外的证据材料

（1）对来自境外的证据材料，检察院应当随案移送有关材料来源、提供人、提取人、提取时间等情况的说明。经法院审查，相关证据材料能够证明案件事实且符合刑事诉讼法规定的，可以作为证据使用，但提供人或者我国与有关国家签订的双边条约对材料的使用范围有明确限制的除外；材料来源不明或者真实性无法确认的，不得作为定案的根据。

（2）当事人及其辩护人、诉讼代理人提供来自境外的证据材料的，该证据材料应当经所在国公证机关证明，所在国中央外交主管机关或者其授权机关认证，并经中华人民共和国驻该国使领馆认证，或者履行中华人民共和国与该所在国订立的有关条约中规定的证明手续，但我国与该国之间有互免认证协定的除外。（《刑诉解释》第77条）

（3）控辩双方提供的证据材料涉及外国语言、文字的，应当附中文译本。

【小案例练习】

案例1：公安机关在讯问犯罪嫌疑人甲时同步录音录像，该录音录像属于故意伤害案的电子数据。

问题：上述说法是否正确？

案例2：甲目击乙伤害丙的全过程，甲将目击的案发全过程写于纸上交予公安机关。

问题：该纸面证据属于何种证据？

案例3：甲因盗窃某书店图书被公安机关立案侦查，公安机关在甲家中缴获的盗窃的图书属于书证。

问题：上述说法是否正确？

【解析】

案例 1—问题：上述说法是否正确？

答案：错误。电子数据是指在案件发生过程中形成的，以数字化形式存储、处理、运输的能够证明案件事实的数据，而公安机关讯问录音录像并不是产生于案件发生过程中的，因此不属于本案的电子数据。

案例 2—问题：该纸面证据属于何种证据？

答案：属于证人证言。证人证言是指证人就其所了解的案件情况向公安司法机关所作的陈述，而该陈述不论何种形式，无论在纸上还是录音录像等均属于证人证言。

案例 3—问题：上述说法是否正确？

答案：错误。并非一切记载有思想内容的文字材料都是书证。从证明对象、证明作用来判断，本题中盗窃的图书等所记载的内容与盗窃案件无关，它们只是物证而不是书证。

KEEP AWAKE

专题三

立案侦查与强制措施

第一节　立案

立案程序的流程图

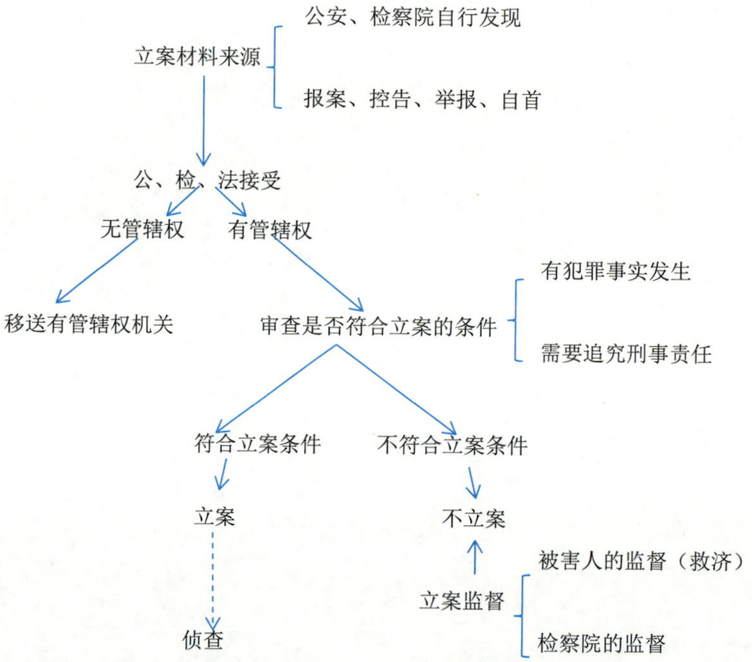

一、立案的条件

公诉案件立案必须同时满足以下两个条件：一是**有犯罪事实发生**，称为事实条件；二是**需要追究刑事责任**，称为法律条件。

1. 有犯罪事实发生：指客观上发生了某种危害社会的犯罪行为。

“有犯罪事实发生”仅要求有一定的事实材料证明有犯罪行为发生即可，至于整个犯罪的过程、犯罪的具体情节、犯罪人是谁等，不要求在立案阶段全部弄清楚，这些问题应当通过立案后的侦查或审判活动来解决。

2. 需要追究刑事责任：查明有无《刑事诉讼法》第 16 条规定的不予追究刑事责任的情形。

二、立案的程序

<table>
<tr><td rowspan="4">1. 对立案材料的接受</td><td colspan="2">(1) 对报案、控告、举报和自首等材料都应当接受。对于不属于自己管辖的，应当移送主管机关处理，必须采取紧急措施的，应当先采取紧急措施，然后移送主管机关。</td></tr>
<tr><td colspan="2">(2)【方式】报案、控告、举报可以用书面或者口头提出。向人民法院提出自诉、上诉、申诉、申请等的，应当以书面形式提出。书写有困难的，除另有规定的以外，可以口头提出，由人民法院工作人员制作笔录或者记录在案，并向口述人宣读或者交其阅读。(《刑诉解释》第 651 条)</td></tr>
<tr><td colspan="2">(3)【诬告】接受控告、举报的工作人员应当说明诬告应负的法律责任。但是，只要不是捏造事实，伪造证据，即使控告、举报的事实有出入，甚至是错告的，也要和诬告严格加以区别。</td></tr>
<tr><td colspan="2">(4)【保密】保障扭送人、报案人、控告人、举报人及其近亲属的安全，不愿公开的，要保密。</td></tr>
<tr><td rowspan="4">2. 对立案材料的审查</td><td colspan="2">(1) 迅速审查原则：对接受的案件，或者发现的犯罪线索，公安机关应当迅速进行审查。(《公安部规定》第 174 条)</td></tr>
<tr><td colspan="2">(2) 审查的内容：①是否有犯罪事实发生；②是否需要追究刑事责任。</td></tr>
<tr><td rowspan="2">(3) 审查可采取的措施：调查核实</td><td>①发现案件事实或者线索不明的，必要时，经办案部门负责人批准，可以进行调查核实。调查核实过程中，公安机关可以依照有关法律和规定采取询问、查询、勘验、鉴定和调取证据材料等不限制被调查对象人身、财产权利的措施。但是，不得对被调查对象采取强制措施，不得查封、扣押、冻结被调查对象的财产，不得采取技术侦查措施。(《公安部规定》第 174 条)</td></tr>
<tr><td>②【接触限制】人民检察院立案侦查的案件，调查核实一般不得接触被调查对象。必须接触被调查对象的，应当经检察长批准。(《最高检规则》第 168 条)</td></tr>
<tr><td rowspan="2">3. 对立案材料的处理</td><td colspan="2">(1) 立案：对立案材料进行审查后，认为有犯罪事实需要追究刑事责任的，应当立案。</td></tr>
<tr><td colspan="2">(2) 不立案：认为没有犯罪事实，或者具有《刑事诉讼法》第 16 条规定不予追究刑事责任的，不予立案。(对有控告人的案件，决定不予立案的，应当制作不予立案决定书，并在 3 日以内送达控告人)</td></tr>
</table>

第二节　侦查

侦查程序流程图

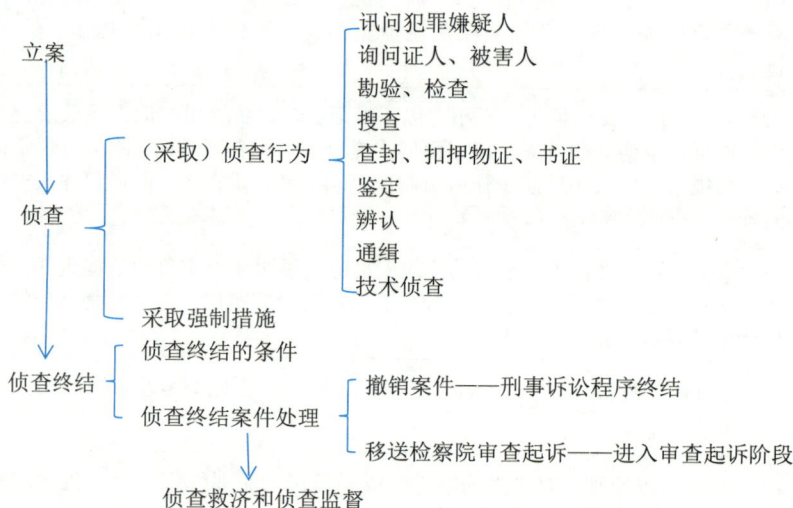

- 立案
  ↓
- 侦查
  - （采取）侦查行为
    - 讯问犯罪嫌疑人
    - 询问证人、被害人
    - 勘验、检查
    - 搜查
    - 查封、扣押物证、书证
    - 鉴定
    - 辨认
    - 通缉
    - 技术侦查
  - 采取强制措施
  ↓
- 侦查终结
  - 侦查终结的条件
  - 侦查终结案件处理
    - 撤销案件——刑事诉讼程序终结
    - 移送检察院审查起诉——进入审查起诉阶段
  ↓
- 侦查救济和侦查监督

一、侦查行为

（一）讯问犯罪嫌疑人

讯问主体		讯问犯罪嫌疑人必须由人民检察院或者公安机关的侦查人员负责进行。讯问的时候，侦查人员不得少于**2人**。
地点	不需要羁押的	对不需要逮捕、拘留的犯罪嫌疑人，可以传唤到犯罪嫌疑人所在**市、县内的指定地点**或者到**他的住处**进行讯问，但是应当出示人民检察院或者公安机关的证明文件。对在**现场**发现的犯罪嫌疑人，经出示工作证件，可以**口头**传唤，但应当在讯问笔录中注明。
		【注意】《公安部规定》第198条规定：讯问犯罪嫌疑人，除下列情形以外，应当在公安机关执法办案场所的讯问室进行： ①**紧急**情况下在**现场**进行讯问的； ②对有严重伤病或者残疾、**行动不便**的，以及正在**怀孕**的犯罪嫌疑人，在其**住处**或者就诊的**医疗机构**进行讯问的。对于**已送交看守所**羁押的犯罪嫌疑人，应当**在看守所讯问室**进行讯问。对于正在被执行**行政拘留**、**强制隔离戒毒**的人员以及正在**监狱服刑**的罪犯，可以在其**执行场所进行讯问**。对于不需要拘留、逮捕的犯罪嫌疑人，经办案部门负责人批准，可以传唤到犯罪嫌疑人所在市、县**公安**机关执法办案场所或者到他的住处进行讯问。
	已被羁押的	犯罪嫌疑人被送交看守所羁押以后，侦查人员对其进行讯问，应当在**看守所内**进行。

续表

时间	传唤、拘传持续的时间不得超过 12 小时；案情特别重大、复杂，需要采取拘留、逮捕措施的，传唤、拘传持续的时间不得超过 24 小时。两次传唤间隔的时间一般不得少于 12 小时。不得以连续传唤的方式变相拘禁犯罪嫌疑人。应当保证犯罪嫌疑人的饮食和必要的休息时间。
讯问程序	（1）侦查人员讯问同案的犯罪嫌疑人，应当个别进行。
	（2）侦查人员在讯问犯罪嫌疑人的时候，应当首先讯问犯罪嫌疑人是否有犯罪行为，让他陈述有罪的情节或者无罪的辩解，然后向他提出问题。
	（3）犯罪嫌疑人对侦查人员的提问，应当如实回答。但是对与本案无关的问题，有拒绝回答的权利。
	（4）侦查人员在讯问犯罪嫌疑人的时候，应当告知犯罪嫌疑人享有的诉讼权利，如实供述自己罪行可以从宽处理和认罪认罚的法律规定。
	（5）侦查人员在讯问犯罪嫌疑人的时候，可以对讯问过程进行录音或者录像；对于可能判处无期徒刑、死刑的案件或者其他重大犯罪案件①，应当对讯问过程进行录音或者录像。录音或者录像应当全程进行，保持完整性。 【注意】人民检察院办理直接受理侦查的案件，应当在每次讯问犯罪嫌疑人时，对讯问过程实行全程录音、录像，并在讯问笔录中注明。
	（6）讯问犯罪嫌疑人，应当制作讯问笔录。讯问笔录应当交犯罪嫌疑人核对；对于没有阅读能力的，应当向他宣读。如果记载有遗漏或者差错，犯罪嫌疑人可以提出补充或者改正。犯罪嫌疑人承认笔录没有错误后，应当签名或者盖章。侦查人员也应当在笔录上签名。犯罪嫌疑人请求自行书写供述的，应当准许。必要的时候，侦查人员也可以要犯罪嫌疑人亲笔书写供词。
讯问特殊对象	（1）未成年人：应当通知他的法定代理人或者合适的成年人在场。【合适成年人】指无法通知、法定代理人不能到场或者是共犯的，也可以通知其他成年亲属，所在学校、单位、居住地基层组织或者未成年人保护组织的代表到场，并将有关情况记录在案。 （2）女性未成年人：应当有女工作人员在场。 （3）聋哑人：应当有通晓聋哑手势的人参加。 （4）不通晓当地语言文字的犯罪嫌疑人：应当配备翻译人员。

（二）询问证人、被害人

询问主体	侦查人员，不得少于 2 人。
地点	侦查人员询问证人，可以在现场进行，也可以到证人所在单位、住处或者证人提出的地点进行，在必要的时候，可以（书面、电话或者当场）通知证人到人民检察院或者公安机关提供证言。在现场询问证人，应当出示工作证件，到证人所在单位、住处或者证人提出的地点询问证人，应当出示人民检察院或者公安机关的证明文件。 【提示】侦查人员询问证人不得另行指定其他地点。

① 《公安部规定》第 208 条第 2 款规定："可能判处无期徒刑、死刑的案件"，是指应当适用的法定刑或者量刑档次包含无期徒刑、死刑的案件。"其他重大犯罪案件"，是指致人重伤、死亡的严重危害公共安全犯罪、严重侵犯公民人身权利犯罪，以及黑社会性质组织犯罪、严重毒品犯罪等重大故意犯罪案件。

续表

询问程序	1. 询问方式	询问证人应当个别进行【没有个别进行的要排除】。
	2. 告知责任	应当告知证人应当如实提供证据、证言和有意作伪证或者隐匿罪证要负的法律责任。
	3. 流程	一般先由证人就其所知道的情形进行叙述，然后再由侦查人员提问。
	4. 笔录	对证人的叙述应当制作笔录，交证人核对或向其宣读，证人确认无误后，应当签名或者盖章。侦查人员也应当在笔录上签名。
	5. 不得非法取供	不得以暴力、威胁等非法手段询问证人。
方法	侦查人员询问证人，应当个别进行。	
询问特殊对象	1. 未成年人	①在询问的时候，应当通知未成年证人的法定代理人到场。无法通知、法定代理人不能到场的，也可以通知未成年证人、被害人的其他成年亲属，所在学校、单位、居住地基层组织或者未成年人保护组织的代表到场，并将有关情况记录在案。到场的法定代理人可以代为行使未成年证人、被害人的诉讼权利。（《刑事诉讼法》第 281 条）
		②审理未成年人遭受性侵害或者暴力伤害案件，在询问未成年被害人、证人时，应当采取同步录音录像等措施，尽量一次完成；未成年被害人、证人是女性的，应当由女性工作人员进行。（《刑诉解释》第 556 条）
	2. 聋哑人	应当有通晓聋哑手势的人参加。
【注意】询问被害人，适用询问证人的相关规定。		

（三）勘验、检查

勘验、检查，是侦查人员对于与犯罪有关的场所、物品、尸体、人身进行勘查和检验的一种侦查行为。勘验和检查的性质是相同的，只是对象有所不同。

主体	（1）侦查人员对于与犯罪有关的场所、物品、人身、尸体应当进行勘验或者检查。必要时，可以指派或者聘请具有专门知识的人，在侦查人员的主持下进行勘验、检查。 （2）对案件现场进行勘查，侦查人员不得少于二人。
对象	（1）勘验的对象：场所、物品、尸体 （2）检查的对象：活人的身体（包括犯罪嫌疑人、被害人）
程序	（1）侦查人员执行勘验、检查，必须持有人民检察院或者公安机关的证明文件。 （2）勘验时，人民检察院应当邀请两名与案件无关的见证人在场。（《最高检规则》第 197 条） （3）勘验、检查的情况应当写成笔录，由参加勘验、检查的人和见证人签名或者盖章。

续表

		应当拍摄现场照片、绘制现场图，制作笔录，由参加勘查的人和见证人签名。对重大案件的现场勘查，应当录音录像。
	现场勘查	①任何单位和个人，都有义务保护犯罪现场，并且立即通知公安机关派员勘验。 ②勘验时，应当邀请 2 名与案件无关的见证人在场。 ③现场勘验在必要时可以指派或聘请具有专门知识的人在侦查人员的主持下进行勘验。 ④勘查现场，应当拍摄现场照片、绘制现场图，制作笔录，由参加勘查的人和见证人签名。对重大案件的现场，应当录像。
	物证检验	是指对在侦查活动中收集到的物品或者痕迹进行检查、验证，以确定该物证与案件事实之间的关系的一种侦查活动。
种类	人身检查	为了确定被害人、犯罪嫌疑人的某些特征、伤害情况或者生理状态，可以对人身进行检查。 ①**犯罪嫌疑人**如果拒绝检查，侦查人员认为必要的时候，可以**强制检查**。 **【注意】对被害人不能强制检查**。 ②检查**妇女**的身体，应当由**女工作人员**或者**医师【医师不要求性别】**进行。 ③检查的情况应当制作笔录，由参加检查的侦查人员、检查人员、被检查人员和见证人签名。被检查人员拒绝签名的，侦查人员应当在笔录中注明。
	尸体解剖	①对于**死因不明**的尸体，为了确定死因，经**县级**以上公安机关负责人批准，可以解剖尸体或开棺检验，并通知死者家属**（无需家属同意）**到场，让其在解剖尸体通知书上签名。 ②死者家属无正当理由拒不到场或者拒绝签名的，侦查人员应当在解剖尸体通知书上注明。对身份不明的尸体，无法通知死者家属的，应当在笔录中注明。
	侦查实验	①为了查明案情，在必要的时候，经公安机关负责人批准，可以进行侦查实验。 ②侦查实验，**禁止**一切足以造成**危险、侮辱人格**或者**有伤风化**的行为。③侦查实验的情况应当写成笔录，由参加实验的人签名或者盖章。
复验、复查	检察院审查案件时，对**监察机关或者公安机关**的勘验、检查，**认为需要**复验、复查的，**应当要求**其复验、复查，检察院可以派员参加；也可以自行复验、复查，商请监察机关或者公安机关派员参加，**必要时也可以指派检察技术人员或者聘请其他有专门知识的人参加**。	

（四）搜查

搜查，是指侦查人员对犯罪嫌疑人以及可能隐藏罪犯或者罪证的人的身体、物品、住处和其他有关的地方进行搜索、检查的一种侦查行为。搜查是一种强制性的侦查措施。

搜查主体	执行搜查的侦查人员不得少于 **2 人**。
范围	犯罪**嫌疑人**以及**可能隐藏罪犯或者罪证的人**的**身体、物品、住处和其他有关地方**。

续表

<table>
<tr><td rowspan="6">程序</td><td>（1）搜查时，必须向被搜查人出示搜查证，否则，被搜查人有权拒绝搜查。但是，侦查人员在执行逮捕、拘留的时候，遇有紧急情况，不另用搜查证也可以进行搜查。（《公安部规定》第223、224条）
【提示】搜查结束后，搜查人员应当在24小时以内补办有关手续。</td></tr>
<tr><td>（2）公安机关的搜查证，要由县级以上公安机关负责人签发。人民检察院的搜查证，要由检察长签发。</td></tr>
<tr><td>（3）进行搜查时，应当有被搜查人或他的家属，邻居或其他见证人在场。</td></tr>
<tr><td>（4）搜查妇女的身体，应当由女工作人员进行。</td></tr>
<tr><td>（5）侦查机关可以要求有关单位和个人交出可以证明犯罪嫌疑人有罪或者无罪的物证、书证、视听资料等证据。遇到阻碍搜查的，侦查人员可以强制搜查。</td></tr>
<tr><td>（6）搜查的情况应当制作笔录，由侦查人员和被搜查人或者他的家属，邻居或者其他见证人签名。如果被搜查人拒绝签名，或者被搜查人在逃，他的家属拒绝签名或者不在场的，侦查人员应当在笔录中注明。</td></tr>
</table>

（五）查封、扣押、查询、冻结

<table>
<tr><td>主体</td><td colspan="3">侦查人员，不得少于2人。</td></tr>
<tr><td>对象</td><td colspan="3">仅限于与本案有关可以用来证明有罪无罪的物品、文件。与案件无关的财物、文件，不得查封、扣押。对查封、扣押的财物、文件，要妥善保管或者封存，不得使用、调换或者损毁。
【注意】发现与本案无关的物证、书证必须在3天之内解除。</td></tr>
<tr><td>特殊物品</td><td colspan="3">1. 容易腐烂变质及其他不易保管的财物：经县级以上公安机关负责人批准，可在拍照或者录像后委托有关部门变卖、拍卖，变卖、拍卖的价款暂予保存，待诉讼终结后一并处理。
2. 违禁品：应当依照国家有关规定处理；对于需要作为证据使用的，应当在诉讼终结后处理。</td></tr>
<tr><td rowspan="3">程序</td><td>查封扣押程序</td><td colspan="2">1. 扣押无须扣押证。
2. 对查封、扣押的财物、文件，应当会同在场见证人和被查封、扣押财物、文件持有人查点清楚，当场开列清单一式二份，由侦查人员、见证人和持有人签名或者盖章，一份交给持有人，另一份附卷备查。
3. 应有见证人在场。
4. 需要扣押嫌疑人的邮件、电报，经公安机关或者人民检察院批准，即可通知邮电机关将有关的邮件，电报检交扣押。</td></tr>
<tr><td rowspan="2">查询、冻结相关程序</td><td>查询、冻结对象</td><td>人民检察院、公安机关根据侦查犯罪的需要，可以依照规定查询、冻结犯罪嫌疑人的存款、汇款、债券、股票、基金份额等财产。有关单位和个人应当配合。犯罪嫌疑人的存款、汇款、债券、股票、基金份额等财产已被冻结的，不得重复冻结。</td></tr>
<tr><td>不得变相扣押</td><td>存款、汇款、证券交易结算资金、期货保证金等资金，债券、股票、基金份额和其他证券，以及股权、保单权益和其他投资权益等财产，上述财产不得划转、转账或者以其他方式变相扣押。已被冻结的，不得重复冻结，但可以轮候冻结。《公安部规定》第237条、242条。</td></tr>
</table>

续表

程序		冻结期限	6个月	1. 冻结存款、汇款、证券交易结算资金、期货保证金等财产的期限为6个月。对于重大、复杂案件，经设区的市一级以上公安机关负责人批准，冻结存款、汇款、证券交易结算资金、期货保证金等财产的期限可以为一年。每次续冻期限最长不得超过一年。
				2. 冻结股权、保单权益或者投资权益的期限为6个月。每次续冻期限最长不得超过6个月。
			2年	3. 冻结债券、股票、基金份额等证券的期限为2年。应当告知当事人或者其法定代理人、委托代理人有权申请出售。经县级以上公安机关负责人批准，可以依法出售或者变现，所得价款应当继续冻结在其对应的银行账户中；没有对应的银行账户的，所得价款由公安机关在银行指定专门账户保管，并及时告知当事人或者其近亲属。

（六）鉴定

鉴定，是指公安机关、人民检察院为了查明案情，指派或者聘请具有专门知识的人对案件中的某些专门性问题进行鉴别和判断的一种侦查活动。

鉴定主体	由侦查机关指派或者聘请，只能是自然人。
事项	专门性事实问题。
程序要求	（1）选定鉴定人。鉴定人的选定有两种方式： ①指派。即由公安机关或者人民检察院，指派其内部的刑事技术鉴定部门具有鉴定资格的专业人员进行鉴定。 ②聘请。即由公安机关或者人民检察院聘请其他部门的专业人员进行鉴定。
	（2）侦查机关应当为鉴定人进行鉴定提供必要条件。
	（3）鉴定人进行鉴定后，应当写出鉴定意见，并且签名。鉴定意见应当对侦查人员提出的问题作出明确的回答，并说明其科学或者技术上的根据。多人参加鉴定，鉴定人有不同意见的，应当注明。
	（4）侦查机关应当将用作证据的鉴定意见告知犯罪嫌疑人、被害人。被害人死亡或者没有诉讼行为能力的，应当告知其法定代理人、近亲属或诉讼代理人。如果犯罪嫌疑人、被害人提出申请，可以补充鉴定或者重新鉴定。
	（5）精神病鉴定的期间不计入办案期限，其他鉴定时间都应当计入办案期限。
	【例】问：鉴定是不是只有精神病鉴定？ 答：不是，鉴定包括多种比如DNA鉴定、血型鉴定、痕迹鉴定等。但是只有精神病鉴定不计入办案期限。换言之，除了精神病鉴定以外的其他鉴定的时间要算入。

（七）辨认

辨认，是指侦查人员为了查明案情，在必要时让被害人、证人以及犯罪嫌疑人对与犯罪有关的物品、文件、尸体、场所或者犯罪嫌疑人进行辨认的一种侦查行为。

<table>
<tr><td>主体</td><td colspan="3">(1) 为了查明案情，在必要的时候，侦查人员可以让被害人、证人或者犯罪嫌疑人对与犯罪有关的物品、文件、尸体、场所或者犯罪嫌疑人进行辨认。
(2) 主持辨认的侦查人员不得少于 2 人。
【注意】在辨认前，应当向辨认人详细询问被辨认对象的具体特征。</td></tr>
<tr><td>对象</td><td colspan="3">与犯罪有关的物品、文件、尸体、场所、犯罪嫌疑人。</td></tr>
<tr><td rowspan="8">程序（辨认规则）</td><td>主持人规则</td><td colspan="2">辨认应当在侦查人员的主持下进行。</td></tr>
<tr><td>个别原则</td><td colspan="2">个别原则：几名辨认人对同一对象进行辨认时，应当由每名辨认人个别进行。</td></tr>
<tr><td rowspan="4">混杂原则：(相似性要求+数量上的要求)</td><td rowspan="2">①公安机关</td><td>7 人；10 张人的照片；物 5 件；物的照片 10 张（不少于）。但是，对场所、尸体或者具有独有特征的物品进行辨认的，陪衬物不受数量的限制。</td></tr>
<tr><td>【注意】《公安部规定》第 260 条：“辨认时，应当将辨认对象混杂在特征相类似的其他对象中，不得在辨认前向辨认人展示辨认对象及其影像资料，不得给辨认人任何暗示。辨认犯罪嫌疑人时，被辨认的人数不得少于 7 人；对犯罪嫌疑人照片进行辨认的，不得少于 10 人的照片。辨认物品时，混杂的同类物品不得少于 5 件；对物品的照片进行辨认的，不得少于 10 个物品的照片。”</td></tr>
<tr><td rowspan="2">②检察机关</td><td>7 人；10 张人的照片；物 5 件；物的照片 5 张（不少于）。</td></tr>
<tr><td>【注意】应当混杂，不得暗示，同公安机关相同要求，详见《最高检规则》第 226 条。</td></tr>
<tr><td>防止预断原则</td><td colspan="2">防止预断：辨认前禁止见到被辨认人或者被辨认物原则。</td></tr>
<tr><td>不得暗示原则</td><td colspan="2">不得暗示：不得给辨认人任何暗示。</td></tr>
<tr><td>其他要求</td><td colspan="3">(1) 对犯罪嫌疑人的辨认，辨认人不愿公开进行时，可以在不暴露辨认人的情况下进行，并应当为其保守秘密。
(2) 现场监督：必要时，可以有见证人在场。(《最高检规则》第 225 条)
(3) 对辨认经过和结果，应当制作辨认笔录，由侦查人员、辨认人、见证人签名。必要时，应当对辨认过程进行录音录像。</td></tr>
</table>

（八）通缉：是公安机关通令缉拿应当逮捕而在逃的犯罪嫌疑人的一种侦查行为。

(1) 通缉主体

①决定主体：公安机关和人民检察院。

②发布主体：公安机关。

【例】以 A 市为例，假如 A 市人民检察院决定通缉某犯罪嫌疑人，但是 A 市检察院决定之后，只能交给 A 市公安机关来发布该通缉令。

【注意】超出自己管辖的地区，应报请有权决定的上级机关决定并由该上级机关的同级公安机关发布。

【例】问：以甲省A市为例，假如A市检察院决定通缉某犯罪嫌疑人，但该嫌疑人潜逃至甲省B市，那么A市检察院能不能够决定在B市范围内通缉该嫌疑人？

答：不能，要报共同的上级机关——甲省检察院决定。但是因检察院无权发布通缉令，所以甲省检察院决定之后，应当是由甲省检察院的同级公安机关，即甲省公安厅来发布。

（2）对象：应当逮捕而在逃的犯罪嫌疑人，或者已被逮捕但脱逃的犯罪嫌疑人。

（3）程序

①【边控措施】为防止犯罪嫌疑人等涉案人员逃往境外，需要在边防口岸采取边控措施的，公安机关应当按照有关规定制作边控对象通知书，并附有关法律文书，经县级以上公安机关负责人审核后，层报省级公安机关批准，办理全国范围内的边控措施。需要限制犯罪嫌疑人人身自由的，应当附有关限制人身自由的法律文书。

②【悬赏通告】为发现重大犯罪线索，追缴涉案财物、证据，查获犯罪嫌疑人，必要时，经县级以上公安机关负责人批准，可以发布悬赏通告。

（九）技术侦查

技术侦查，是国家安全机关和公安机关、监察机关为了侦查犯罪而采取的特殊侦查措施，包括电子侦听、电话监听、电子监控、秘密拍照或录像、秘密获取某些物证、邮件等秘密的专门技术手段。

（1）主体

①决定主体——公安机关、检察院

②执行机关——公安机关

（2）案件范围

①公安机关——公安机关在立案后，对于危害国家安全犯罪、恐怖活动犯罪、黑社会性质的组织犯罪、重大毒品犯罪或者其他严重危害社会的犯罪案件①，根据侦查犯罪的需要，经过严格的批准手续，可以采取技术侦查措施。

②检察院——人民检察院在立案后，对于利用职权实施的严重侵犯公民人身权利的重大犯罪案件，根据侦查犯罪的需要，经过严格的批准手续，可以采取技术侦查措施，按照规定交有关机关执行。

③公安机关、检察院——追捕被通缉或者批准、决定逮捕的在逃的被追诉人。

（3）种类、适用对象、期限

①种类：技术侦查措施是指由设区的市一级以上公安机关负责技术侦查的部门实施的记录监控、行踪监控、通信监控、场所监控等措施。

②适用对象：技术侦查措施的适用对象是犯罪嫌疑人、被告人以及与犯罪活动直接关联的人员。

【注意】根据侦查犯罪的需要，确定采取技术侦查措施的种类和适用对象。

---

① 《公安部规定》第263条第1款规定："公安机关在立案后，根据侦查犯罪的需要，可以对下列严重危害社会的犯罪案件采取技术侦查措施：(1) 危害国家安全犯罪、恐怖活动犯罪、黑社会性质的组织犯罪、重大毒品犯罪案件；(2) 故意杀人、故意伤害致人重伤或者死亡、强奸、抢劫、绑架、放火、爆炸、投放危险物质等严重暴力犯罪案件；(3) 集团性、系列性、跨区域性重大犯罪案件；(4) 利用电信、计算机网络、寄递渠道等实施的重大犯罪案件，以及针对计算机网络实施的重大犯罪案件；(5) 其他严重危害社会的犯罪案件，依法可能判处七年以上有期徒刑的。"

③期限：<1>批准决定自签发之日起3个月以内有效。对于不需要继续的，应当及时解除。

<2>【可以延长】对于复杂、疑难案件，期限届满仍有必要继续采取技术侦查措施的，应当在期限届满前10日以内制作呈请延长技术侦查措施期限报告书，写明延长的期限及理由，经过原批准机关批准，有效期可以延长，每次不得超过3个月。

【注意】延长没有次数的限制。

（4）执行程序

①公安机关侦查的案件，需要采取技术侦查措施的，应当制作呈请采取技术侦查措施报告书，报设区的市一级以上公安机关负责人批准，制作采取技术侦查措施决定书。

②采取技术侦查措施，必须严格按照批准的措施种类、适用对象和期限执行。

③在有效期限内，需要变更技术侦查措施种类或者适用对象的，应当重新办理批准手续：即重新制作呈请采取技术侦查措施报告书，报设区的市一级以上公安机关负责人批准。

④采取技术侦查措施收集的材料作为证据使用的，批准采取技术侦查措施的法律文书应当附卷，辩护律师可以依法查阅、摘抄、复制。

⑤侦查人员对采取技术侦查措施过程中知悉的国家秘密、商业秘密和个人隐私，应当保密。

⑥采取技术侦查措施获取的材料，只能用于对犯罪的侦查、起诉和审判，不得用于其他用途；与案件无关的材料，应当及时销毁。

⑦公安机关依法采取技术侦查措施，有关单位和个人应当配合，并对有关情况予以保密。

（5）证据使用

①采取技术侦查措施收集的材料在刑事诉讼中可以作为证据使用。如果使用该证据可能危及有关人员的人身安全，或者可能产生其他严重后果的，应当采取不暴露有关人员身份、技术方法等保护措施，必要的时候，可以由审判人员在庭外对证据进行核实。

②采取技术侦查措施收集的证据，除可能危及有关人员的人身安全，或者可能产生其他严重后果的，由法院依职权庭外调查核实的外，未经法庭调查程序查证属实，不得作为定案的根据。

（6）秘密侦查：为了查明案情，在必要的时候，经县级以上公安机关负责人决定，可以由侦查人员或者公安机关指定的其他人员隐匿身份实施侦查。隐匿身份实施侦查时，不得使用促使他人产生犯罪意图的方法诱使他人犯罪【犯意型的诱惑侦查】，不得采用可能危害公共安全或者发生重大人身危险的方法。

（7）控制下交付：对涉及给付毒品等违禁品或者财物的犯罪活动，为查明参与该项犯罪的人员和犯罪事实，根据侦查需要，经县级以上公安机关负责人决定，可以实施控制下交付。

二、侦查终结

侦查终结，是侦查机关对于自己立案侦查的案件，经过一系列的侦查活动，根据已经查明的事实、证据，依照法律规定，足以对案件作出起诉、不起诉或者撤销案件的结论，决定不再进行侦查，并对犯罪嫌疑人作出处理的一种诉讼活动。

（一）侦查终结的条件

1. 首要条件：案件事实清楚。
2. 重要条件：证据确实、充分。
3. 法律手续完备。

以上三个条件必须同时具备，缺一不可。

（二）听取意见

在案件侦查终结前，辩护律师提出要求的，侦查机关应当听取辩护律师的意见，并记录在案。辩护律师提出书面意见的，应当附卷。（《刑事诉讼法》第161条）

（三）侦查终结对案件的处理

1. 移送起诉：

公安机关侦查终结的案件，应当做到犯罪事实清楚，证据确实、充分，并且写出起诉意见书，连同案卷材料、证据一并移送同级人民检察院审查决定；同时将案件移送情况告知犯罪嫌疑人及其辩护律师。犯罪嫌疑人自愿认罪的，应当记录在案，随案移送，并在起诉意见书中写明有关情况。

2. 撤销案件：

①在侦查过程中，发现不应对犯罪嫌疑人追究刑事责任的，应当撤销案件；犯罪嫌疑人已被逮捕的，应当立即释放，发给释放证明，并且通知原批准逮捕的人民检察院。

②犯罪嫌疑人自愿如实供述涉嫌犯罪的事实，有重大立功或者案件涉及国家重大利益的，经最高人民检察院核准，公安机关可以撤销案件。根据此规定撤销案件的，公安机关应当及时对查封、扣押、冻结的财物及其孳息作出处理。

【小案例练习】

案例1：王某和张某在公交车上实施盗窃被民警小肖和小李当场抓获，(1) 小肖向王张两人出示工作证件后传唤两人；(2) 对两人进行了长达13小时的讯问；(3) 没有分开讯问。

问题：评价上述行为是否合法？

案例2：甲目击了乙故意伤害丙的经过，侦查人员分别：(1) 在现场询问；(2) 传唤甲至公安机关询问；(3) 到甲的住所内询问；(4) 根据甲的要求，在甲住所门口的咖啡厅进行询问。

问题：上述做法是否正确？

案例3：甲涉嫌贩卖毒品被公安机关立案侦查，公安机关遂前往甲的住处进行搜查，在搜查时，甲的妻子在场。

问题：上述做法是否正确？

案例4：甲因涉嫌故意杀人罪被公安机关立案侦查并予以逮捕，但经过公安机关侦查最终并无法证明甲实施了故意杀人行为。

问题：公安机关应当如何处理？

案例5：甲因涉嫌强奸罪被公安机关立案侦查，甲聘请律师丙为自己辩护。经过公安机关侦查，最终收集到了甲实施强奸罪的证据，遂决定侦查终结并移送检察院审查起诉，同时公安机关将案件移送情况告诉了甲。

问题：公安机关的做法是否正确？

【解析】

案例1—问题：评价上述行为是否合法？

答案：行为 (1) 合法。王、张两人是现场发现的犯罪嫌疑人，经出示工作证件，可以口头传唤。因此小肖可以在向王、张两人出示工作证件后传唤两人，但是应当在讯问笔录中注明此情况。法条依据为《刑事诉讼法》第119条第1款。

行为（2）违法。盗窃不属于案情特别重大、复杂的案件，传唤、拘传持续的时间不得超过12小时。法条依据为《刑事诉讼法》第119条第2款。

行为（3）违法。王、张两人是同案犯，侦查人员讯问同案的犯罪嫌疑人，应当个别进行。法条依据为《最高检规则》第182条第2款。

案例2—问题：上述做法是否正确？

答案：（1）（3）（4）正确，（2）错误。根据法律规定，询问证人可以在现场、证人所在单位、住处或者证人提出的地点进行，必要时，可以通知证人到检察院或公安机关提供证言。上述公安机关对甲的询问地点均无问题，但是（2）中不应当使用传唤，传唤的对象是当事人，对于证人而应当用“通知”。法条依据为《刑事诉讼法》第119条、124条。

案例3—问题：上述做法是否正确？

答案：正确。在搜查的时候，应当有被搜查人或者他的家属、邻居或者其他见证人在场，在本案中，甲的妻子在场，公安机关可以进行搜查。法条依据为《刑事诉讼法》第139条第1款。

案例4—问题：公安机关应当如何处理？

答案：应当立即释放甲，并撤销案件。根据法律规定，公安机关经过侦查无法证明甲实施了犯罪行为，不应对甲追究刑事责任，因此应当撤销案件，同时甲已被逮捕，应当对甲立即释放，发给释放证明，并且通知原批准逮捕的检察院。法条依据为《刑事诉讼法》第163条。

案例5—问题：公安机关的做法是否正确？

答案：错误，还应当告知其辩护律师丙。公安机关侦查终结移送审查起诉时，要将案件移送情况告知犯罪嫌疑人及其辩护律师，而不是选择告诉犯罪嫌疑人或者辩护律师。法条依据为《刑事诉讼法》第162条。

第三节　强制措施

一、强制措施概述

（一）概念

强制措施是指公安机关、人民检察院和人民法院为了保证刑事诉讼的顺利进行，依法对刑事案件的犯罪嫌疑人、被告人的人身自由进行限制或者剥夺的各种强制性方法。

（二）特征

1. 主体的特定性	公检法三机关。其他任何国家机关、团体或者个人都无权采取强制措施 【提示】公民扭送不是强制措施。因为扭送的主体不是公权力机关
2. 适用对象的唯一性	犯罪嫌疑人、被告人
3. 目的具有预防性	是预防性措施，而不是惩戒性措施
4. 适用上具有法定性	必须依照法定的程序进行
5. 时间上具有临时性	是一种临时性措施，时间短；根据案件的进展情况可变更或者解除

（三）适用原则

1. **必要性原则**：指只有在为保证刑事诉讼的顺利进行而有必要时方能采取，若无必要，不得随意适用强制措施。

2. **相当性原则**：又称为比例原则，指适用何种强制措施，应当与犯罪嫌疑人、被告人的人身危险性程度和涉嫌犯罪的轻重程度相适应。

3. **变更性原则**：变更性原则是指强制措施的适用，需要随着诉讼的进展、犯罪嫌疑人、被告人及案件情况的变化而及时变更或解除。

二、拘传、取保候审、监视居住与拘留

拘传 → 取保候审 → 监视居住 → 拘留 → 逮捕

轻 ————————————————→ 重

（一）拘传

概念	公、检、法对**未被羁押**的犯罪嫌疑人、被告人，依法**强制其到案接受讯问**的一种强制措施。拘传是我国刑事诉讼强制措施体系中**最轻**的一种。	
主体	公检法三机关都可以**决定**，且公检法三机关都可以**执行**。 【总结】5种强制措施中，除了拘传公检法都可执行外，其余4种强制措施，不管是谁决定的，都只能由公安机关执行。	
对象	未被羁押的犯罪嫌疑人、被告人。（**注意**：拘传不能针对证人，也不能针对单位犯罪的诉讼代表人）	
程序	批准	县级以上公安机关负责人、检察院检察长、法院院长批准，签发《拘传证》。
	执行	1. 被拘传人所在的市县进行；（辖区外，应当通知当地机关协助）。 2. 人员不得少于两人。 3. **应**向被拘传人**出示拘传证**。抗拒的，可使用械具，强制到案。 【提示】拘传必须出示拘传证，绝不能口头拘传
	讯问	1. 对犯罪嫌疑人、被告人应当**立即讯问**。 2. 一次拘传**持续的时间不得超过 12 小时**；案情特别重大、复杂需要拘留、逮捕的不得超过**24 小时**。**不得**以连续传唤、拘传的形式**变相拘禁**犯罪嫌疑人。 3. 两次**拘传间隔**的时间一般**不得少于 12 小时**。拘传犯罪嫌疑人，应当**保证**犯罪嫌疑人的**饮食和必要**的**休息**时间。

（二）取保候审

1. 概念：公、检、法责令犯罪嫌疑人、被告人提出**保证人**或者交纳**保证金**，保证犯罪嫌疑人、被告人不逃避或妨碍侦查、起诉和审判，并**随传随到**的强制措施。

决定机关	法院、检察院、公安机关决定
执行机关	**公安**机关执行 【提示】国家安全机关决定取保候审的，以及人民检察院、人民法院在办理国家安全机关移送的犯罪案件时决定取保候审的，由**国家安全机关**执行。

续表

<table>
<tr><td>对象</td><td colspan="3">无需逮捕的犯罪嫌疑人、被告人</td></tr>
<tr><td>适用情形</td><td colspan="3">有下列情形之一的犯罪嫌疑人、被告人，可以取保候审（《刑诉法》第 67 条）：
1. 可能判处管制、拘役或者独立适用附加刑的；
2. 可能判处有期徒刑以上刑罚，采取取保候审不致发生社会危险性的；
3. 有严重疾病、生活不能自理，怀孕或者正在哺乳自己婴儿的妇女，取保候审不致发生社会危险性的；
4. 羁押期限届满，案件尚未办结，需要采取取保候审的。
【总结】凡是不符合逮捕条件的，都可以取保候审。</td></tr>
<tr><td>禁止情形</td><td colspan="3">有下列情形之一，不得取保候审（《公安部规定》第 82 条）：
1. 累犯、犯罪集团的主犯；
2. 以自伤、自残办法逃避侦查的；
3. 严重暴力犯罪以及其他严重犯罪的。
【禁止中的例外】1. 患有严重疾病、生活不能自理，怀孕或者正在哺乳自己婴儿的妇女，采取取保候审不致发生社会危险性的；
2. 羁押期限届满，案件尚未办结，需要继续侦查的。
【记忆口诀】累主自暴不取保，除非病孕期限超</td></tr>
<tr><td rowspan="7">取保方式
【二者只能择其一适用】</td><td rowspan="5">1. 保证人</td><td>可以责令提供保证人的情形</td><td>具有下列情形之一的犯罪嫌疑人，可以责令其提供 1 至 2 名保证人：
（1）无力交纳保证金的；
（2）系未成年人或者已满 75 周岁的人；
（3）不宜收取保证金的其他被告人。（《刑诉解释》第 151 条）</td></tr>
<tr><td>保证人的条件</td><td>（1）与本案无牵连；【注意：可以和本案当事人有牵连】
（2）有能力履行保证义务；
（3）享有政治权利，人身自由没有被限制；
（4）有固定的住处和收入。</td></tr>
<tr><td>保证人的义务</td><td>（1）监督：保证人应当监督被保证人遵守义务。
（2）及时报告：保证人发现被保证人可能发生或者已经发生违反义务的行为的，应当及时向执行机关报告。</td></tr>
<tr><td>保证人的责任</td><td>（1）行政责任：罚款（1000~2 万）；
（2）刑事责任：协助逃匿、明知藏匿地点而拒绝提供的。
【提示】保证人不需要承担民事责任。</td></tr>
<tr><td>换人</td><td>保证人不愿继续担保或者丧失担保条件，应当责令被取保候审人重新提出保证人或者交纳保证金，或者作出变更强制措施的决定。</td></tr>
<tr><td rowspan="2">2. 保证金</td><td>数额</td><td>（1）至少 1000 元以上，未成年人 500 元以上；
（2）应当用人民币交纳，具体数额由决定机关决定；
（3）保证金数额需要考虑案件情况，刑罚轻重，社会危险性，被取保候审人的经济状况等，由决定机关确定具体数额【注意：不需要考虑当地经济水平】。
【总结】（1）在取保候审中，决定机关只负责三件事：决定取保候审；解除取保候审；以及保证金数额的确定。
（2）其余的都由执行机关（公安机关）负责。（包括保证金的收取、保管、确定是否违反规定、没收、退还、罚款）</td></tr>
<tr><td>收取</td><td>保证金由县级以上执行机关统一收取和管理。提供保证金的人应当将保证金存入执行机关指定银行的专门账户。【直接存银行】</td></tr>
</table>

续表

被取保候审人的义务	法定义务	被取保候审的犯罪嫌疑人、被告人应当遵守以下规定（《刑诉法》第 71 条）： （1）未经执行机关批准不得离开所居住的市、县； （2）住址、工作单位和联系方式发生变动的，在 24 小时以内向执行机关报告； （3）在传讯的时候及时到案； （4）不得以任何形式干扰证人作证； （5）不得毁灭、伪造证据或者串供。 【记忆口诀】不得离、变要报、传要到、不得扰、不得灭
	酌定义务	人民法院、人民检察院和公安机关可以根据案件情况，责令被取保候审的犯罪嫌疑人、被告人遵守以下一项或者多项规定（《刑诉法》第 71 条）： （1）不得进入特定的场所； （2）不得与特定的人员会见或者通信； （3）不得从事特定的活动； （4）将护照等出入境证件、驾驶证件交执行机关保存。【注意没有身份证】
没有违反义务的	1. 保证人保证的：保证人不需要承担责任； 2. 保证金保证的：未违反规定的，在取保候审结束的时候，凭解除取保候审的通知或者有关法律文书到银行领取退还的保证金。【退钱找银行，不找公安机关】	
违反义务的后果	1. 已交纳保证金的，没收部分或者全部保证金，并且区别情形，责令犯罪嫌疑人、被告人具结悔过，重新交纳保证金、提出保证人，或者监视居住、予以逮捕。	
	2. 对违反取保候审规定，需要予以逮捕的，可以对犯罪嫌疑人、被告人先行拘留。	
期限	12 个月（三个机关可以分别计算 12 个月）。 【注意】 1. 同一机关再次决定对其取保候审的，取保候审的期限应当连续计算。 2. 不同机关决定继续对其取保候审的，取保候审的期限重新计算。 【例】侦查机关在侦查中决定对某甲取保候审，在执行到第七个月的时候，案件侦查终结、移送给检察院审查起诉。检察院在审查起诉当中认为仍然需要对某甲取保候审，于是决定对某甲取保候审，此时某甲的取保候审期限重新计算，检察院可以对某甲决定采取十二个月的取保候审强制措施。	

（三）监视居住

概念	监视居住是指公安机关、人民检察院、人民法院在刑事诉讼过程中，对于符合逮捕条件但具有法定情形的犯罪嫌疑人、被告人，责令在一定期限内不得离开住所或者指定的居所，并对其活动予以监视和控制的一种强制措施。
主体	1. 决定机关：公、检、法 2. 执行机关：公安机关 【同取保候审一样】

续表

<table>
<tr><td rowspan="2">适用情形</td><td colspan="2">替代逮捕</td><td>公检法对符合逮捕条件，有下列情形之一的犯罪嫌疑人、被告人，可以监视居住（《刑诉法》第 74 条）：
①患有严重疾病、生活不能自理的；
②怀孕或者正在哺乳自己婴儿的妇女；
③系生活不能自理的人的唯一扶养人；
④因为案件的特殊情况或者办理案件的需要，采取监视居住措施更为适宜的；
⑤羁押期限届满，案件尚未办结，需要采取监视居住措施的。</td></tr>
<tr><td colspan="2">替代取保候审</td><td>符合取保候审条件，但不能提出保证人，也不交纳保证金的，可以监视居住。</td></tr>
<tr><td>被监视居住人的义务</td><td colspan="3">被监视居住的犯罪嫌疑人、被告人应当遵守以下规定（《刑诉法》第 77 条）：
1. 未经执行机关批准不得离开执行监视居住的处所；【区别于取保】
2. 未经执行机关批准不得会见他人或者通信；【家庭成员、辩护律师除外】【多于取保】
3. 在传讯的时候及时到案；
4. 不得以任何形式干扰证人作证；
5. 不得毁灭、伪造证据或者串供；
6. 将护照等出入境证件、身份证件、驾驶证件交执行机关保存。【多于取保】</td></tr>
<tr><td>违反后果</td><td colspan="3">违反上述规定，情节严重的，可以予以逮捕；需要予以逮捕的，可以对犯罪嫌疑人、被告人先行拘留。</td></tr>
<tr><td rowspan="6">程序</td><td>期限</td><td colspan="2">6 个月，公检法分别计算，各有 6 个月。</td></tr>
<tr><td rowspan="3">执行处所</td><td>住处</td><td>监视居住应当在犯罪嫌疑人、被告人的住处执行。</td></tr>
<tr><td rowspan="2">指定居所</td><td>（1）无固定住处的，可以在指定的居所执行。</td></tr>
<tr><td>（2）对于涉嫌危害国家安全犯罪、恐怖活动犯罪、在住处执行可能有碍侦查的，经上一级公安机关批准，也可以在指定居所执行。
【注意】不得在羁押场所、专门的办案场所执行。</td></tr>
<tr><td>监视方式</td><td colspan="2">执行机关可以采取电子监控、不定期检查等监视方法对其遵守监视居住规定的情况进行监督；在侦查期间，可以对被监视居住的犯罪嫌疑人的通信进行监控。</td></tr>
<tr><td>24 小时内通知</td><td colspan="2">对被告人指定居所监视居住后，人民法院应当在 24 小时以内，将监视居住的原因和处所通知其家属；确实无法通知的，应当记录在案。</td></tr>
<tr><td rowspan="2">监视居住的解除</td><td>依职权</td><td colspan="2">监视居住期限届满或者发现不应追究犯罪嫌疑人、被告人刑事责任的，应当及时解除监视居住。解除监视居住的，应当由办案人员提出意见，报部门负责人审核，最后由公安机关负责人、人民检察院检察长或者人民法院院长决定。解除或者撤销监视居住的决定，应当及时通知执行机关，并将解除或撤销监视居住的决定书送达犯罪嫌疑人、被告人。（《最高检规则》第 115 条）</td></tr>
<tr><td>依申请</td><td colspan="2">犯罪嫌疑人、被告人及其法定代理人、近亲属或者辩护人认为监视居住期限届满或不应继续监视居住的，有权向人民法院、人民检察院、公安机关提出申请，要求解除监视居住。人民法院、人民检察院和公安机关收到申请后，应当在 3 日以内作出决定；不同意解除或变更的，应当告知申请人，并说明不同意的理由。（《刑诉法》第 97 条、《刑诉解释》第 174 条）</td></tr>
<tr><td>折抵刑期</td><td colspan="3">1. 被判处管制的，指定居所监视居住一日折抵刑期一日；
2. 被判处拘役、有期徒刑的，指定居所监视居住二日折抵刑期一日。
【注意】只有指定居所监视居住的情形才能折抵。</td></tr>
</table>

（四）拘留

概念	侦查机关对直接受理的案件，在侦查过程中，遇到紧急情况，依法临时剥夺某些现行犯或者重大嫌疑分子的人身自由的一种强制措施。	
适用对象	公安机关对于现行犯或者重大嫌疑分子，如果有下列情形之一的，可以先行拘留：	
	现行犯	①正在预备犯罪、实行犯罪或者在犯罪后即时被发觉的； ②被害人或者在场亲眼看见的人指认他犯罪的； ③在身边或者住处发现有犯罪证据的； ④犯罪后企图自杀、逃跑或者在逃的；
	重大嫌疑分子	⑤有毁灭、伪造证据或者串供可能的； ⑥不讲真实姓名、住址，身份不明的； ⑦有流窜作案、多次作案、结伙作案重大嫌疑的。【备注】“流窜作案”，是指跨市、县管辖范围连续作案，或者在居住地作案后逃跑到外市、县继续作案。“多次作案”，是指 3 次以上作案；“结伙作案”，是指 2 人以上共同作案。
	其他可以先行拘留的情形：	
	转换适用	对于违反取保候审、监视居住规定，需要予以逮捕的，可以对犯罪嫌疑人、被告人先行拘留。
	检察机关适用	检察院直接受理的案件在侦查过程中有上述犯罪后企图自杀、逃跑或者在逃的、有毁灭、伪造证据或者串供可能的，可以决定拘留。
拘留程序	决定权	公安机关、检察院。【注意】法院没有刑事拘留的决定权，只有司法拘留权。
	执行权	公安机关
	出示拘留证	公安机关拘留人时，须出示拘留证。【先行拘留可不出示拘留证，执行拘留后再补办拘留证】
	24 小时送看守所	拘留后，应当立即将被拘留人送看守所羁押，至迟不得超过 24 小时。
	24 小时通知	应当在拘留后 24 小时以内，通知被拘留人的家属。 【注意】除无法通知或者涉嫌危害国家安全犯罪、恐怖活动犯罪通知可能有碍侦查的情形以外。有碍侦查的情形消失以后，应当立即通知被拘留人的家属。
	24 小时讯问	公安机关、检察机关对被拘留的人，应当在拘留后的 24 小时以内进行讯问。在发现不应当拘留的时候，应当立即释放。 【注意】遵循“谁决定、谁通知；谁决定，谁讯问”原则。 **问：**拘留嫌疑人后，对嫌疑人的讯问是否一律要在看守所进行？ **答：**不是，因为虽然法律规定 24 小时内送看、24 小时内讯问，但是很可能侦查人员对嫌疑人进行讯问的时候尚未送看。如果把嫌疑人已经送到看守所了，那就只能在看守所进行讯问；在拘留后 24 小时内、送看守所前，可以不在看守所讯问嫌疑人。
	异地拘留	应当通知当地公安机关，当地公安机关协助。

续表

<table>
<tr><td rowspan="8">拘留期限</td><td rowspan="6">公安机关</td><td>《刑事诉讼法》第 91 条："公安机关对被拘留的人，认为需要逮捕的，应当在拘留后的3日以内，提请人民检察院审查批准。在特殊情况下，提请审查批准的时间可以延长1日至4日。对于流窜作案、多次作案、结伙作案的重大嫌疑分子，提请审查批准的时间可以延长至30日。人民检察院应当自接到公安机关提请批准逮捕书后的7日以内，作出批准逮捕或者不批准逮捕的决定。人民检察院不批准逮捕的，公安机关应当在接到通知后立即释放，并且将执行情况及时通知人民检察院。对于需要继续侦查，并且符合取保候审、监视居住条件的，依法取保候审或者监视居住。"</td></tr>
<tr><td>①一般：3+7=10 ②特殊 3+4+7=14 ③（流、结、多）30+7=37</td></tr>
<tr><td>"3"指：对被拘留的犯罪嫌疑人，经过审查认为需要逮捕的，应当在拘留后的3日以内，提请检察院审查批准。</td></tr>
<tr><td>"4"指：在特殊情况下，经县级以上公安机关负责人批准，提请审查批准逮捕的时间可以延长1日至4日。</td></tr>
<tr><td>"7"指：检察院应当自接到公安机关提请批准逮捕书后的7日内作出批准逮捕或者不批准逮捕的决定。</td></tr>
<tr><td>"30"指：对流窜作案、多次作案、结伙作案的重大嫌疑分子，经县级以上公安机关负责人批准，提请审查批准逮捕的时间可以延长至30日。</td></tr>
<tr><td rowspan="2">检察院</td><td>①犯罪嫌疑人已被拘留的：检察院办理直接受理侦查的案件，需要逮捕犯罪嫌疑人的，负责侦查的部门应当在拘留后7日以内将案件移送本院负责捕诉的部门审查。负责捕诉的部门应当在收到逮捕犯罪嫌疑人意见书后的7日以内，报请检察长决定是否逮捕，特殊情况下，决定逮捕的时间可以延长1日至3日。【提示】①一般情况：7+7=14 ②特殊情况：7+7+3=17。</td></tr>
<tr><td>②犯罪嫌疑人未被拘留的：负责捕诉的部门应当在收到逮捕犯罪嫌疑人意见书后15日以内，报请检察长决定是否逮捕，重大、复杂案件，不得超过20日。（《最高检规则》第297条）</td></tr>
</table>

三、逮捕与羁押必要性审查

（一）逮捕

1. 概念：逮捕是指公安机关、人民检察院和人民法院为了防止犯罪嫌疑人或者被告人实施妨碍刑事诉讼的行为，逃避侦查、起诉、审判或者发生社会危险性，而依法暂时剥夺其人身自由的一种强制措施。

2. 逮捕的条件

<table>
<tr><td rowspan="4">一般逮捕
【应当】</td><td>1. 证据要件</td><td>“有证据证明有犯罪事实”：
（1）有证据证明发生了犯罪事实；
（2）有证据证明该犯罪事实是犯罪嫌疑人实施的；
（3）犯罪嫌疑人实施犯罪行为的证据已经查证属实的。</td></tr>
<tr><td>2. 刑罚</td><td>可能判处徒刑以上刑罚。</td></tr>
<tr><td>3. 社会危险性</td><td>采取取保候审尚不足以防止发生下列社会危险性的：
【社会危险性】①可能实施新的犯罪的；②有危害国家安全、公共安全或者社会秩序的现实危险的；③可能毁灭、伪造证据，干扰证人作证或者串供的；④可能对被害人、举报人、控告人实施打击报复的；⑤企图自杀或者逃跑的。
【注意】批准或者决定逮捕，应当将犯罪嫌疑人、被告人涉嫌犯罪的性质、情节，认罪认罚等情况，作为是否可能发生社会危险性的考虑因素。</td></tr>
<tr><td colspan="2">【总结】证据+徒刑+危险（《刑诉法》第 81 条）</td></tr>
<tr><td>径行逮捕
【应当】</td><td colspan="2">1.【证据+10 年徒刑】有证据证明有犯罪事实，可能判处 10 年有期徒刑以上刑罚的。
2.【证据+徒刑+故意】有证据证明有犯罪事实，可能判处徒刑以上刑罚，曾经故意犯罪的，应当予以逮捕。
3.【证据+徒刑+不明】有证据证明有犯罪事实，可能判处徒刑以上刑罚，且身份不明的，应当予以逮捕。</td></tr>
<tr><td>转化逮捕
【可以】</td><td colspan="2">犯罪嫌疑人、被告人违反取保候审、监视居住规定，情节严重的，可以予以逮捕。
【总结】凡是违反较轻的强制措施，都可以变更为比它要重的强制措施。反过来，也可以由重的变更为轻的（比如超期羁押）。
【例】四金被逮捕了，但是在羁押期间突发重病、生活不能自理，这种情况下可以变更成取保候审，也可以变更为监视居住。</td></tr>
<tr><td rowspan="2">不予逮捕的适用条件</td><td>应当不予逮捕</td><td><1>不符合上述应当或可以逮捕条件的；<2>具有《刑事诉讼法》第 16 条规定的情形之一的。（《最高检规则》第 139 条）</td></tr>
<tr><td>可以不予逮捕</td><td><1>属于预备犯、中止犯，或者防卫过当、避险过当的；<2>主观恶性较小的初犯，共同犯罪中的从犯、胁从犯，犯罪后自首、有立功表现或者积极退赃、赔偿损失、确有悔罪表现的；<3>过失犯罪的犯罪嫌疑人，犯罪后有悔罪表现，有效控制损失或者积极赔偿损失的；<4>犯罪嫌疑人与被害人双方根据刑事诉讼法的有关规定达成和解协议，经审查，认为和解系自愿、合法且已经履行或者提供担保的；<5>犯罪嫌疑人认罪认罚的；<6>犯罪嫌疑人系已满 14 周岁未满 18 周岁的未成年人或者在校学生，本人有悔罪表现，其家庭、学校或者所在社区、居民委员会、村民委员会具备监护、帮教条件的；<7>犯罪嫌疑人系已满 75 周岁的人。（《最高检规则》第 140 条）</td></tr>
</table>

3. 逮捕的程序

（1）逮捕主体

《宪法》第37条第2款规定：“任何公民，非经人民检察院批准或者决定或者人民法院决定，并由公安机关执行，不受逮捕。”《刑事诉讼法》第80条规定：“逮捕犯罪嫌疑人、被告人，必须经过人民检察院批准或者人民法院决定，由公安机关执行。”

①检察院：

<1>批准逮捕权：对于公安机关移送要求审查批准逮捕的案件，人民检察院有批准权。

<2>决定逮捕权：

A. 人民检察院立案侦查的刑事案件（自侦案件），认为对犯罪嫌疑人需要逮捕的，人民检察院有权决定逮捕。

B. 人民检察院在审查起诉中，认为犯罪嫌疑人符合法律规定的逮捕条件，应予逮捕的，依法有权自行决定逮捕。

②法院：决定逮捕权

<1>法院直接受理的自诉案件，对被告人需要逮捕的，人民法院有权决定逮捕。

<2>检察院提起公诉的案件，人民法院在审判阶段发现需要逮捕被告人的，有权决定逮捕。

③公安：执行逮捕权。公安机关无权自行决定逮捕，逮捕的执行权属于公安机关。人民检察院和人民法院决定或批准逮捕的都必须交付公安机关执行。

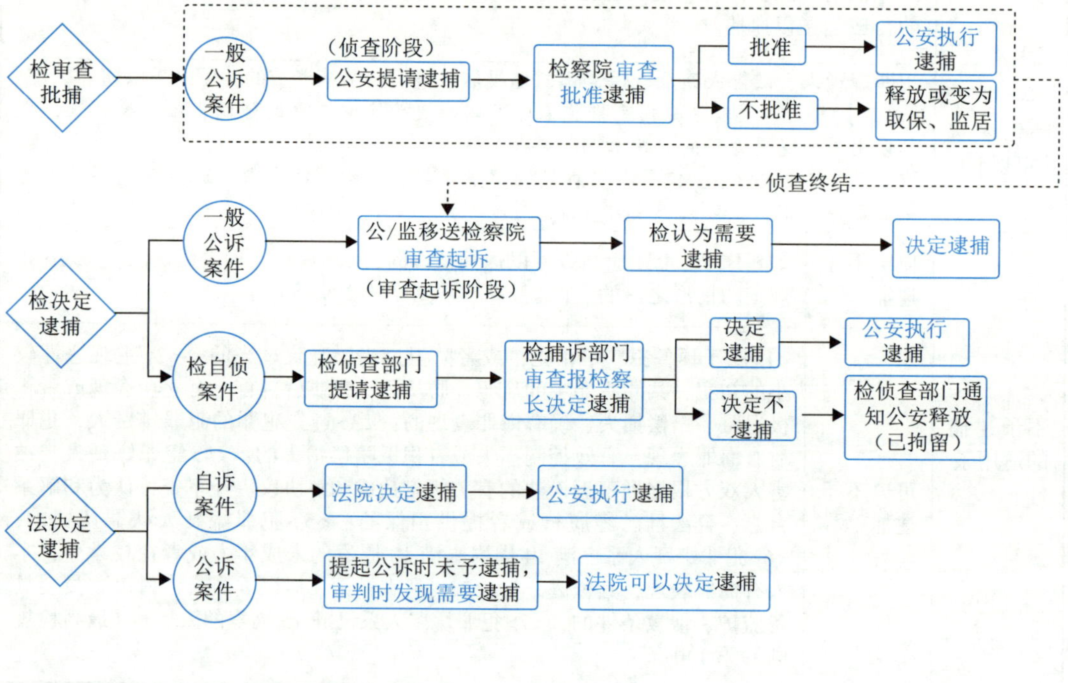

（2）公安提请、检察院审查批捕程序

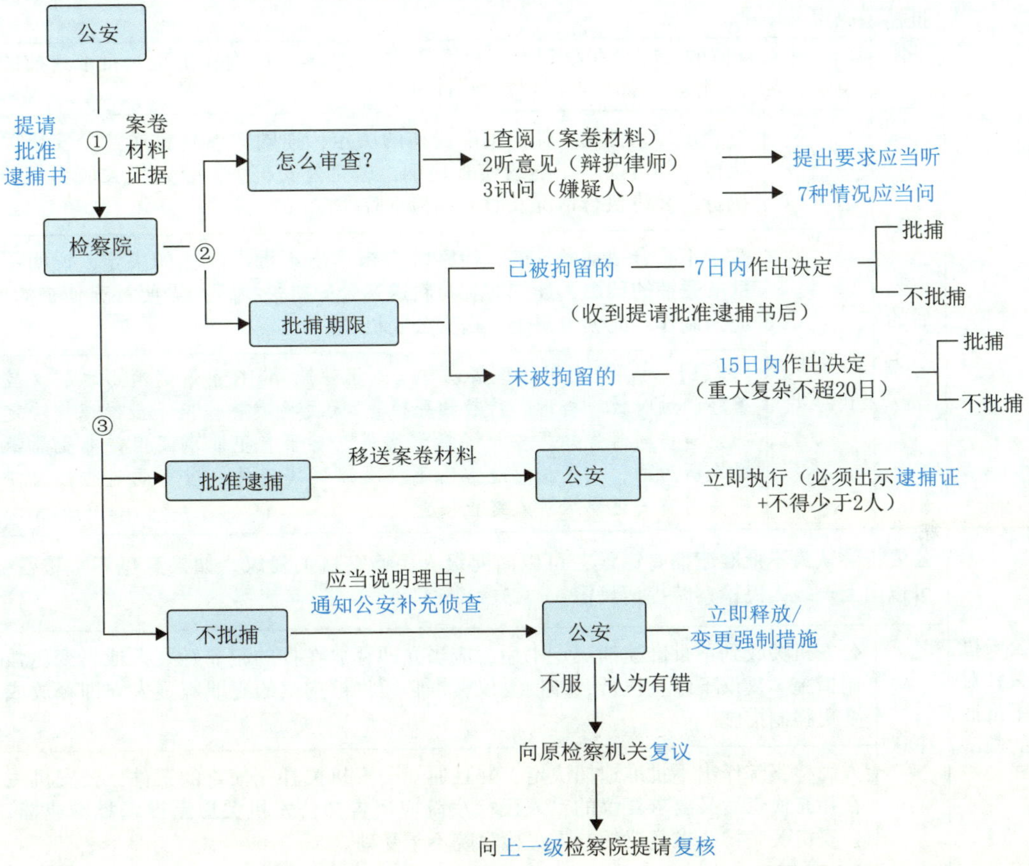

<table>
<tr><td rowspan="3">检察机关如何审查</td><td rowspan="3">怎么审查</td><td colspan="2">1. 查阅案卷材料。</td></tr>
<tr><td>2. 讯问犯罪嫌疑人</td><td>人民检察院办理审查逮捕案件，可以讯问犯罪嫌疑人；具有下列情形之一的，应当讯问犯罪嫌疑人：（《刑诉法》第 88 条、《最高检规则》第 280 条）
对是否符合逮捕条件有疑问的；
犯罪嫌疑人要求向检察人员当面陈述的；
侦查活动可能有重大违法行为的；
案情重大疑难复杂的；
犯罪嫌疑人认罪认罚的；
犯罪嫌疑人系未成年人的；
犯罪嫌疑人是盲、聋、哑人或者是尚未完全丧失辨认或者控制自己行为能力的精神病人的。
【口诀】疑面违难认幼聋傻</td></tr>
<tr><td>3. 听取意见</td><td>人民检察院审查批准逮捕，可以询问证人等诉讼参与人，听取辩护律师的意见；辩护律师提出要求的，应当听取辩护律师的意见。</td></tr>
</table>

续表

<table>
<tr><td rowspan="5"></td><td rowspan="2">批捕期限</td><td colspan="2">(1) 已被拘留的：应当在收到提请批准逮捕书后 7 日以内作出是否批准逮捕的决定。</td></tr>
<tr><td colspan="2">(2) 未被拘留的：应当在收到提请批准逮捕书后 15 日以内作出是否批准逮捕的决定，重大、复杂案件，不得超过 20 日。</td></tr>
<tr><td rowspan="3">审查后的决定</td><td>批准逮捕</td><td>符合逮捕条件的，作出批准逮捕的决定，连同案卷材料送达公安机关执行，并可以制作继续侦查提纲，送交公安机关。公安机关应当立即执行，并将执行情况及时通知检察院。</td></tr>
<tr><td rowspan="2">不批准逮捕</td><td>对于不符合逮捕条件的，检察院应当作出不批准逮捕的决定，说明不批准逮捕的理由，连同案卷材料送达公安机关执行。需要补充侦查的，应当制作补充侦查提纲，送交公安机关。</td></tr>
<tr><td>【注意】对于没有犯罪事实或有《刑诉法》第 16 条规定情形之一（显著轻、过时效、告诉、特赦和死掉），人民检察院作出不批准逮捕决定的，应当同时告知公安机关撤销案件。对于有犯罪事实但并非犯罪嫌疑人所为的，人民检察院作出不批准逮捕决定的，应当同时告知公安机关对有关犯罪嫌疑人终止侦查。</td></tr>
<tr><td rowspan="3">公安机关针对不批捕的救济</td><td colspan="3">公安机关认为不批准逮捕有错误，可以向同级人民检察机关复议。如果意见不被接受，可以向上一级人民检察院提请复核。</td></tr>
<tr><td rowspan="2">注意</td><td colspan="2">公安机关收到不批准逮捕决定书后，应当立即释放在押的犯罪嫌疑人或者变更强制措施。复议不停止执行，即使复议，也必须将被拘留的犯罪嫌疑人立即释放或变更强制措施。</td></tr>
<tr><td colspan="2">人民检察院作出不批准逮捕决定，并且通知公安机关补充侦查的案件，公安机关在补充侦查后又要求复议的，人民检察院应当告知公安机关重新提请批准逮捕。公安机关坚持要求复议的，人民检察院不予受理。</td></tr>
<tr><td rowspan="4">执行逮捕</td><td colspan="3">证件、人数：必须出示逮捕证，公安机关 2 人以上执行。</td></tr>
<tr><td colspan="3">立即送看：逮捕后，应当立即送到看守所羁押。【无 24 小时，区别拘留】</td></tr>
<tr><td>24 小时内通知、讯问</td><td colspan="2">1. 应当在 24 小时内通知家属。逮捕通知书应当写明逮捕原因和羁押处所（除无法通知的以外）。
2. 应当在 24 小时内讯问。法院、检察院对于各自决定逮捕的人，公安机关对于经检察院批准逮捕的人，都必须在逮捕后 24 小时内讯问。
【谁想捕，谁通知、谁讯问】</td></tr>
<tr><td colspan="3">异地执行：应当通知当地的公安机关协助。</td></tr>
</table>

（二）羁押必要性审查与逮捕的变更、撤销

1. 羁押必要性审查（检察院进行法律监督，审查出来要变更，建议办案机关变更）

概念	对被逮捕的犯罪嫌疑人、被告人有无继续羁押的必要性进行审查，对不需要继续羁押的，建议办案机关予以释放或者变更强制措施的监督活动。
审查主体	负责捕诉的部门：办案机关对应的同级检察院负责捕诉的部门依法对侦查和审判阶段

续表

	的羁押必要性进行审查。审查起诉阶段，负责捕诉的部门经审查认为不需要继续羁押的，应当直接释放犯罪嫌疑人或者变更强制措施。	
启动方式	依职权	检察院可以依职权主动进行羁押必要性审查。 【注意：逮捕+认罪认罚=应审查】已经逮捕的犯罪嫌疑人认罪认罚的，人民检察院应当及时对羁押必要性进行审查。经审查，认为没有继续羁押必要的，应当予以释放或者变更强制措施。
	依申请	犯罪嫌疑人、被告人及其法定代理人、近亲属或者辩护人可以申请检察院进行羁押必要性审查，申请时应当说明不需要继续羁押的理由，有相关证据或者其他材料的，应当提供。
审查程序	审查方式	可以采取以下方式进行羁押必要性审查： （1）审查犯罪嫌疑人、被告人不需要继续羁押的理由和证明材料； （2）听取犯罪嫌疑人、被告人及其法定代理人、辩护人的意见； （3）听取被害人及其法定代理人、诉讼代理人的意见，了解是否达成和解协议； （4）听取办案机关的意见； （5）调查核实犯罪嫌疑人、被告人的身体健康状况； （6）需要采取的其他方式。 必要时，可以依照有关规定进行公开审查。 【注意】检察院可以对羁押必要审查案件进行公开审查。但是，涉及国家秘密、商业秘密、个人隐私的案件除外。
	综合评估	检察院应当根据嫌疑人、被告人涉嫌犯罪事实、主观恶性、悔罪表现、身体状况、案件进展情况、可能判处的刑罚和有无再危害社会的危险等因素，综合评估有无必要继续羁押犯罪嫌疑人、被告人。
审查结果	应当建议	人民检察院发现犯罪嫌疑人、被告人具有下列情形之一的，应当向办案机关提出释放或者变更强制措施的建议：（《最高检规则》第579条） （1）【不能关】案件证据发生重大变化，没有证据证明有犯罪事实或者犯罪行为系犯罪嫌疑人、被告人所为的； （2）【不能关】案件事实或者情节发生变化，犯罪嫌疑人、被告人可能被判处拘役、管制、独立适用附加刑、免予刑事处罚或者判决无罪的； （3）【羁押期限超刑期】继续羁押犯罪嫌疑人、被告人，羁押期限将超过依法可能判处的刑期的； （4）【事实清，取保监】案件事实基本查清，证据已经收集固定，符合取保候审或者监视居住条件的。
	可以建议	人民检察院发现犯罪嫌疑人、被告人具有下列情形之一，且具有悔罪表现，不予羁押不致发生社会危险性的，可以向办案机关提出释放或者变更强制措施的建议：（《最高检规则》第580条） （1）预备犯或者中止犯； （2）共同犯罪中的从犯或者胁从犯； （3）过失犯罪的； （4）防卫过当或者避险过当的； （5）主观恶性较小的初犯； （6）系未成年人或者已满75周岁的人； （7）与被害方依法自愿达成和解协议，且已经履行或者提供担保的； （8）认罪认罚的；

续表

		(9) 患有严重疾病、生活不能自理的； (10) 怀孕或者正在哺乳自己婴儿的妇女； (11) 系生活不能自理的人的唯一扶养人； (12) 可能被判处 1 年以下有期徒刑或者宣告缓刑的； (13) 其他不需要继续羁押的情形。

2. 逮捕的变更、撤销（办案机关主动变更、撤销）

（1）启动

①依职权：公、检、法如果发现对犯罪嫌疑人、被告人采取强制措施不当的，应当及时撤销或者变更。公安机关释放被逮捕的人或者变更逮捕措施的，应当通知原批准的人民检察院。

②依申请：犯罪嫌疑人、被告人及其法定代理人、近亲属或者辩护人有权申请变更强制措施。公、检、法自收到申请后 3 日内作出决定，不同意的应当告知申请人并说明理由。

（2）逮捕可以变更

①对【老弱病残孕】，法院可以变更强制措施：

<1>患有严重疾病、生活不能自理的；

<2>怀孕或者正在哺乳自己婴儿的；

<3>系生活不能自理的人的唯一扶养人。

②一般变更为取保候审；如果交不出保证金+没有保证人，就变更为监视居住。

（3）应当立即释放；必要时可以变更

对【不能关、超刑期、期满未办结】，法院应当立即释放；必要时，可以变更强制措施：

①【不能关】第一审人民法院判决被告人无罪、不负刑事责任或者免予刑事处罚的；

②【不能关】第一审人民法院判处管制、宣告缓刑、单独适用附加刑，判决尚未发生法律效力；

③【羁押期限超刑期】被告人被羁押的时间已到第一审人民法院对其判处的刑期期限；

④【期满未办结】案件不能在法律规定的期限内审结（办结）。【法律规定的期限包含侦查羁押、审查起诉、一审、二审期限】

【小案例练习】

案例 1：张某因涉嫌诈骗罪，于 2021 年 10 月 7 日早上 10 时被甲市公安局口头拘传。10 月 8 日上午 10 时，侦查人员对张某进行了讯问。10 月 8 日下午 15 时，甲市公安局解除拘传。

问题：本案存在哪些程序违法情形？

案例 2：未成年人张某涉嫌故意伤害罪被甲市公安局取保候审。甲市公安局责令张某的父亲为张某的保证人，并缴纳 2000 元保证金。张某的父亲将 2000 元人民币交到本案侦查人员 A 的办公室。取保候审期间，张某自行到乙市游玩，张父未作理会。

问题：本案错误的做法有哪些？

案例 3：甲市法院在审理过程中发现被告人王某已经怀孕，遂决定对王某取保候审并直接执行。

问题：甲市法院的做法是否正确？请说明理由。

案例4：2021年11月4日，甲市乙县公安分局对犯罪嫌疑人张三执行拘留。11月8日，提请乙县检察院审查批准逮捕张三。11月17日，乙县检察院批准逮捕。

问题：本案中是否存在程序违法情形？

案例5：甲市公安局提请甲市检察院审查批准逮捕已被拘留的犯罪嫌疑人刘一和陈二。经审查，甲市检察院批准逮捕刘一，不批准逮捕陈二，并将两份决定书送达甲市公安局。

问题：甲市公安局应如何处理？

【解析】

案例1——问题：本案存在哪些程序违法情形？

答案：本案存在三处程序违法情形：(1) 甲市公安局拘传张某**应当出示拘传证，并责令其在拘传证上签名、捺指印**。口头拘传张某属于程序违法；(2) **拘传犯罪嫌疑人后应当立即进行讯问**。10月7日早上张某到案，甲市公安局直至10月8日早上才对其进行讯问，属于程序违法；(3) **一次拘传持续的时间不得超过12小时**。本案**不属于案情特别重大、复杂的案件**，而甲市公安局对张某的拘传时间为10月7日早上10时至10月8日下午15时，超过了12小时，属于程序违法。法条依据为《刑事诉讼法》第119条第2款，《公安机关规定》第79条、第80条。

案例2——问题：本案错误的做法有哪些？

答案：(1) **保证人和保证金不能同时适用**，甲市公安局责令张父为保证人并要求其缴纳保证金的做法错误。(2) 提供保证金的人应当将保证金存入**执行机关指定银行的专门账户**，张某将**保证金交至侦查人员办公室**的做法**错误**。(3) 被取保人**未经执行机关批准不得离开所居住的市、县**，张某**擅自离开甲市**的做法**错误**。(4) **保证人应当履行监督和报告义务**，张父未制止张某也未及时向甲市公安局报告的做法错误。法条依据为《刑事诉讼法》第68条、第70条、第71条、第72条。

案例3——问题：甲市法院的做法是否正确？请说明理由。

答案：**不正确**。(1) 虽然王某是已经怀孕的妇女，但还需满足**取保候审不致发生社会危险性**的条件才能对其取保候审，甲市法院因王某怀孕便直接决定对其取保的做法错误。(2) **取保候审应由公安机关执行**，甲市法院直接执行取保候审的做法错误。法条依据为《刑事诉讼法》第67条。

案例4——问题：本案中是否存在程序违法情形？

答案：(1) 公安机关应当在**拘留后3日以内提请检察院审查批准逮捕**，有特殊情况的可经批准后延长。但本案无特殊情况，乙县公安分局在**拘留张三4日后才提请批捕的做法属于程序违法**。(2) 检察院应当自接到公安机关提请批准逮捕书后的**7日以内作出批准逮捕**或者**不批准逮捕的决定**。乙县检察院自乙县公安分局**提请批捕后9日才做出批捕决定**，属于程序**违法**。法条依据为《刑事诉讼法》第91条第1款、第3款。

案例5——问题：甲市公安局应如何处理？

答案：(1) 应当由**2名以上人员**执行对刘一的逮捕。逮捕后，应立即将刘一送到看守所羁押，并在逮捕后24小时内讯问刘一和通知刘一家属。(2) 应当**立即释放**陈二或者**变更强制措施**，并在收到不批准逮捕决定书后3日以内将执行回执送达甲市检察院。如果认为不批捕有错误，可以向甲市检察院申请复议，意见不被接受的，可以向上一级检察院提请复核。法条依据为《刑事诉讼法》第93条第2款、第94条，《最高检规则》第286条第1款，《公安机关规定》第141条。

【知识点分析思路总结】强制措施中存在哪些错误？

一、解题思路

（一）第一步：明确定位是何种强制措施

（二）第二步：根据对应知识点，指出存在错误的地方

1. 错误分为实体错误和程序错误，强制措施中一般为程序错误（唯一涉及实体错误的是判断检察院批准逮捕或不批准逮捕的决定是否正确）。

2. 强制措施中，错误的内容一般可从以下几点考虑：

（1）主体：决定和执行的主体是否正确；

（2）对象：适用的对象是否正确；

（3）条件：是否已满足全部条件，是否出现不得适用的消极情形；

（4）期限：是否超出法定期限；

（5）审查：审查的方式是否正确，审查的内容是否全面；

（6）义务：被执行人是否违反了法定义务或酌定义务，对违反义务的被执行人的惩戒是否正确；

（7）救济：申请和被申请救济的主体是否正确，申请救济的理由是否有法律依据；

（8）“可以”与“应当”是否运用正确；

（9）其他不符合法律规定的情形。

（三）第三步：阐明错误的理由，也即法条依据

二、答题举例

【案情】①

甲市某小区发生一起故意杀人案件，死者王某为该小区业主。公安机关接到报警后，迅即派员赴现场进行现场勘查及调查工作。经过走访调查后，确定当天和王某在小区内发生激烈争吵的张某有重大的犯罪嫌疑。经张某的邻居反映，张某与王某是生意合作伙伴，但因为生意上的事情发生了矛盾，最近经常在屋内吵架。2016年7月10日9时，侦查人员直接决定对张某进行拘传，并在2016年7月11日11时对张某进行了讯问。张某对故意杀人的事实供认不讳，并表示认罪认罚。

2016年7月13日，公安机关对张某作出了拘留决定，并将其送往当地看守所。在这期间，张某提出要聘请辩护律师，侦查人员则以案情还尚未清楚为由拒绝其聘请辩护律师的要求。2016年7月22日，公安机关提请检察院批准逮捕张某，并提交了相应的证据材料。检察院通过审查公安机关提交的证据材料，批准了公安机关的逮捕申请。2016年8月5日，检察机关向法院提起公诉，法庭开庭审理后发现被告人张某的供述与其他证据之间存在矛盾，根据检察机关起诉书中

① 案例根据《2021年国家统一法律职业资格考试案例分析指导用书》案例改编。

指控的罪名所依据的事实有不清楚之处，证据不够充分，于是决定将案件退回检察机关补充侦查，并作出中止审理的决定。

【问题】

请指出以上案例中在程序方面的不当之处，并简要分析原因。

【解析】

答：(1) 侦查人员直接决定对张某进行拘传是不正确的。拘传必须经过公安局局长、人民检察院检察长或者人民法院院长的批准，签发《拘传证》才能进行。就本案而言，在没有申请公安局局长批准并签发《拘传证》的情况下直接决定对张某进行拘传显然是不正确的。法条依据为《最高检规则》第 82 条。

(2) 侦查人员在拘传张某之后，并没有立即进行讯问，而是在次日才对其进行讯问的做法是不正确的，违反了应该在拘传犯罪嫌疑人、被告人之后立即进行讯问的规定。法条依据为《最高检规则》第 83 条第 1 款。

(3) 侦查人员对张某的拘传时间违反了法律规定。根据相关规定，拘传的持续时间一般不得超过 12 小时，重大复杂疑难案件需要拘留逮捕的最长不得超过 24 小时，而且在讯问的过程中应该保证犯罪嫌疑人的饮食和必要的休息时间。本案中在 7 月 10 日 9 时拘传张某，但侦查人员一直到 7 月 11 日 11 时才讯问，拘传时间已经超过了 24 小时。法条依据为《刑诉法》第 119 条第 2 款。

(4) 公安机关拒绝张某聘请律师的申请是不正确的。因为本案中张某已经被采取了强制措施，而法律规定，犯罪嫌疑人、被告人在第一次被讯问或者采取强制措施之日起就有权委托辩护人。法条依据为《刑诉法》第 34 条。

(5) 侦查机关在拘留张某的过程中，提请批准逮捕的时间是不符合法律规定的。根据规定，在一般情况下，侦查机关最长在7 日内提请检察机关批准逮捕，对于流窜作案、多次作案、结伙作案的重大嫌疑分子，提请审查批准的时间可以延长至30 日。本案不属于流窜作案、结伙作案、多次作案的情形，因此，不能超过 7 日的提请批捕期限。本案是在决定拘留后第 9 天提请批准逮捕的，超过了法定的提请批准逮捕期限。法条依据为《刑诉法》第 91 条。

(6) 检察机关只是通过审查公安机关提交的证据材料，就批准了公安机关的逮捕申请是不正确的。根据规定，检察院在审查批准逮捕时，犯罪嫌疑人认罪认罚的，必须讯问犯罪嫌疑人。本案中，张某认罪认罚，因此，检察机关必须讯问犯罪嫌疑人，其在没有讯问张某的情况下仅审查公安机关提交的证据材料即作出批准逮捕决定不符合法律要求。法条依据为《最高检规则》第 280 条第 1 款第 5 项。

(7) 法院作出中止审理的决定是不正确的。根据规定，在庭审过程中，需要补充侦查的，应该作出延期审理的决定，而非中止审理。法条依据为《刑诉法》第 204 条第 2 项。

(8) 法院直接退回检察机关补充侦查的做法是不正确的。根据规定，法庭审理阶段的补充侦查一般由检察机关建议，法院只有在被告人提出新的立功线索的情况下才可以建议检察院补充侦查。本案中不存在被告人提出新的立功线索的情形，因此，法院不能主动将案件退回检察机关补充侦查。法条依据为《刑诉解释》第 277 条第 2 款。

KEEP AWAKE

专题四

审查起诉

审查起诉程序的流程图

侦查终结（事实清楚，证据确实充分）

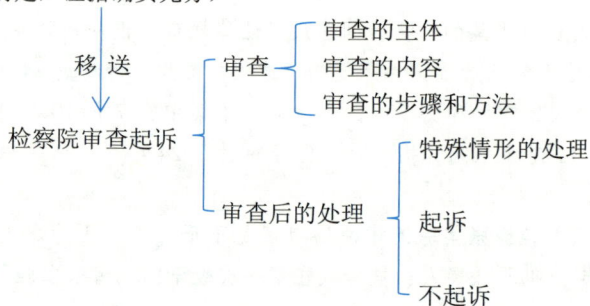

↓ 移送

检察院审查起诉
- 审查
  - 审查的主体
  - 审查的内容
  - 审查的步骤和方法
- 审查后的处理
  - 特殊情形的处理
  - 起诉
  - 不起诉

一、起诉原则

（一）起诉法定主义：也称起诉合法主义，是指只要被告人行为符合法定起诉条件，公诉机关不享有自由裁量的权力，必须起诉，不论具体情节。

（二）起诉便宜主义：也称起诉合理主义，是指被告人行为在具备起诉条件时，是否起诉，由检察官根据被告人及其行为具体情况及刑事政策等因素自由裁量。

【提示】二者的最大区别就在于公诉机关是否享有自由裁量权。

我国采用以**起诉法定主义为主，兼采起诉便宜主义**的起诉原则，检察官的起诉裁量权受到严格限制。我国刑事诉讼中，体现起诉便宜主义的制度主要是酌定不起诉制度。

二、人民检察院如何审查

审查起诉，指人民检察院收到侦查机关（或调查机关）移送至检察院的案件后，审查案件是否符合起诉的条件，并根据审查的结果作出是否起诉的决定。审查起诉所解决的是人民检察院在审查是否符合起诉条件的案件时**如何审查**的问题。

（一）审查主体：人民检察院负责捕诉的部门。

（二）审查的期限：

1. 正常计算：人民检察院对于监察机关、公安机关移送起诉的案件，应当在**1个月**以内作出决定，重大、复杂的案件，可以延长**15日**；犯罪嫌疑人认罪认罚，符合速裁程序适用条件的，应当在**10日**以内作出决定，对可能判处的有期徒刑超过一年的，可以**延长至15日**。

2. 重新计算：【补充侦查和改变管辖】

（1）人民检察院审查起诉的案件，改变管辖的，从改变后的人民检察院收到案件之日起重新计算审查起诉期限。

（2）检察院退回公安机关补充侦查的案件，公安机关补充侦查完毕移送人民检察院后，人民检察院重新计算审查起诉期限。

3. 中止计算：（1）犯罪嫌疑人逃跑的；（2）犯罪嫌疑人长期患精神病、重大疾病。

4. 不计入审查期限。对于监察机关移送起诉的已采取留置措施的案件，人民检察院应当对犯罪嫌疑人先行拘留，留置措施自动解除。人民检察院应当在拘留后的10日以内作出是否逮捕、取保候审或者监视居住的决定。在特殊情况下，决定的时间可以延长1日至4日。人民检察院决定采取强制措施的期间不计入审查起诉期限。（《刑事诉讼法》第170条第2款）

（三）审查的内容

人民检察院审查案件的时候，必须查明：（1）犯罪事实、情节是否清楚，证据是否确实、充分，犯罪性质和罪名的认定是否正确；（2）有无遗漏罪行和其他应当追究刑事责任的人；（3）是否属于不应追究刑事责任的情形；（4）有无附带民事诉讼；（5）侦查活动是否合法。

（四）审查的步骤与方法

人民检察院审查案件，要做到“兼听则明”，既要审查侦查机关（或调查机关）移送的案卷材料，也要听取辩方的意见。审查的具体步骤与方法如下：

1. 审阅案卷材料

（1）【非法证据排除】人民检察院审查案件，可以要求公安机关提供法庭审判所必需的证据材料；认为可能存在《刑事诉讼法》第56条规定的以非法方法收集证据情形的，可以要求其对证据收集的合法性作出说明。（《刑事诉讼法》第175条第1款）

（2）【鉴定】人民检察院认为需要对案件中某些专门性问题进行鉴定而侦查机关没有鉴定的，应当要求侦查机关进行鉴定；必要时也可以由人民检察院进行鉴定或者由人民检察院送交有鉴定资格的人进行。

（3）【复验、复查】人民检察院审查案件的时候，对监察机关或者公安机关的勘验、检查，认为需要复验、复查的，应当要求公安机关复验、复查，人民检察院可以派员参加；也可以自行复验、复查，商请监察机关或者公安机关派员参加，必要时也可以聘请专门技术人员参加。

（4）【调取证据】在审查起诉期间，人民检察院可以根据辩护人的申请，向公安机关调取在侦查期间收集的证明犯罪嫌疑人、被告人无罪或者罪轻的证据材料。

（5）【证据排除】经审查讯问犯罪嫌疑人录音、录像，发现公安机关、本院负责侦查的部门讯问不规范，讯问过程存在违法行为，录音、录像内容与讯问笔录不一致等情形的，应当逐一列明并向公安机关、本院负责侦查的部门书面提出，要求其予以纠正、补正或者书面作出合理解释。发现讯问笔录与讯问犯罪嫌疑人录音、录像内容有重大实质性差异的，或者公安机关、本院负责侦查的部门不能补正或者作出合理解释的，该讯问笔录不能作为批准或者决定逮捕、提起公诉的依据。（《最高检规则》第264条）

（6）【录音、录像调取】对于公安机关提请批准逮捕、移送起诉的案件，检察人员审查时发现存在《最高检规则》第75条第1款规定情形的，可以调取公安机关讯问犯罪嫌疑人的录音、录像并审查相关的录音、录像。对于重大、疑难、复杂的案件，必要时可以审查全部录音、录像。对于监察机关移送起诉的案件，认为需要调取有关录音、录像的，可以商监察机关调取。对于人民检察院直接受理侦查的案件，审查时发现负责侦查的部门未按照《最高检规则》第75条第3款的规定移送录音、录像或者移送不全的，应当要求其补充移送。对取证合法性或者讯问笔录真实性等产生疑问的，应当有针对性地审查相关的录音、录像。对于重大疑难、复杂的案件，可以审查全部录音、录像。（《最高检规则》第263条）

2. 应当讯问犯罪嫌疑人。

3. 应当听取辩护人或者值班律师、被害人及其诉讼代理人的意见，并记录在案。辩护人或者值班律师、被害人及其诉讼代理人提出书面意见的，应当附卷。

（五）特殊情形的处理

1. 材料不齐：及时要求移送案件的单位补送相关材料。对案卷装订不符合要求的，应当要求移送案件的单位重新装订后移送。

2. 无管辖权：连同案卷材料移送有管辖权的检察院，同时通知公安机关。

【提示】（1）人民检察院立案侦查时认为属于直接受理侦查的案件，在审查起诉阶段发现属于监察机关管辖的，应当及时商监察机关办理。属于公安机关管辖，案件事实清楚，证据确实、充分，符合起诉条件的，可以直接起诉；事实不清、证据不足的，应当及时移送有管辖权的机关办理。

（2）在审查起诉阶段，发现公安机关移送起诉的案件属于监察机关管辖，或者监察机关移送起诉的案件属于公安机关管辖，但案件事实清楚，证据确实、充分，符合起诉条件的，经征求监察机关、公安机关意见后，没有不同意见的，可以直接起诉；提出不同意见，或者事实不清、证据不足的，应当将案件退回移送案件的机关并说明理由，建议其移送有管辖权的机关办理。（《最高检规则》第357条）

3. 补充侦查：有犯罪事实不清、证据不足或者存在遗漏罪行、遗漏同案犯罪嫌疑人等情形。

（1）【公安机关侦查的案件】人民检察院认为犯罪事实不清、证据不足或者存在遗漏罪行、遗漏同案犯罪嫌疑人等情形需要补充侦查的，应当制作补充侦查提纲，连同案卷材料一并退回公安机关补充侦查。人民检察院也可以自行侦查，必要时可以要求公安机关提供协助。

（2）【监察机关调查的案件】人民检察院对于监察机关移送起诉的案件，认为需要补充调查的，应当退回监察机关补充调查。必要时，可以自行补充侦查。需要退回补充调查的案件，人民检察院应当出具补充调查决定书、补充调查提纲，写明补充调查的事项、理由、调查方向、需补充收集的证据及其证明作用等，连同案卷材料一并送交监察机关。

（3）【检察机关立案侦查的案件】人民检察院负责捕诉的部门对本院负责侦查的部门移送起诉的案件进行审查后，认为犯罪事实不清、证据不足或者存在遗漏罪行、遗漏同案犯罪嫌疑人等情形需要补充侦查的，应当制作补充侦查提纲，连同案卷材料一并退回负责侦查的部门补充侦查。必要时，也可以自行侦查，可以要求负责侦查的部门予以协助。

【总结】审查起诉阶段的补充侦查

1. 退回补充侦查（补充调查）

（1）补侦主体：公安机关、监察机关（注意，监察机关用的词为“补充调查”）、检察院负责侦查的部门。

【注意】对需要补充侦查的，检察院负责捕诉的部门应当制作补充侦查提纲，连同案卷材料一并退回公安机关补充侦查、退回监察机关补充调查、退回检察院负责侦查的部门补充侦查。

（2）适用情形：认为犯罪事实不清、证据不足或者存在遗漏罪行、遗漏同案犯罪嫌疑人等情形需要补充侦查的。

（3）期限次数：每次一个月，以两次为限。

【注意】即使改变了管辖前后总共也不能超过2次。

（4）补侦后果：

①经过1次补充侦查、补充调查后移送起诉，仍然事实不清、证据不足的，可以不起诉，也可以继续补充侦查。

②经过第2次补充侦查、补充调查后移送起诉，仍然事实不清、证据不足的，经检察长批准，应当不起诉。

（5）期限计算：补充侦查完毕，审查起诉的期限需要重新计算。

2. 自行侦查

（1）主体：检察院（负责捕诉的部门）。

（2）期限：应当在审查起诉期限内补充侦查完毕。

【注意】监察机关移送起诉的案件检察院负责捕诉的部门可以自行补充侦查的情形：

对于监察机关移送起诉的案件，具有下列情形之一的，人民检察院可以自行补充侦查：

（1）证人证言、犯罪嫌疑人供述和辩解、被害人陈述的内容主要情节一致，个别情节不一致的；

（2）物证、书证等证据材料需要补充鉴定的；

（3）其他由人民检察院查证更为便利、更有效率、更有利于查清案件事实的情形。自行补充侦查完毕后，应当将相关证据材料入卷，同时抄送监察机关。人民检察院自行补充侦查的，可以商请监察机关提供协助。（《最高检规则》第344条）

【注意】审查起诉阶段退回补充侦查只有两次机会，无论是否改变管辖。

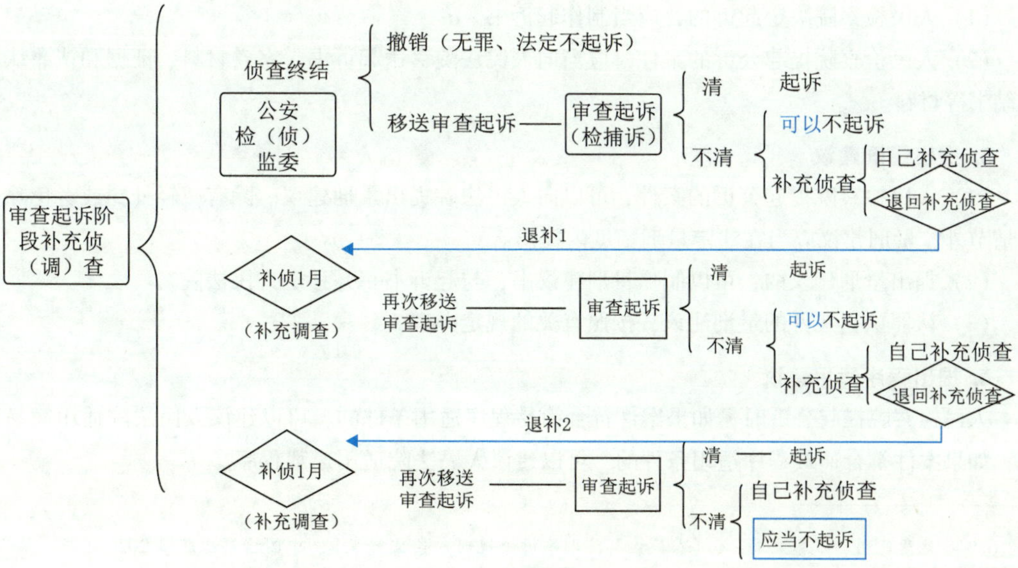

3. 有遗漏罪行或者遗漏同案犯罪嫌疑人等情形。人民检察院在办理公安机关移送起诉的案件中，发现遗漏罪行或者有依法应当移送起诉的同案犯罪嫌疑人未移送起诉的，应当要求公安补充侦查或者补充移送起诉；事实清楚，证据确实、充分的，也可以直接公诉。（《最高检规则》第356条）

【第2点与第3点的关系】根据本条规定，人民检察院在办理公安机关移送审查起诉的案件中，经阅卷、提讯犯罪嫌疑人或经自行侦查，发现除已被移送审查起诉的犯罪嫌疑人以外，还有其他应当追究刑事责任的同案犯罪嫌疑人，或者犯罪嫌疑人还有其他罪行的，有两种处理途径：一是应当要求公安机关将遗漏的罪行或者同案犯罪嫌疑人补充移送审查起诉；如果案件事实不清，证据不足，可以按照法律规定退回公安机关补充侦查。二是如果事实清楚，证据确实、充分，也可以直接提起公诉。①

4. 经过二次退回补充侦查后发现新的犯罪事实。二次退回补充侦查或者二次退回补充调查的案件，在审查起诉中又发现新的犯罪事实的，应当将线索移送公安机关或者监察机关；对已经查清的犯罪事实，应当依法提起公诉。

5. 无犯罪事实：应当作出不起诉决定。

三、人民检察院如何处理（审查后的处理）

人民检察院对案件进行审查后，应当依法作出起诉或者不起诉以及是否提起附带民事诉讼、附带民事公益诉讼的决定。（《最高检规则》第339条）

（一）提起公诉

1. 条件

（1）犯罪事实已经查清，证据确实、充分。

（2）依法应当追究刑事责任。

2. 案件的移送

（1）人民检察院决定起诉的，应当制作起诉书。

（2）人民检察院提起公诉的案件，应当向人民法院移送起诉书、案卷材料、证据和认罪认罚具结书等材料。

3. 提出量刑建议

（1）人民检察院提起公诉的案件，可以向人民法院提出量刑建议。除有减轻处罚或者免除处罚情节外，量刑建议应当在法定量刑幅度内提出。

（2）提出量刑建议的，可以制作量刑建议书，与起诉书一并移送人民法院。

（3）认罪认罚案件的量刑建议，按照有关的规定办理。

4. 提出程序适用建议

人民检察院提起公诉时，如果案件符合简易程序适用条件的，可以建议人民法院适用简易程序；如果案件符合速裁程序适用条件的，可以建议人民法院适用速裁程序。

---

① 参见童建明、万春主编：《〈人民检察院刑事诉讼规则〉条文释义》，中国检察出版社2020年版，第377页。

（二）不起诉

不起诉，是指人民检察院对公安机关侦查终结移送起诉的案件或者对自行侦查终结的案件，经过审查后，认为犯罪嫌疑人具有某种特殊情形或者符合特定条件而作出的不将案件移送人民法院进行审判的决定。不起诉是人民检察院审查案件的结果之一，具有终止诉讼的法律效力（附条件不起诉除外）。

1. 种类

（1）法定不起诉。符合《刑事诉讼法》第 16 条规定的情形之一，或者没有犯罪事实的，经检察长批准，应当作出不起诉决定。

【提示】负责捕诉的部门对于本院负责侦查的部门移送起诉的案件，发现具有上述规定情形的，应当退回本院负责侦查的部门，建议撤销案件。

（2）酌定不起诉（又称相对不起诉）。人民检察院对于同时符合以下两个条件的案件，经检察长批准，可以作出不起诉决定（意味着符合这两个条件也可以作出起诉决定）：

①犯罪嫌疑人的行为已经构成犯罪；

②犯罪情节轻微，依照刑法不需要判处刑罚或免除刑罚。

（3）存疑不起诉（又称证据不足不起诉）

①经过 1 次补充调查或补充侦查后，认为证据不足，可以再次退回补充调查或补充侦查；若没有再次退回补充调查或补充侦查必要的，经检察长批准，可以作出不起诉决定；

②经过 2 次补充调查或补充侦查后，仍然认为证据不足，不符合起诉条件的，经检察长批准，应当作出不起诉决定。

【提示】人民检察院作出存疑不起诉后，在发现新的证据，符合起诉条件时，可以提起公诉。（《最高检规则》第 369 条）

（4）附条件不起诉。对于未成年人涉嫌刑法分则第四、五、六章规定的犯罪，可能判处 1 年有期徒刑以下刑罚，符合起诉条件，但有悔罪表现的，检察院可以作出附条件不起诉的决定。

（5）认罪认罚特别不起诉。犯罪嫌疑人自愿如实供述涉嫌犯罪的事实，有重大立功[①]或者案件涉及国家重大利益的，经最高人民检察院核准，人民检察院可以作出不起诉决定，也可以对涉嫌数罪中的一项或者多项不起诉。（《刑事诉讼法》第 182 条第 1 款）

【提示】①重大立功，是指犯罪嫌疑人有检举、揭发司法机关尚未掌握或者尚未完全掌握的其他犯罪嫌疑人的重大犯罪行为，提供侦破其他重大案件的重要线索，阻止他人重大犯罪活动，协助司法机关抓捕其他重大犯罪嫌疑人等（此处的三个“重大”是指被检举揭发的犯罪嫌疑人、被告人可能判处无期徒刑以上刑罚或者案件在省、自治区、直辖市或者全国范围内有较大影响等）。

②案件涉及国家重大利益，是指人民法院对案件的审理以及对犯罪嫌疑人的宣判和惩处，将会直接或间接地影响国家政治、外交、国防、科技、经济等领域特别重大的利益。

2. 程序

（1）不起诉决定的程序。作出不起诉决定，必须经检察长批准后才能作出。

【提示】人民检察院直接受理侦查的案件，以及监察机关移送起诉的案件，拟作不起诉决定

① 重大立功，是指犯罪嫌疑人有检举、揭发司法机关尚未掌握或者尚未完全掌握的其他犯罪嫌疑人的重大犯罪行为，提供侦破其他重大案件的重要线索，阻止他人重大犯罪活动，协助司法机关抓捕其他重大犯罪嫌疑人等。

的，应当报请上一级人民检察院批准。(《最高检规则》第371条)

(2) 不起诉的宣告。①人民检察院决定不起诉的，应当制作不起诉决定书（书面）。②不起诉的决定，由人民检察院公开宣布。不起诉决定书自公开宣布之日起生效。

(3) 不起诉决定书的送达。①被不起诉人及其辩护人以及被不起诉人的所在单位。②对于监察机关或者公安机关移送起诉的案件，人民检察院决定不起诉的，应当将不起诉决定书送达监察机关或者公安机关。③应当送达被害人或者其近亲属及其诉讼代理人。

(4) 对被不起诉人和涉案财物的处理。①被不起诉人在押的，应当立即释放；被采取其他强制措施的，应当通知执行机关解除。②根据案件的不同情况，可以对被不起诉人予以训诫或者责令具结悔过、赔礼道歉、赔偿损失。③需要对侦查中扣押、冻结的财物解除查封、扣押、冻结的，应当书面通知解除。④人民检察院决定不起诉的案件，需要没收违法所得的，经检察长批准，应当提出检察意见，移送有关主管机关处理，并要求有关主管机关及时通报处理情况。具体程序可以参照《最高检规则》第248条的规定办理。①

3. 救济

(1) 公安机关。对于公安机关移送审查起诉的案件，公安机关认为不起诉的决定有错误的时候，可以要求复议，如果意见不被接受，可以向上一级人民检察院提请复核。

(2) 监察机关。对于监察机关移送起诉的案件，监察机关认为不起诉的决定有错误的，可以向上一级人民检察院提请复议。(《监察法》第47条第4款)

(3) 被害人。被害人如果对不起诉决定不服，可以自收到不起诉决定书后7日以内向上一级检察院申诉，对申诉不服的可以向法院提起自诉。也可以不经申诉，直接向法院提起自诉。

【提示】附条件不起诉的被害人只可以向上一级人民检察院申诉，不能向法院提起自诉。

(4) 被不起诉人。针对人民检察院作出的酌定不起诉决定，被不起诉人不服，可以自收到不起诉决定书后向作出决定的人民检察院提出申诉。

①如果是收到不起诉决定书后7日以内提出申诉的，应当由作出决定的人民检察院负责捕诉的部门进行复查。

②如果是收到不起诉决定书后7日以后提出申诉的，应当由作出决定的人民检察院负责控告申诉检察的部门进行审查。

四、审查起诉阶段认罪认罚案件的办理

内容详见专题十三 认罪认罚从宽制度。

【小案例练习】

案例1：甲市乙区公安分局将张三涉嫌故意伤害罪一案移送乙区人民检察院审查起诉。张三要求向检察人员当面陈述。张三的辩护律师A向本案负责捕诉的检察人员提交书面辩护意见。被

① 《最高检规则》第248条规定："人民检察院撤销案件时，对犯罪嫌疑人的违法所得及其他涉案财产应当区分不同情形，作出相应处理：(1) 因犯罪嫌疑人死亡而撤销案件，依照刑法规定应当追缴其违法所得及其他涉案财产的，按照本规则第十二章第四节的规定办理。(2) 因其他原因撤销案件，对于查封、扣押、冻结的犯罪嫌疑人违法所得及其他涉案财产需要没收的，应当提出检察意见，移送有关主管机关处理。(3) 对于冻结的犯罪嫌疑人存款、汇款、债券、股票、基金份额等财产需要返还被害人的，可以通知金融机构、邮政部门返还被害人；对于查封、扣押的犯罪嫌疑人的违法所得及其他涉案财产需要返还被害人的，直接决定返还被害人。人民检察院申请人民法院裁定处理犯罪嫌疑人涉案财产的，应当向人民法院移送有关案卷材料。"

害人李四为未成年人，其表叔陆某为其诉讼代理人。

问题：乙区人民检察院应如何审查处理本案？

案例 2：甲故意杀人一案移送至法院进行审判，在法院审理过程中发现对于甲故意杀人的事实仍然需要补充侦查，检察院遂将案件退回至公安机关补充侦查。

问题：检察院的做法是否正确？

案例 3：甲市监察委员会将张三涉嫌职务犯罪一案移送甲市人民检察院审查起诉。经审查，甲市人民检察院认为本案事实不清、证据不足，需要补充调查。甲市监察委员会二次补充调查后，将本案重新移送甲市人民检察院，甲市人民检察院经审查仍然认为本案证据不足。

问题：甲市检察院应当如何处理？

案例 4：甲市乙区公安分局将张三涉嫌盗窃罪一案移送乙区人民检察院审查起诉。负责捕诉的部门经审查，认为张三犯罪情节轻微，依照刑法规定不需要判处刑罚，故直接作出不起诉决定，并将不起诉决定书送达乙区公安局。乙区公安局对该决定不服，向甲市人民检察院提请复核。

问题：本案是否存在程序违法情形？请说明理由。

案例 5：甲市乙区公安分局将张三涉嫌盗窃罪一案移送乙区人民检察院审查起诉，审查后检察院作出不起诉决定。张三和被害人李四均不服该不起诉决定。

问题：张三和李四可以如何救济自己的权利？

【解析】

案例 1——问题：乙区人民检察院应如何审查处理本案？

答案：(1) 应当讯问犯罪嫌疑人张三。(2) 应当听取辩护律师 A 的意见，因辩护律师 A 已提出书面意见，应当将其书面意见附卷。(3) 应当听取被害人李四及其诉讼代理人陆某的意见，并记录在案，如果李四和陆某提出书面意见的，应当附卷。法条依据为《刑事诉讼法》第 173 条第 1 款。

案例 2—问题：检察院的做法是否正确？

答案：错误。根据法律规定，在法庭审理阶段补充侦查的主体只能是检察院，在必要时可以要求公安机关予以协助，但是不能将案件退回公安机关补充侦查。法条依据为《最高检规则》第 422 条。

案例 3——问题：甲市检察院应当如何处理？

答案：(1) 本案已二次退回补充调查，甲市检察院仍然认为证据不足，不符合起诉条件的，应当经甲市检察院检察长批准，依法作出不起诉决定。(2) 本案是监察机关移送起诉的案件，甲市检察院拟作不起诉决定的，应当报请上一级人民检察院批准。法条依据为《最高检规则》第 367 条、第 371 条。

案例 4——问题：本案是否存在程序违法情形？请说明理由。

答案：存在。(1) 检察院对于犯罪情节轻微，依照刑法规定不需要判处刑罚或者免除刑罚的，经检察长批准，可以作出不起诉决定。乙区检察院未经检察长批准直接作出不起诉决定的做法错误。(2) 乙区公安分局认为乙区检察院不起诉决定有错误的时候，可以先要求复议，如果意见不被接受，再向上一级检察院提请复核。乙区公安分局未经乙区检察院复议直接向甲市检察院提请复核的做法错误。法条依据为《刑事诉讼法》第 179 条、《最高检规则》第 370 条。

案例 5——问题：张三和李四可以如何救济自己的权利？

答案：(1) 被不起诉人张三不服的，可以自收到不起诉决定书后 7 日以内向乙区检察院申诉。(2) 被害人李四不服的，可以自收到决定书后 7 日以内向乙区检察院的上一级检察院也即甲市检察院申诉，请求提起公诉。甲市检察院维持不起诉决定的，李四可以向法院起诉。李四也可以不经申诉，直接向法院起诉。法条依据为《刑事诉讼法》第 180 条、第 181 条。

【知识点分析思路总结】审查起诉阶段对于某种情况人民检察院应如何处理？

一、解题思路

（一）第一步：分析题干中的情况属于何种问题；

（二）第二步：根据相应的知识点，找出处理方式；

1. 如何进行审查方面的问题：讯问、听取意见、阅卷、遵守何种期限、是否需要经批准等。

2. 作出何种决定的问题：是否退回补充侦查或补充调查，是否起诉等。

3. 特殊情形如何处理：普通案件特殊情形如何处理，认罪认罚案件犯罪嫌疑人反悔等特殊情形如何处理。

（三）第三步：阐明理由，也即法条依据。

二、答题举例：

【案情】2021 年 11 月 1 日，甲市监察委员会将张三涉嫌受贿罪一案移送甲市人民检察院审查起诉。11 月 2 日，甲市人民检察院决定将张三先行拘留，由甲市公安局执行。经审查，甲市人民检察院认为张三还存在涉嫌挪用公款罪的事实，于 11 月 8 日将本案退回甲市监察委员会补充调查。经补充调查，11 月 25 日，甲市监察委员会将本案再次移送甲市人民检察院审查起诉。12 月 10 日，甲市人民检察院向甲市人民法院提起公诉。

【问题】

1. 甲市人民检察院是否可以自行补充侦查？请说明理由。

2. 甲市人民检察院将本案退回甲市监察委员会补充调查时，应如何处理？

3. 甲市人民检察院审查起诉是否超过法定期限？

4. 如果 11 月 25 日甲市监察委员会移送本案后，甲市人民检察院认为不符合起诉条件，应如何处理？

5. 如果二次退回补充调查后，甲市人民检察院认为本案依然不符合起诉条件，应如何处理？如果发现张三还存在涉嫌滥用职权罪的事实，应如何处理？

【解析】

1. **答：**本案是监察机关移送起诉的案件，根据规定，甲市检察院认为需要补充调查的，应当退回甲市监察委员会补充调查。必要时，可以自行补充侦查。法条依据为《最高检规则》第 343 条第 1 款。

2. **答**：(1) 本案是需要退回补充调查的案件，根据规定，退回时，甲市人民检察院应当出具补充调查决定书、补充调查提纲，写明补充调查的事项、理由、调查方向、需补充收集的证据及其证明作用等，连同案卷材料一并送交甲市监察委员会。法条依据为《最高检规则》第343条第2款。(2) 本案犯罪嫌疑人张三已被采取强制措施，根据规定，甲市检察院应当将退回补充调查情况书面通知执行拘留的甲市公安局。甲市监察委员会需要讯问的，甲市人民检察院应当予以配合。法条依据为《最高检规则》第343条第3款。

3. **答**：没有超期。根据规定，补充调查、补充侦查完毕移送起诉后，检察院重新计算审查起诉期限。因此，本案应于11月25日重新计算1个月的审查起诉期限，甲市人民检察院于12月10日提起公诉没有超过该期限。

4. **答**：(1) 可以将案件再次退回甲市监察委员会补充调查。根据规定，补充调查、补充侦查以二次为限。本案只经过一次补充调查，因此，甲市人民检察院可以将案件再次退回。法条依据为《最高检规则》第346条第2款。(2) 如果甲市人民检察院认为本案没有再次退回补充调查必要的，根据规定，经检察长批准，可以作出不起诉决定。法条依据为《最高检规则》第367条第2款。

5. **答**：(1) 本案二次退回补充调查后，甲市人民检察院仍然认为证据不足，不符合起诉条件的，根据规定，应当经检察长批准，依法作出不起诉决定。法条依据为《最高检规则》第367条第1款。(2) 本案二次退回补充调查后，甲市人民检察院又发现新的犯罪事实的，根据规定，应当将线索移送监察机关或者公安机关。对已经查清的犯罪事实，应当依法提起公诉。法条依据为《最高检规则》第349条。

KEEP AWAKE

专题五 第一审程序

【导论】第一审程序可以划分为第一审普通程序、简易程序和速裁程序三大类。

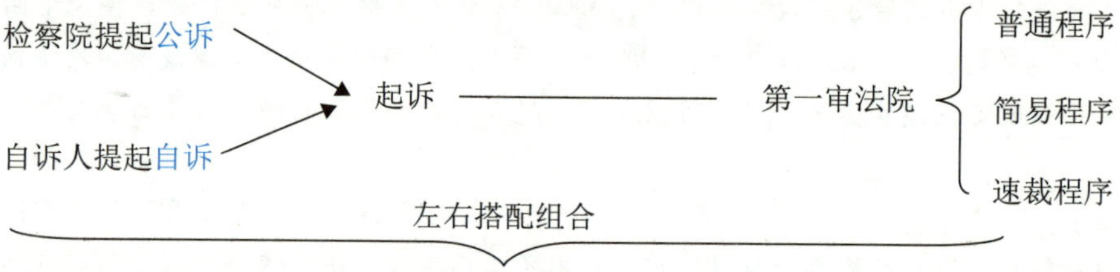

第一审程序可划分为：

1. 公诉案件的第一审普通程序
2. 公诉案件的简易程序
3. 公诉案件的速裁程序
4. 自诉案件的第一审普通程序
5. 自诉案件的简易程序

【注意】自诉案件不适用速裁程序。

第一节　刑事审判概述

一、刑事审判原则

刑事审判原则，是指在刑事审判阶段适用，对审判机关开展诉讼活动起指导性作用的行为准则。

<table>
<tr><td rowspan="3">1. 审判公开原则</td><td>含义</td><td colspan="2">人民法院审判案件，除法律另有规定的以外，一律公开进行。
【注意】无论如何，宣判一律公开，合议庭评议一律不公开。</td></tr>
<tr><td rowspan="2">例外</td><td>绝对不公开</td><td>国家秘密；个人隐私；被告人审判时是未成年的案件。</td></tr>
<tr><td>相对不公开</td><td>经当事人申请，确属涉及商业秘密的案件，可以不公开。</td></tr>
<tr><td rowspan="2">2. 直接言词原则</td><td>含义</td><td colspan="2">指法官必须在法庭上亲自听取当事人、证人及其他诉讼参与人的口头陈述，案件事实和证据必须由控辩双方当庭口头提出并以口头辩论和质证的方式进行调查。它包括直接原则与言词原则。</td></tr>
<tr><td>要求</td><td colspan="2">（1）及时通知并保证有关人员出庭。
（2）开庭审理中，合议庭成员必须始终在庭，参加庭审的全过程。</td></tr>
</table>

续表

		(3) 所有证据包括依当事人申请或者依职权收集的证据都必须当庭出示与质证。证人不出庭只能是例外。 (4) 保证控辩双方有充分的陈述和辩论的机会和时间。 **问：**如何判断是否违反直接言词原则？ **答：**只需要从两个方面去判断。第一，裁判者有没有亲自接触证据；第二，证据的调查是否以口头形式进行。
3. 集中审理原则	含义	【不更换、不中断】又称不中断审理原则，指法院开庭审理案件，应在不更换审判人员的条件下连续进行，不得中断审理的诉讼原则。
	要求	(1) 每起案件自始至终应由同一法庭进行审判。 (2) 法庭成员不可更换。 (3) 集中证据调查与法庭辩论。 (4) 庭审不中断并迅速作出裁判。
		【注意：部分合议庭成员不能履职的处理】 (1) 庭审结束后、评议前：部分合议庭成员不能继续履行审判职责的，人民法院应当依法更换合议庭组成人员，重新开庭审理。 (2) 评议后、宣判前：部分合议庭成员因调动、退休等正常原因不能参加宣判，在不改变原评议结论的情况下，可以由审判本案的其他审判员宣判，裁判文书上仍署审判本案的合议庭成员的姓名。

二、审判组织

审判组织是指人民法院审判案件的组织形式。人民法院审判刑事案件的组织形式有三种，即独任庭、合议庭和审判委员会。

1. 独任庭	概念：独任庭是指由审判员一人独任审判的制度。
	(1) 基层法院适用简易程序进行第一审的刑事案件，可能判处 3 年有期徒刑以下刑罚的，可以由 1 名审判员独任审判。
	(2) 基层法院适用速裁程序进行第一审的刑事案件，应当由 1 名审判员独任审判。
	【注意：发回重审和再审均不适用独任庭】 (1) 二审法院发回重审的案件不能独任，而应当另行组成合议庭。 (2) 由原审法院再审的案件不能独任，而应当另行组成合议庭。
	【例】问：陪审员可以一个人组成独任庭吗？ **答：**不能，独任庭只能由“审判员”组成。
2. 合议庭	概念：合议庭，是由审判人员或者由审判人员和人民陪审员组成审判集体对具体案件进行审判的制度。

续表

<table>
<tr><td rowspan="7"></td><td rowspan="3">第一审程序</td><td>基层、中级法院的一审程序：3人（审判员）；
3人或者7人（审判员+人民陪审员）。</td></tr>
<tr><td>高级法院的一审程序：3、5、7人（审判员）；
3、7人（审判员+人民陪审员）。</td></tr>
<tr><td>最高法院的一审程序：3、5、7人（审判员）。</td></tr>
<tr><td>第二审程序</td><td>3、5人，只能由审判员组成。</td></tr>
<tr><td>死刑复核</td><td>3人，只能由审判员组成。（包括死刑立即执行复核和死缓复核）</td></tr>
<tr><td>发回重审/再审程序</td><td>应当另行组成合议庭。（分别按照一审、二审程序组成）</td></tr>
<tr><td colspan="2">【小结】陪审员参加审判有哪些限制？
（1）陪审员只能参加基层法院、中级法院或者是高级法院的一审。
（2）只要有陪审员参加，只能是3人或者7人合议庭。
（3）二审没有陪审员参加。</td></tr>
<tr><td rowspan="5">3. 审判委员会</td><td colspan="2">概念：审判委员会是人民法院内部设立的对审判工作实行集体领导的组织。审判委员会具有审判组织的性质。</td></tr>
<tr><td>讨论前提</td><td>只有当合议庭难以作出决定时，才提请院长决定提交审委会讨论。</td></tr>
<tr><td rowspan="2">讨论决定的案件范围</td><td>（1）对下列案件，合议庭应当提请院长决定提交审判委员会讨论决定：
①【死刑案件】高级人民法院、中级人民法院拟判处死刑立即执行的案件，以及中级人民法院拟判处死刑缓期执行的案件；
②【需要再审案件】本院已经发生法律效力的判决、裁定确有错误需要再审的案件；
③【再审抗诉案件】检察院依照审判监督程序提出抗诉的案件。</td></tr>
<tr><td>（2）下列案件，合议庭认为难以作出决定的，可以提请院长决定提交审判委员会讨论决定：
①合议庭成员意见有重大分歧的；②新类型案件；③社会影响重大的；④其他疑难、复杂、重大案件。
【注意】人民陪审员可以要求合议庭将案件提请院长决定是否提交审判委员会讨论决定。独任审判的案件，审判员认为有必要的，也可以提请院长决定提交审判委员会讨论决定。</td></tr>
<tr><td>救济</td><td>审判委员会的决定，合议庭应当执行，合议庭有不同意见，可建议院长提交审委会复议。</td></tr>
</table>

三、合议庭的其他要求

（一）合议庭组成原则

1. 合议庭的成员人数应当是单数。
2. 合议庭由审判员或人民陪审员随机组成。
3. 合议庭的审判长由符合审判长任职条件的法官担任；院长或庭长参加审判时，应当自己担任审判长。

4. 不得随意更换合议庭成员。

(二) 合议庭活动原则

1. 合议庭成员地位与权责平等原则。

2. 合议庭全体成员参加审理与评议原则。

3. 审判长最后发表评议意见原则。

4. 少数服从多数原则。

5. 开庭审理且评议最后作出判决原则。

四、人民陪审员制度

(一) 适用范围

1. 适用审级：只适用于第一审程序。但是，最高人民法院的第一审程序不适用人民陪审员制度。

2. 案件范围

(1)【应当组成合议庭】基层人民法院、中级人民法院、高级人民法院审判下列第一审刑事案件，由审判员和人民陪审员组成合议庭进行（《刑诉解释》第213条第1款）：①涉及群体利益、公共利益的；②人民群众广泛关注或者其他社会影响较大的；③案情复杂或者有其他情形，需要由人民陪审员参加审判的。

(2)【应当组成7人合议庭的情形】基层人民法院、中级人民法院、高级人民法院审判下列第一审刑事案件，由审判员和人民陪审员组成七人合议庭进行（《刑诉解释》第213条第2款）：①可能判处10年以上有期徒刑、无期徒刑、死刑，且社会影响重大的；②涉及征地拆迁、生态环境保护、食品药品安全，且社会影响重大的；③其他社会影响重大的。

【例】问：某案中由于被拆迁户反抗，拆迁方故意伤人致死，在当地产生重大社会影响。此案应当适用人民陪审员审判吗？

答：此案属于征地拆迁案件，且同时符合社会影响重大，应当由审判员和陪审员组成七人合议庭审判案件。

(3) 第一审刑事案件被告人、民事案件原告或者被告、行政案件原告申请由人民陪审员参加合议庭审判的，人民法院可以决定由人民陪审员和法官组成合议庭审判。

(二) 人民陪审员的条件

1. 积极条件

(1) 拥护中华人民共和国宪法；

(2) 年满28周岁；

(3) 遵纪守法、品行良好、公道正派；

(4) 具有正常履行职责的身体条件；

(5)【陪审员学历要求有例外】一般应当具有高中以上文化程度。

2. 消极条件

【职业原因】(1) 人民代表大会常务委员会的组成人员，监察委员会、人民法院、人民检察院、公安机关、国家安全机关、司法行政机关的工作人员；(2) 律师、公证员、仲裁员、基层法律服务工作者；（3）其他因职务原因不适宜担任人民陪审员的人员；

【曾有违法违纪行为】（4）受过刑事处罚的；（5）被开除公职的；（6）被吊销律师、公证员执业证书的；（7）被纳入失信被执行人名单的；（8）因受惩戒被免除人民陪审员职务的；（9）其他有严重违法违纪行为，可能影响司法公信的。

（三）人民陪审员的选任、任期

1. 名额数：人民陪审员的名额，由基层法院根据审判案件的需要，提请**同级**人大常委会确定。人民陪审员的名额数不低于本院法官数的 **3 倍**。

2. 产生方式：一是随机抽选；二是个人申请或单位推荐。产生后由基层人民法院院长提请同级人民代表大会常务委员会任命。

（1）随机抽选。司法行政机关会同基层人民法院、公安机关，从辖区内的**常住居民名单**中随机抽选拟任命人民陪审员数 **5 倍**以上的人员作为人民陪审员候选人，对人民陪审员候选人进行资格审查，征求候选人意见。司法行政机关会同基层人民法院，从通过资格审查的人民陪审员候选人名单中**随机抽选**确定人民陪审员人选，由基层人民法院院长提请同级人民代表大会常务委员会任命。

（2）个人申请或单位推荐。因审判活动需要，可以**通过个人申请**和**所在单位、户籍所在地或者经常居住地的基层群众性自治组织、人民团体推荐**的方式产生人民陪审员候选人，经司法行政机关会同基层人民法院、公安机关进行资格审查，确定人民陪审员人选，由基层人民法院院长提请同级人民代表大会常务委员会任命。依照此种方式产生的人民陪审员，不得超过人民陪审员名额数的 **1/5**。

3. 任期：人民陪审员的任期为 **5 年**，一般不得连任。

法官数：50人 ———— 陪审员 ≥ 150人（不低于3倍）

方式一：

【150人】
- 自荐/推荐 ≤ 30人（不超过1/5）
- 随机（120人）　常住居民 ≥ 600人（不低于5倍）　600 $^{-}$ 人　随机：120人

方式二：随机（150人）　常住居民 ≥ 750人（不低于5倍）　750 $^{-}$ 人　随机：150人

（四）具体案件中确定人民陪审员的方式

1. 如何抽取。基层人民法院审判案件需要由人民陪审员参加合议庭审判的，应当在人民陪审员名单中**随机抽取确定**。中级人民法院、高级人民法院审判案件需要由人民陪审员参加合议庭审判的，在其**辖区内**的基层人民法院的人民陪审员名单中随机抽取确定。

2. 抽取多少人

（1）组成方式：人民陪审员和法官组成合议庭审判案件，由法官担任审判长，可以组成 3 人合议庭，也可以由**法官 3 人**与**人民陪审员 4 人**组成 7 人合议庭。

【提示】3 人合议庭的组成，可以是 2 名法官+1 名人民陪审员；也可以是 1 名法官+2 名人民陪审员。而在 7 人合议庭中，只有固定搭配，即 3 名法官+4 名人民陪审员组成合议庭。

（2）抽取人数：人民法院可以根据案件审判需要，从人民陪审员名单中随机抽取**一定数量的**

候补人民陪审员，并确定递补顺序，一并告知当事人。

【提示】因案件类型需要具有相应专业知识的人民陪审员参加合议庭审判的，可以根据具体案情，在符合专业需求的人民陪审员名单中随机抽取确定。

（五）人民陪审员的权利与义务

1. 权利

(1)【完整表决权】人民陪审员参加3人合议庭审判案件，对事实认定、法律适用，独立发表意见，行使表决权。

【注意】人民陪审员不得担任审判长。

(2)【法律适用无表决权】人民陪审员参加7人合议庭审判案件，对事实认定独立发表意见，并与法官共同表决；对法律适用，可以发表意见，但不参加表决。

(3)【评议原则】合议庭评议案件时，实行少数服从多数的原则。人民陪审员同合议庭其他组成人员意见分歧的，应当将其意见写入笔录。

2. 义务

(1)【回避】人民陪审员的回避，参照有关法官回避的法律规定执行。

(2)【履职义务】应当忠实履行审判职责，保守审判秘密，注重司法礼仪，维护司法形象。

第二节　公诉案件第一审普通程序

公诉案件一审流程图

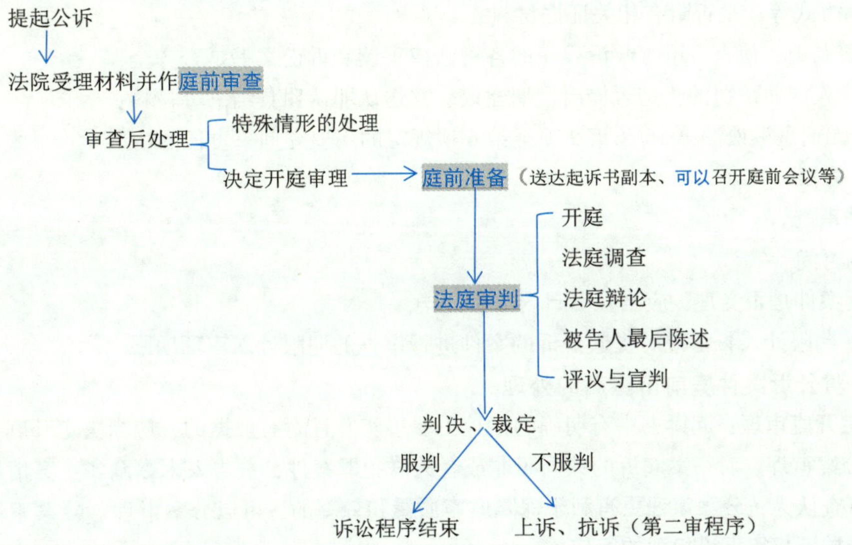

一、对公诉案件的庭前审查

（一）任务

通过审查，解决案件是否符合开庭审判的条件，并决定是否受理（即是否将被告人正式交付法庭审判）。

（二）内容

案卷材料与全部证据。

《刑诉解释》第218条 对提起公诉的案件，人民法院应当在收到起诉书和案卷、证据后，审查以下内容：

1. 是否属于本院管辖；

2. 起诉书是否写明被告人的身份，是否受过或者正在接受刑事处罚、行政处罚、处分，被采取留置措施的情况，被采取强制措施的时间、种类、羁押地点，犯罪的时间、地点、手段、后果以及其他可能影响定罪量刑的情节；有多起犯罪事实的，是否在起诉书中将事实分别列明；

3. 是否移送证明指控犯罪事实及影响量刑的证据材料，包括采取技术调查、侦查措施的法律文书和所收集的证据材料；

4. 是否查封、扣押、冻结被告人的违法所得或者其他涉案财物，查封、扣押、冻结是否逾期；是否随案移送涉案财物、附涉案财物清单；是否列明涉案财物权属情况；是否就涉案财物处理提供相关证据材料；

5. 是否列明被害人的姓名、住址、联系方式；是否附有证人、鉴定人名单；是否申请法庭通知证人、鉴定人、有专门知识的人出庭，并列明有关人员的姓名、性别、年龄、职业、住址、联系方式；是否附有需要保护的证人、鉴定人、被害人名单；

6. 当事人已委托辩护人、诉讼代理人或者已接受法律援助的，是否列明辩护人、诉讼代理人的姓名、住址、联系方式；

7. 是否提起附带民事诉讼；提起附带民事诉讼的，是否列明附带民事诉讼当事人的姓名、住址、联系方式等，是否附有相关证据材料；

8. 监察调查、侦查、审查起诉程序的各种法律手续和诉讼文书是否齐全；

9. 被告人认罪认罚的，是否提出量刑建议、移送认罪认罚具结书等材料；

10. 有无刑事诉讼法第16条第2项至第6项规定的不追究刑事责任的情形。

（三）方式

程序性审查。

（四）时间

对公诉案件是否受理，应当在七日内审查完毕。

【注意-期限计入】法院对提起公诉的案件进行审查的期限计入审理期限。

（五）对公诉案件庭前审查后的处理

1. 决定开庭审理：起诉书中有明确的指控犯罪事实并且附有证据的，应当决定开庭审判。

（1）分案审理。对一案起诉的共同犯罪或者关联犯罪案件，被告人人数众多、案情复杂，人民法院经审查认为，分案审理更有利于保障庭审质量和效率的，可以分案审理。分案审理不得影响当事人的质证权等诉讼权利的行使。

【例】比较典型的如网络诈骗案件、非法集资犯罪案件，可能一个案件里涉及到的被告人有几十个，如果将全部被告人同一个案件审理，可能会导致庭审质量下降或者导致庭审过分迟延，影响诉讼效率。因此可以采取分案审理的方式。

（2）并案审理。对分案起诉的共同犯罪或者关联犯罪案件，人民法院经审查认为，合并审理更有利于查明案件事实、保障诉讼权利、准确定罪量刑的，可以并案审理。

2. 特殊情形的处理（《刑诉解释》第 219 条）

（1）不属于本院管辖的：应当退回人民检察院。

（2）被告人不在案的：应当退回人民检察院；但是，对人民检察院按照缺席审判程序提起公诉的，应当依照《刑诉解释》第 24 章（缺席审判程序）的规定作出处理。

（3）对于需要补送材料的：应当通知人民检察院在 3 日以内补送。

（4）【仅限证据不足宣告无罪】依照《刑事诉讼法》第 200 条第 3 项规定宣告被告人无罪后，人民检察院根据新的事实、证据重新起诉的：人民法院应当依法受理。①

【注意】①仅限因证据不足而宣告无罪的情形。（《刑事诉讼法》第 200 条第 3 项规定：证据不足，不能认定被告人有罪的，应当作出证据不足、指控的犯罪不能成立的无罪判决。）

②《刑诉解释》第 298 条规定：对因证据不足宣告无罪后检察院根据新事实、证据重新起诉而法院受理的案件，法院应当在判决中写明被告人曾被检察院提起公诉，因证据不足，指控的犯罪不能成立，被法院依法判决宣告无罪的情况；前案依照《刑事诉讼法》第 200 条第 3 项规定作出的判决不予撤销。

（5）法院裁定准许检察院撤诉的案件，没有新的影响定罪量刑的事实、证据，重新起诉的：应当退回人民检察院。

（6）【仅限后 5 种法定情形】《刑事诉讼法》第 16 条第 2–6 项规定情形：应当退回人民检察院。

【通知义务】属于告诉才处理的案件，应当退回人民检察院，并应当同时告知被害人有权提起自诉。

【例】问：为什么此处规定没有《刑事诉讼法》第 16 条中情节显著轻微的一项？

答：因为庭前审查只是进行形式性审查、程序性审查。不能审查出来情节是否显著、轻微，否则就是违规操作，所以，此处没有规定该种情形。

（7）对于被告人真实身份不明，但符合起诉条件的：人民法院应当依法受理。

二、庭前准备

（一）确定合议庭成员

确定审判长及合议庭组成人员。

【注意】如果人民陪审员参与审判的，法院应当在开庭 7 日前从人民陪审员名单中随机抽取确定人民陪审员。

（二）开庭 10 日以前

将起诉书副本送达被告人和辩护人。

（三）开庭 5 日以前

通知当事人、法定代理人、辩护人、诉讼代理人在开庭 5 日以前提供证人、鉴定人名单，以

① 【解释】一般而言，判决生效后（包括宣告无罪后生效），根据《刑诉解释》第 457 条第 2 款规定，有新的证据证明原判决、裁定认定的事实确有错误，可能影响定罪量刑的，应当启动审判监督程序予以纠正，而不是由检察院按普通程序重新起诉。但是，因为证据不足而宣告的无罪，在当时宣告无罪时是因为依据当时的证据就只能作出无罪判决，当时判决无罪并没有错。哪怕后面出现了新的事实、证据显示不应该判无罪，但因为当时的证据就那些，所以应当维护原判决的既判力。要纠正这个错误，允许检察院按普通程序重新起诉，而且法院受理后作出新的判决的，原来所作出的证据不足的无罪判决也不撤销。

及拟当庭出示的证据。

（四）开庭 3 日以前

1.【通知出庭】将开庭的时间、地点在开庭 3 日以前通知人民检察院。(必须派员出庭)

2.【送达传唤】至迟在开庭 3 日以前送达传唤当事人和其他诉讼参与人的传票和通知书。

3.【公告】公开审判的案件，先期公布案由、被告人姓名、开庭时间和地点。

（五）庭前会议

1. 启动方式与可以召开的情形

（1）【依职权主动召开】案件具有下列情形之一的，人民法院可以召开庭前会议：①证据材料较多、案情重大复杂的；②控辩双方对事实、证据存在较大争议的；③社会影响重大的；④需要召开庭前会议的其他情形。

【注意–内容限制】庭前会议针对的是程序问题。

（2）【依申请召开】控辩双方可以申请人民法院召开庭前会议，提出申请应当说明理由。人民法院经审查认为有必要的，应当召开庭前会议；决定不召开的，应当告知申请人。

2. 参加主体

（1）庭前会议由审判长主持，合议庭其他审判员也可以主持庭前会议。

【提示】人民陪审员可以参加，但不能主持庭前会议。法官助理属于审判辅助人员，而不是审判人员，因此也不能由其主持庭前会议。

（2）召开庭前会议应当通知公诉人、辩护人到场，但被告人不是必须到场，根据情况可以通知被告人到场，也可以不通知被告人到场（参加庭前会议不是被告人的权利）。

【例外–应当通知被告人到场的情形】庭前会议准备就非法证据排除了解情况、听取意见，或者准备询问控辩双方对证据材料的意见的，应当通知被告人到场。有多名被告人的案件，可以根据情况确定参加庭前会议的被告人。

3. 会议方式。庭前会议一般不公开进行。根据案件情况，庭前会议可以采用视频等方式进行。

4. 可以向控辩双方了解情况，听取意见。《刑诉解释》第 228 条 庭前会议可以就下列事项向控辩双方了解情况，听取意见：

（1）是否对案件管辖有异议；

（2）是否申请有关人员回避；

（3）是否申请不公开审理；

（4）是否申请排除非法证据；

（5）是否提供新的证据材料；

（6）是否申请重新鉴定或者勘验；

（7）是否申请收集、调取证明被告人无罪或者罪轻的证据材料；

（8）是否申请证人、鉴定人、有专门知识的人、调查人员、侦查人员或者其他人员出庭，是否对出庭人员名单有异议；

（9）是否对涉案财物的权属情况和人民检察院的处理建议有异议；

（10）与审判相关的其他问题。

对上述规定中可能导致庭审中断的程序性事项，人民法院可以在庭前会议后依法作出处理，并在庭审中说明处理决定和理由。控辩双方没有新的理由，在庭审中再次提出有关申请或者异议的，法庭可以在说明庭前会议情况和处理决定理由后，依法予以驳回。

【总结】庭前会议一律只能了解情况，听取意见，哪怕是程序性问题，都不能作出实质性的处理，要作出实质性的处理，原则上要等到开庭后才行。除非在庭前会议中听取意见，了解情况后发现，该程序性事项不处理会导致庭审中断的，才允许在开庭前，但必须是庭前会议后作出处理。

5. 效力

(1) 庭前会议中，审判人员可以询问控辩双方对证据材料有无异议，对有异议的证据，应当在庭审时重点调查；无异议的，庭审时举证、质证可以简化。

(2) 庭前会议中，人民法院可以开展附带民事调解。

(3) 人民法院在庭前会议中听取控辩双方对案件事实、证据材料的意见后，对明显事实不清、证据不足的案件，可以建议人民检察院补充材料或者撤回起诉。建议撤回起诉的案件，人民检察院不同意的，开庭审理后，没有新的事实和理由，一般不准许撤回起诉。

(4) 对召开庭前会议的案件，可以在开庭时告知庭前会议情况。

(5)【已达成一致】对庭前会议中达成一致意见的事项，法庭在向控辩双方核实后，可以当庭予以确认；

【未达成一致】未达成一致意见的事项，法庭可以归纳控辩双方争议焦点，听取控辩双方意见，依法作出处理。控辩双方在庭前会议中就有关事项达成一致意见，在庭审中反悔的，除有正当理由外，法庭一般不再进行处理。

6. 笔录：庭前会议情况应当制作笔录。

（六）出庭要求

1. 人民法院审判公诉案件，人民检察院应当派员出席法庭支持公诉。

2. 被害人、诉讼代理人经传唤或者通知未到庭，不影响开庭审理的，人民法院可以开庭审理。

3. 辩护人经通知未到庭，被告人同意的，法院可以开庭审理，但被告人属于应当提供法律援助情形的除外。

4. 被害人人数众多，且案件不属于附带民事诉讼范围的，被害人可以推选若干代表人参加庭审。(《刑诉解释》第224条)

三、法庭审判（宣布开庭——法庭调查——法庭辩论——被告人最后陈述——评议与宣判）

法庭审判是指人民法院的审判组织（合议庭或独任庭）通过开庭的方式审理案件，依法确定被告人的行为是否构成犯罪，应否受到刑事处罚以及给予何种处罚的诉讼活动。

法庭审判由合议庭的审判长或独任审判员主持。依据《刑事诉讼法》的规定，法庭审判程序大致可分为开庭、法庭调查、法庭辩论、被告人最后陈述、评议和宣判五个阶段。

（一）宣布开庭、法庭调查

1. 宣布开庭

(1)【查明到庭】由审判长查明公诉人、当事人和其他诉讼参与人是否到庭。

(2)【宣布案由】审判长宣布案件的来源、起诉的案由、附带民事诉讼当事人的姓名及是否公开审理；不公开审理的，应当宣布理由。

(3)【宣布名单】审判长宣布合议庭的组成人员、法官助理、书记员、公诉人、辩护人、诉讼代理人、鉴定人和翻译人员的名单。

(4)【告知权利】审判长应当告知当事人、法定代理人、辩护人、诉讼代理人依法享有的诉讼权利。(回避、辩护、代理、最后陈述等)

(5)【询问回避】审判长应当询问当事人及其法定代理人、辩护人、诉讼代理人是否申请回避、申请何人回避和申请回避的理由。

(6)【认罪认罚】被告人认罪认罚的，审判长应当告知被告人享有的诉讼权利和认罪认罚的法律规定，审查认罪认罚的自愿性和认罪认罚具结书内容的真实性、合法性。(《刑事诉讼法》第190条第2款)

2. 法庭调查

法庭调查是在审判人员主持下，公诉人、当事人和其他诉讼参与人的参加下，当庭对案件事实和证据进行审查、核实的诉讼活动。法庭调查是案件进入实体审理的一个重要阶段，是法庭审判的中心环节。

【提示】法庭调查主要是对案件事实和证据进行调查核对，但不排斥在此阶段对量刑问题进行辩论。

(1) 宣读起诉书。①公诉人宣读起诉书后，审判长应当询问被告人对起诉书指控的犯罪事实和罪名有无异议。②有附带民事诉讼的，公诉人宣读起诉书后，由附带民事诉讼原告人或者其法定代理人、诉讼代理人宣读附带民事起诉状。

(2) 分别陈述。在审判长主持下，被告人、被害人可以就起诉书指控的犯罪事实分别陈述。

(3) 讯问、发问。①【讯问被告人】在审判长主持下，公诉人可以就起诉书指控的犯罪事实讯问被告人。②【发问被告人】经审判长准许，被害人及其法定代理人、诉讼代理人可以就公诉人讯问的犯罪事实补充发问；附带民事诉讼原告人及其法定代理人、诉讼代理人可以就附带民事部分的事实向被告人发问；被告人的法定代理人、辩护人，附带民事诉讼被告人及其法定代理人、诉讼代理人可以在控诉方、附带民事诉讼原告方就某一问题讯问、发问完毕后向被告人发问。③【发问被告以外的其他当事人】经审判长准许，控辩双方可以向被害人、附带民事诉讼原告人发问。④必要时，审判人员可以讯问被告人，也可以向被害人、附带民事诉讼当事人发问。

【提示】根据案件情况，就证据问题对被告人的讯问、发问可以在举证、质证环节进行。

⑤【分别讯问】讯问同案审理的被告人，应当分别进行。⑥【同案犯、分案犯、关联犯到庭对质】审理过程中，法庭认为有必要的，可以传唤同案被告人、分案审理的共同犯罪或者关联犯罪案件的被告人等到庭对质。

(4) 询问证人、鉴定人、有专门知识的人。

①证人出庭作证：

其一，【证人应当出庭的条件】控辩双方对证人证言有异议，且该证人证言对案件定罪量刑有重大影响，人民法院认为证人有必要出庭作证的。(有异议、有影响、有必要，三个条件缺一不可)

其二，【证人拒不出庭的后果】经人民法院通知，证人没有正当理由不出庭作证的，人民法院可以强制其到庭，但是被告人的配偶、父母、子女除外。证人没有正当理由拒绝出庭或者出庭后拒绝作证的，予以训诫，情节严重的，经院长批准，处以 10 日以下的拘留。被处罚人对拘留决定不服的，可以向上一级人民法院申请复议。复议期间不停止执行。

其三，【强制到庭程序】强制证人出庭的，应当由院长签发强制证人出庭令，由法警执行。必要时，可以商请公安机关协助。

其四，【证人可以不出庭情形】有以下情形之一的，可以准许证人不出庭：一是庭审期间身患严重疾病或者行动极为不便的；二是居所远离开庭地点且交通极为不便的；三是身处国外短期无法回国的；四是有其他客观原因，确实无法出庭的。具有前款规定情形的，可以通过视频等方式作证。

【提示】证人出庭后，一般先向法庭陈述证言；其后，经审判长许可，由申请通知证人出庭的一方发问，发问完毕后，对方也可以发问。法庭依职权通知证人出庭的，发问顺序由审判长根据案件情况确定。

②鉴定人出庭作证：其一，【鉴定人应当出庭的条件】控辩双方对鉴定意见有异议，人民法院认为鉴定人有必要出庭的。（有异议、有必要。两个条件必须同时符合。注意对比证人）其二，【鉴定人拒不出庭的后果】经人民法院通知，鉴定人拒不出庭作证的，鉴定意见不得作为定案的根据。

③调查人员、侦查人员或有关人员出庭。控辩双方对侦破经过、证据来源、证据真实性或者合法性等有异议，申请调查人员、侦查人员或者有关人员出庭，人民法院认为有必要的，应当通知调查人员、侦查人员或者有关人员出庭。（《刑诉解释》第 249 条第 2 款）

④专家辅助人。公诉人、当事人及其辩护人、诉讼代理人申请法庭通知有专门知识的人出庭，就鉴定意见提出意见的，应当说明理由。法庭认为有必要的，应当通知有专门知识的人出庭。

申请有专门知识的人出庭，不得超过二人。有多种类鉴定意见的，可以相应增加人数。

（5）出示物证、宣读鉴定意见和有关笔录。①出示证据的一方就所出示的证据的来源、特征等作必要的说明。②举证方当庭出示证据后，由对方发表质证意见。③举证、质证的方式（公诉人如何举证、质证）（《最高检规则》第 399 条）：

其一，【需要单独举证、质证】对可能影响定罪量刑的关键证据和控辩双方存在争议的证据，一般应当单独举证、质证，充分听取质证意见。

其二，【仅说明即可】对不影响定罪量刑且控辩双方无异议的证据，举证方可以仅就证据的名称及证明的事项、内容作出说明。

其三，【分组示证、质证】对于证明方向一致、证明内容相近或者证据种类相同，存在内在逻辑关系的证据，可以归纳、分组示证、质证。

【注意】公诉人出示证据时，可以借助多媒体设备等方式出示、播放或者演示证据内容。定罪证据和量刑证据需要分开的，应当分别出示。

④【证据偷袭】公诉人申请出示开庭前未移送人民法院的证据，辩护方提出异议的，审判长应当要求公诉人说明理由；理由成立并确有出示必要的，应当准许。辩护方提出需要对新的证据作辩护准备的，法庭可以宣布休庭，并确定准备辩护的时间。

（6）调取新证据。法庭审理过程中，控辩双方申请通知新的证人到庭，调取新的证据，申请重新鉴定或者勘验的，应当提供证人的基本信息、证据的存放地点，说明拟证明的事项，申请重新鉴定或者勘验的理由。法庭认为有必要的，应当同意，并宣布休庭；根据案件情况，可以决定延期审理。

（7）补充侦查。

①补充侦查的启动：

其一，公诉人主动提出补充侦查：

一是审判期间，公诉人发现案件需要补充侦查，建议延期审理的，合议庭可以同意，但建议延期审理不得超过两次。

二是人民检察院将补充收集的证据移送人民法院的，人民法院应当通知辩护人、诉讼代理人查阅、摘抄、复制。

三是补充侦查期限届满后，人民检察院未将补充的证据材料移送人民法院的，人民法院可以根据在案证据作出判决、裁定。

其二，法院建议补充侦查：

审判期间，被告人提出新的立功线索的，人民法院可以建议人民检察院补充侦查。

【提示】审判期间，合议庭发现被告人可能有自首、坦白、立功等法定量刑情节，而人民检察院移送的案卷中没有相关证据材料的，应当通知人民检察院移送。

②补侦主体：只能由检察院补充侦查，不能退回公安机关补充侦查，必要时可以由公安机关协助。

③期限次数：每次 1 个月，2 次为限。

④补侦后果：人民检察院未将补充的证据材料移送人民法院的，人民法院可以根据在案证据作出判决、裁定。

⑤期限计算：出现补充侦查的，审判期限应当重新计算。

（8）法庭调查核实证据。

①【有疑问】法庭对证据有疑问的，可以告知公诉人、当事人及其法定代理人、辩护人、诉讼代理人补充证据或者作出说明；必要时，可以宣布休庭，对证据进行调查核实。

②【调查核实手段】人民法院调查核实证据，可以进行勘验、检查、查封、扣押、鉴定和查询、冻结。【不能搜查】

③【庭外证据】对公诉人、当事人及其法定代理人、辩护人、诉讼代理人补充的和审判人员庭外调查核实取得的证据，应当经过当庭质证才能作为定案的根据。但是，对不影响定罪量刑的非关键证据、有利于被告人的量刑证据以及认定被告人有犯罪前科的裁判文书等证据，经庭外征求意见，控辩双方没有异议的除外。

（9）调查处理涉案财产。

①调查对象：查封、扣押、冻结财物及其孳息的权属、来源等情况，是否属于违法所得或者依法应当追缴的其他涉案财物。

②流程：由公诉人说明情况、出示证据、提出处理建议，并听取被告人、辩护人等诉讼参与人的意见。

③案外人异议：案外人对查封、扣押、冻结的财物及其孳息提出权属异议的，人民法院应当听取案外人的意见；必要时，可以通知案外人出庭。

④处理：经审查，不能确认查封、扣押、冻结的财物及其孳息属于违法所得或者依法应当追缴的其他涉案财物的，不得没收。

（二）法庭辩论、最后陈述

1. 法庭辩论

合议庭认为案件事实已经调查清楚的，应当由审判长宣布法庭调查结束，开始就定罪、量刑、涉案财物处理的事实、证据、适用法律等问题进行法庭辩论。

【提示】主要是辩论法律适用问题等，但不排斥在此阶段对事实、证据进行调查。

（1）发言顺序。

法庭辩论应当在审判长的主持下，按照下列顺序进行：

①公诉人发言。

②被害人及其诉讼代理人发言。

③被告人自行辩护。

④辩护人辩护。

⑤控辩双方进行辩论。

【注意–提出不同起诉意见需以书面形式】公诉人当庭发表与起诉书不同的意见，属于变更、追加、补充或者撤回起诉的，人民法院应当要求人民检察院在指定时间内以书面方式提出；必要时，可以宣布休庭。

【未书面提出的以起诉书为准】人民检察院在指定时间内未提出的，人民法院应当根据法庭审理情况，就起诉书指控的犯罪事实依法作出判决、裁定。

（2）保证辩方权利：人民检察院变更、追加、补充起诉的，人民法院应当给予被告人及其辩护人必要的准备时间。

（3）程序可回转：程序具有可回调性，合议庭发现与定罪量刑有关的新事实，有必要调查的，审判长可以宣布暂停辩论，恢复法庭调查，调查后继续法庭辩论。

（4）审判长主导：审判长对控辩双方与案件无关、重复或指责对方的发言应当提醒、制止。

2. 被告人最后陈述

（1）被告人最后陈述，不可剥夺，不可替代、不可省略。

（2）被告人在最后陈述中多次重复自己的意见的，审判长可以制止。

（3）陈述内容蔑视法庭、公诉人，损害他人及社会公共利益，或者与本案无关的，应当制止。

（4）在公开审理的案件中，被告人最后陈述的内容涉及国家秘密、个人隐私或者商业秘密的，应当制止。

（5）被告人在最后陈述中提出新的事实、证据，合议庭认为可能影响正确裁判的，应当恢复法庭调查；被告人提出新的辩解理由，合议庭认为可能影响正确裁判的，应当恢复法庭辩论。

（三）评议与宣判、审限

1. 评议与宣判

（1）评议：评议一律秘密进行。

（2）判决类型。

①有罪判决。

其一，事实清楚，证据确实、充分，依照法律认定被告人的罪名成立。

其二，事实清楚，证据确实、充分，但指控的罪名不当的，应当依据法律和审理认定的罪名作出有罪判决。

【注意-判决前充分听取意见】法院应当在判决前听取控辩双方的意见，保障被告人、辩护人充分行使辩护权。必要时，可以重新开庭，组织控辩双方围绕被告人的行为构成何罪进行辩论。

②无罪判决。

其一，事实清楚，证据确实、充分，依法认定被告人无罪的。

其二，证据不足，不能认定被告人有罪的，应当以证据不足、指控的犯罪不能成立，判决宣告被告人无罪。

【注意-可以针对案件的一部分宣判】案件部分事实清楚，证据确实、充分的，应当作出有罪或者无罪的判决；对事实不清、证据不足部分，不予认定。

③不负刑事责任的判决。

其一，被告人因未达到刑事责任年龄，不予刑事处罚的，应当判决宣告被告人不负刑事责任；

其二，【精神病人案件】被告人是精神病人，在不能辨认或者不能控制自己行为时造成危害结果，不予刑事处罚的，应当判决宣告被告人不负刑事责任；被告人符合强制医疗条件的，应当依照《刑诉解释》第26章（强制医疗程序）的规定进行审理并作出判决。

（3）宣判。

①当庭宣判：在5日内送达判决书。

②定期宣判：立即送达判决书。

（4）文书要求。

①评议笔录：合议庭成员、法官助理、书记员应当在评议笔录上签名。

②法庭笔录：

其一，开庭审理的全部活动，应当由书记员制作笔录；笔录经审判长审阅后，分别由审判长和书记员签名。

其二，法庭笔录应当在庭审后交由当事人、法定代理人、辩护人、诉讼代理人阅读或者向其宣读。法庭笔录中的出庭证人、鉴定人、有专门知识的人、调查人员、侦查人员或者其他人员的证言、意见部分，应当在庭审后分别交由有关人员阅读或者向其宣读。前两款所列人员认为记录有遗漏或者差错的，可以请求补充或者改正；确认无误后，应当签名；拒绝签名的，应当记录在案；要求改变庭审中陈述的，不予准许。

③判决书应当由合议庭成员、法官助理和书记员署名，并且写明上诉的期限和上诉的法院。

【注意】适用普通程序审理的被告人认罪的案件，裁判文书可以适当简化。

2. 一审审限

（1）应当在受理后**2**个月以内宣判。

（2）至迟不得超过**3**个月。

（3）对于可能判处死刑的案件或者附带民事诉讼的案件，以及有刑诉法第**158条规定情形**之一（交、集、流、广）的，经上一级人民法院批准，可以延长**3**个月。

（4）因特殊情况还需要延长的，报请最高人民法院批准。

【小结】2+1+3+X

【小案例练习】

案例1：2019年至2021年间，甲、乙等四十余人以开发“脱毒马铃薯”项目需要发展资金为由，伪造合伙经营意向书，以高回报率为诱饵，向社会公众募集资金2584万余元，后案发，A

市检察院将甲乙等四十余人以非法集资罪起诉至A市中级法院。

问题：如果A市中级法院经审查决定分案审理来保障庭审质量和效率，法院的做法是否正确？

案例2：甲乙等六人盗窃一案，经A县检察院审查后起诉至A县法院，法院决定召开庭前会议，只要求甲乙到场，甲的辩护人在会议中提出甲的供述系受到侦查人员刑讯逼供而作，应当被排除，法院就是否应当排非了解了控辩双方的意见。

问题：本案中，法院在庭前会议中的做法是否正确？

案例3：甲故意伤害一案，在法庭审理阶段，公诉人对证人乙的证言提出质疑，认为乙在夜晚根本无法确定实施伤害行为的是甲。

问题：本案中，证人乙是否必然出庭作证？

案例4：张某因涉嫌盗窃罪被某县检察院起诉至某县法院，在审判期间，公诉人发现对张某的盗窃金额需要进行补充侦查，先后三次建议法院延期审理，合议庭三次经审查后同意延期审理。

问题：本案中，法院的做法是否正确？

案例5：甲抢劫一案，法庭经审理后，认为甲抢劫金店的犯罪事实清楚、证据充分，但根据现有证据无法认定甲还抢劫了服装店。

问题：本案法院应当如何判决？

【解析】

案例1—问题：本案中，A市中级法院经审查决定分案审理来保障庭审质量和效率，法院的做法是否正确？

答案：**正确**。根据相关规定，本案属于一案起诉的共同犯罪案件，被告人**人数众多、案情复杂**，法院经审查认为分案审理更有利于**保障庭审质量和效率的**，可以分案审理。法条依据为《刑诉解释》第220条第1款。

案例2—问题：本案中，法院在庭前会议中的做法是否正确？

答案：**正确**。根据相关规定，**庭前会议**只能就是否申请排除非法证据的事项向控辩双方**了解情况、听取意见**，而**不能作出实质性的处理**；庭前会议准备就非法证据排除了解情况、听取意见，应当通知被告人到场。有**多名被告人**的案件，可以**根据情况确定**参加庭前会议的被告人，无需要求被告甲乙等六人都到场。法条依据为《刑诉解释》第228条第1款、第230条第3款。

案例3—问题：本案中，证人乙是否必然出庭作证？

答案：**证人乙并不必然出庭作证**。根据相关规定，控辩双方**对证人证言有异议**、且该证人证言对案件**定罪量刑有重大影响**，法院认为证人**有必要出庭**作证的，**应当通知**证人出庭作证，但本案中法院**并未认定证人乙有出庭作证的必要**，因此乙并不一定出庭作证。法条依据为《刑诉解释》第249条第1款。

案例4—问题：本案中，法院的做法是否正确？

答案：**不正确**。根据相关规定，审判期间，公诉人发现案件需要**补充侦查**，**建议延期审理**的，合议庭**可以同意**，但建议延期审理**不得超过两次**，因此本案中公诉人先后三次建议延期审理的做法不正确。法条依据为《刑诉解释》第274条第1款。

案例5—问题：本案法院应当如何判决？

答案：根据相关规定，在本案中，甲抢劫金店的案件**部分事实清楚，证据确实、充分**的，应当作出**有罪的判决**；对**事实不清、证据不足的**甲抢劫服装店的案件部分，**不予认定**。法条依据为《刑诉解释》第295条第1款第5项。

【知识点分析思路总结】“一审法院如何判决本案”“一审法院如何处理本案”“一审法院处理本案的程序要求”等问题，可按以下模板回答：

（1）法院应当组成合议庭开庭公开审理此案。开庭时，查明当事人等到庭情况，并进行权利告知。

（2）开庭后，法院应当进行法庭调查，对案件的事实、证据进行调查。如果当事人申请调取新证据的，法庭认为必要的，应当同意，并宣布延期审理。如果被告人提出新的立功线索的，法院可以建议检察院补充侦查。（此处两个如何视题目题干内容而定）

（3）法庭调查后，法院应当进行法庭辩论，就案件的法律适用问题进行法庭辩论。

（4）在被告人作最后陈述后，对案件进行评议。

（5）根据案件情况作出相应处理：如果事实清楚，证据确实充分，作出有罪判决。如果事实不清，证据不足，作出证据不足的无罪判决。

（6）法院应当在受理后2个月以内公开宣判。

法条依据为《刑诉法》第183条第1款、第188条第1款、第198条、第200条、第202条、第208条。

四、一审中特殊问题的处理

一审中特殊问题的处理	法院发现新事实或需要补查补证的	**【应通知】** 审判期间，人民法院发现**新的事实**，可能影响定罪量刑的，或者**需要补查补证的**，应当通知人民检察院，由其决定是否补充、变更、追加起诉或者补充侦查。（注意**决定权**在检察院）
		【法院不能自行变更】 人民检察院不同意或者在指定时间内未回复书面意见的，人民法院应当**就起诉指控的事实**，依照《刑诉解释》第295条的规定作出判决、裁定。
	检察院追加起诉	检察院发现**漏人**或者**漏罪行**可以一并起诉和审理的，可以追加、补充起诉。
	检察院变更起诉	检察院发现被告人的身份不符或者事实不符的，或者事实、证据没有变化，但罪名、适用法律与起诉书认定不一致的，可以变更起诉。
	撤诉问题	**【公诉案件】** 在开庭后、宣告判决前，人民检察院要求撤回起诉的，人民法院应当审查撤回起诉的理由，作出是否准许的裁定。
		【自诉案件】 自诉人要撤诉的，**须经法院审查**。经审查确实是**自愿**的，可以准许。
		【注意】 如果有新的事实、证据材料，可以再起诉。

【总结】法院要遵循不告不理原则。不告不理原则有两项要求：第一，没有起诉，就没有审判。第二，法院审判的范围仅限于起诉的事实范围。受不告不理原则的约束，法院在审理案件过程中遇有不同的情形，处理方式有所不同：

(1) 法院依法审理后认定的罪名与检察机关指控的罪名不一致，法院如何处理？——应当按照审理认定的罪名作出有罪判决。人民法院应当在判决前听取控辩双方的意见，保障被告人、辩护人充分行使辩护权。必要时，可以重新开庭，组织控辩双方围绕被告人的行为构成何罪进行辩论。(但如果法院认为构成告诉才处理的罪名的，只能裁定终止审理，并将材料退回检察院，并告知被害人有权向法院提起自诉)

(2) 人民法院在审判期间发现新的事实，可能影响定罪的，法院如何处理？——法院应当通知检察院，由检察院决定是否补充、追加、变更起诉或补充侦查。

(3) 审判期间，被告人提出新的立功线索的，法院如何处理？——法院可以建议人民检察院补充侦查。

(4) 审判期间，合议庭发现被告人可能有自首、坦白、立功等法定量刑情节，而人民检察院移送的案卷中没有相关证据材料的，法院如何处理？——法院应当通知人民检察院移送。

【小案例练习】

案例 1：检察院以张三涉嫌抢夺罪向法院提起公诉，审理过程中，法院发现了能够证明并非被告人张三实施抢夺行为的新线索，需要补充侦查，遂要求检察院补充侦查。

问题：本案中，法院的做法是否合法？

案例 2：某县检察院指控甲盗窃罪，公诉人在法庭审理阶段，提出要补充起诉甲诈骗罪，法院休庭后要求检察院在指定时间内书面形式补充起诉。

问题：本案中，如果某县检察院并未在指定时间内补充起诉，法院能否一并处理诈骗罪？

【解析】

案例 1—问题：本案中，法院的做法是否合法？

答案：不合法。根据相关规定，审判期间，法院发现新的事实（并非张三所为），需要补查补证的，应当通知检察院，由检察院决定是否补充侦查，而不是由法院决定是否补充侦查。法条依据为《刑诉解释》第 297 条第 1 款。

案例 2—问题：本案中，如果某县检察院并未在指定时间内补充起诉，法院能否直接判决甲犯诈骗罪？

答案：不能。根据相关规定，法院通知检察院补充起诉，但检察院在指定时间内未起诉的，法院应当就起诉指控的事实（盗窃罪），依法作出判决、裁定，而不能一并处理诈骗罪。法条依据为《刑诉解释》第 297 条第 2 款。

五、审理中特殊情形的处理

裁定终止审理	《刑诉法》第16条第2-6项。 【注意1-亲告案件】属于告诉才处理的案件，应当裁定终止审理，并告知被害人有权提起自诉。 【注意2-被告人死亡】被告人死亡的，应当裁定终止审理；但有证据证明被告人无罪，经缺席审理确认无罪的，应当判决宣告被告人无罪。
	【审判阶段和前述庭前审查有第十六条情形的处理比较】 **问**：审理过程中发现的做法为终止审理，庭前审查发现是退回给检察院，为什么？ **答**：因为庭前审查阶段本质上这个案件还没系属到法院，只是先进行审查。对应的情形实际发生在检察院，主动权并没有系属到法院，因此应当退回检察院。但是一旦受理之后，如果在审理过程当中发现，主动权已经在法院。如果发现有第16条情形的，应当裁定终止审理。
裁定中止审理	（1）被告人患有严重疾病，无法出庭的； （2）被告人脱逃的； （3）自诉人患有严重疾病，无法出庭，未委托诉讼代理人出庭的； （4）由于不能抗拒的原因。
	【注意-期限不计入】中止审理的原因消失后，应当恢复审理。中止审理的期间不计入审理期限。
决定延期审理	（1）需要通知新的证人到庭，调取新的物证，重新鉴定或者勘验的；（时间继续算） （2）检察院要补充侦查，提出建议的。合议庭可以同意；（审限重新计算） （3）由于当事人申请回避而不能进行审判的；（时间继续算） （4）简易程序转为普通程序审理的案件，公诉人需要为出席法庭进行准备的，可以建议人民法院延期审理。（从决定转化之日起重新计算）
【提示】题目中如果需要判断究竟是中止审理还是延期审理，只需要判断选项中的事由法院能否控制即可。法院能控制的，处理是延期审理；法院不能控制的，处理是中止审理。	

【小案例练习】

案例1：张某涉嫌故意伤害李某的犯罪，在法院审理该案过程中，张某在赶往法院过程中遭遇车祸当场死亡。但有证据证明李某被害时张某正在外地出差，法院经过缺席审理确认张某无罪。

问题：本案中，法院应当对张某故意伤害一案作出何种判决？

案例2：张小三虐待其父张大三，致使张大三全身多处骨折，难以直立行走。张大三向法院提起自诉，法院依法受理并进入庭审阶段，张大三无法出庭，也未委托诉讼代理人出庭。

问题：本案中，法院可以如何处理？

案例3：在狱警甲虐待罪犯乙一案的庭审过程中，公诉人向法庭申请通知新的证人丙出庭，法院经审查后认为丙确有出庭必要，故宣布休庭并决定延期审理，待得到丙的下落后再开庭。

问题：本案中，法院的做法是否正确？

【解析】

案例1—问题：本案中，法院应当对张某故意伤害一案作出何种判决？

答案：判决宣告张某无罪。根据相关规定，法院受理案件后被告人死亡的，应当裁定终止审理；但有证据证明被告人无罪，经缺席审理确认无罪的，应当判决宣告被告人无罪。法条依据为《刑诉解释》第606条。

案例2—问题：本案中，法院如何处理？

答案：法院可以裁定中止审理。根据相关规定，本案在审判过程中，自诉人张大三患有严重疾病，无法出庭，也未委托诉讼代理人出庭，致使案件在较长时间内无法继续审理，法院可以裁定中止审理。法条依据为《刑事诉讼法》第206条第1款第3项。

案例3—问题：本案中，法院的做法是否正确？

答案：正确。根据相关规定，本案在法庭审理过程中，公诉人申请通知新的证人到庭，法庭认为有必要的，应当同意，并宣布休庭；根据案件情况，可以决定延期审理。法条依据为《刑诉解释》第273条第1款。

六、法庭秩序

（一）违反法庭秩序，情节较轻的：应当警告制止；根据具体情况，也可以进行训诫。

（二）违反法庭秩序，训诫无效的：责令退出法庭；拒不退出的，指令法警强行带出法庭。

（三）违反法庭秩序，情节严重的：

1. 经报请院长批准后，对行为人处1000元以下的罚款或者15日以下拘留。

2.【救济】该决定可以直接向上一级人民法院申请复议，也可以通过决定罚款、拘留的法院向上一级人民法院申请复议。复议期间，不停止决定的执行。

（四）违反法庭秩序，构成犯罪的：应当依法追究刑事责任。

七、认罪认罚案件的审理

内容详见专题十三 认罪认罚从宽制度。

第三节 自诉案件第一审程序

一、自诉案件的范围

（一）告诉才处理的案件（侮辱、诽谤案；暴力干涉婚姻自由案；虐待案；侵占案）。

（二）被害人有证据证明的轻微刑事案件（公诉和自诉交叉）。

（三）公诉转自诉案件。

二、法院审查后的处理

（一）法院受理自诉案件的条件

1. 自诉人是本案的被害人。

【注意】如果被害人死亡、丧失行为能力或者因受强制、威吓等无法告诉，或者是限制行为能力人以及因年老、患病、盲、聋、哑等不能亲自告诉，其法定代理人、近亲属告诉或者代为告诉的，人民法院应当依法受理。

2. 属于自诉案件的范围。

3. 受诉人民法院有管辖权。

4. 有明确的被告人、具体的诉讼请求和能证明被告人犯罪事实的证据。

（二）受理

经审查，符合受理条件的，应当决定立案，并书面通知自诉人或者代为告诉人。对犯罪事实清楚，有足够证据的自诉案件，应当开庭审理。

【注意】被告人实施两个以上犯罪行为，分别属于公诉案件和自诉案件，人民法院可以一并审理。对自诉部分的审理，适用自诉案件第一审程序的规定。

（三）不予受理

具有下列情形之一的，应当说服自诉人撤回起诉；自诉人不撤回起诉的，裁定不予受理：①不属于自诉案件的；②缺乏罪证的；③犯罪已过追诉时效期限的；④被告人死亡的；⑤被告人下落不明的；⑥除因证据不足而撤诉的以外，自诉人撤诉后，就同一事实又告诉的；⑦经人民法院调解结案后，自诉人反悔，就同一事实再行告诉的；⑧属于《刑诉解释》第1条第2项规定的案件，公安机关正在立案侦查或者人民检察院正在审查起诉的；⑨不服人民检察院对未成年犯罪嫌疑人作出的附条件不起诉决定或者附条件不起诉考验期满后作出的不起诉决定，向人民法院起诉的。

【注意】对已经立案，经审查缺乏罪证的自诉案件，自诉人提不出补充证据的，人民法院应当说服其撤回起诉或者裁定驳回起诉；自诉人撤回起诉或者被驳回起诉后，又提出了新的足以证明被告人有罪的证据，再次提起自诉的，人民法院应当受理。

自诉人对于不予受理或者驳回起诉的裁定不服的，可以提起上诉。第二审人民法院查明第一审人民法院作出的不予受理裁定有错误的，应当在撤销原裁定的同时，指令第一审人民法院立案受理；查明第一审人民法院驳回起诉裁定有错误的，应当在撤销原裁定的同时，指令第一审人民法院进行审理。

三、证据调取

（一）【申请法院调取证据】自诉案件当事人因客观原因不能取得的证据，申请人民法院调取的，应当说明理由，并提供相关线索或者材料。人民法院认为有必要的，应当及时调取。

（二）【网络犯罪调取证据】对通过信息网络实施的侮辱、诽谤行为，被害人向人民法院告诉，但提供证据确有困难的，人民法院可以要求公安机关提供协助。（区别在于是否需要提供相关线索或材料）

四、并案审理

被告人实施两个以上犯罪行为，分别属于公诉案件和自诉案件，法院可以一并审理。

五、自诉案件的审理特点

<table>
<tr><td rowspan="2">1. 可以适用简易程序</td><td colspan="2">自诉案件符合简易程序适用条件的，可以适用简易程序审理。</td></tr>
<tr><td colspan="2">【注意1】三类自诉案件都可以适用简易程序。
【注意2】自诉案件不适用速裁程序。</td></tr>
<tr><td rowspan="2">2. 可以调解</td><td colspan="2">法院审理自诉案件，可以在查明事实、分清是非的基础上，根据自愿、合法的原则进行调解。</td></tr>
<tr><td colspan="2">【注意】只有告诉才处理和被害人有证据证明的轻微刑事案件这两类自诉案件可以调解，公诉转自诉的自诉案件不适用调解。</td></tr>
<tr><td rowspan="4">3. 可以反诉①</td><td colspan="2">告诉才处理和被害人有证据证明的轻微刑事案件的被告人或者其法定代理人在诉讼过程中，可以对自诉人提起反诉。反诉必须符合下列条件：
（1）反诉的对象必须是本案自诉人。
（2）反诉的内容必须是与本案有关的行为。
（3）反诉的案件必须是三类自诉案件中的告诉才处理案件和有证据证明的轻微刑事案件。</td></tr>
<tr><td rowspan="3">注意</td><td>公诉转自诉的自诉案件不适用反诉。</td></tr>
<tr><td>反诉案件适用自诉案件的规定，应当与自诉案件一并审理。</td></tr>
<tr><td>【两审终审制】如果反诉是在二审提出的，则只能告知另行起诉。</td></tr>
<tr><td>4. 可以和解</td><td colspan="2">判决宣告前，自诉案件的当事人可以自行和解。
【注意】三类自诉案件都可以和解。</td></tr>
<tr><td rowspan="4">5. 可以撤诉</td><td colspan="2">判决宣告前，自诉案件的自诉人可以撤回自诉。
【注意】三类自诉案件都可以撤诉。</td></tr>
<tr><td colspan="2">（1）【自愿撤诉】撤诉如果确属自愿的，应当准许；如果自诉人系被强迫、威吓等，应当不予准许。</td></tr>
<tr><td colspan="2">（2）【拒不到庭或未经允许退庭】自诉人经2次依法传唤，无正当理由拒不到庭的，或者未经法庭准许中途退庭的，人民法院应当决定按自诉人撤诉处理。</td></tr>
<tr><td colspan="2">（3）【撤诉可分】自诉人是2人以上，其中部分人撤诉的，不影响案件的继续审理。</td></tr>
<tr><td rowspan="2">6. 自诉案件的可分性</td><td rowspan="2">被告人的可分性</td><td>自诉人明知有其他共同侵害人，但只对部分侵害人提起自诉的，人民法院应当受理，并告知其放弃告诉的法律后果。</td></tr>
<tr><td>【一旦放弃，永远放弃】自诉人放弃告诉，判决宣告后又对其他共同侵害人就同一事实提起自诉的，人民法院不予受理。</td></tr>
</table>

① 所谓反诉是相对于自诉而言的，是指在自诉过程中，自诉案件的被告人作为被害人控诉自诉人犯有与本案有联系的犯罪行为，向法院提出请求，要求追究其刑事责任的诉讼行为。在有反诉的自诉案件中，诉讼双方当事人都同时具有双重身份，既是自诉人又是被告人，形成互诉。

续表

<table>
<tr><td rowspan="4">6. 自诉案件的可分性</td><td rowspan="4">自诉人的可分性</td><td>【例】问 1：四金、徐毛毛两人把张三打成轻伤案，按照法律规定属于被害人有证据证明的轻微刑事案件。张三作为被害人决定提起自诉，追究四金的刑事责任，但由于徐毛毛是熟人，张三不愿意追究徐毛毛的刑事责任，可以只追究四金的刑事责任提起自诉吗？
答：可以，根据被告人可分性，可以只追究部分被告人的刑事责任。但是需要注意，一旦放弃，永远放弃。如果一审判决生效，张三不能再继续追究徐毛毛的刑事责任。
问 2：张三有没有同时放弃追究这两个人的民事责任的权利？
答：没有，因为这是两个不同的法律关系。张三在一审判决生效后，可以起诉四金和徐毛毛要求追究他们俩的民事责任。</td></tr>
<tr><td>共同被害人中只有部分人告诉的，人民法院应当通知其他被害人参加诉讼，并告知其不参加诉讼的法律后果。被通知人接到通知后表示不参加诉讼或者不出庭的，视为放弃告诉。</td></tr>
<tr><td>【一旦放弃，永远放弃】第一审宣判后，被通知人就同一事实又提起自诉的，人民法院不予受理。但是，当事人另行提起民事诉讼的，不受《刑诉解释》限制。</td></tr>
<tr><td>【例】问：甲乙共同把丙跟丁打成轻伤。此时丙对甲乙提起自诉，要求追究甲跟乙的刑事责任。法院收到丙的起诉状后，发现这个案件还有被害人丁，通知并询问丁是否也要成为本案自诉人。此时，如果丁完全拒绝或者不表态，而刑事诉讼一审裁判生效后丁能否再次成为本案的自诉人？
答：不可以，一旦放弃，永远放弃，完全拒绝或者不表态意味着他已经放弃了追究甲跟乙的刑事责任的权利。但是，同上述案例，丁也只是放弃了追究甲乙刑事责任的权利，不代表丁同时放弃追究甲乙民事责任的权利。</td></tr>
<tr><td rowspan="2">7. 审理期限特殊</td><td colspan="2">（1）【未被羁押】适用普通程序审理的被告人未被羁押的自诉案件，应当在立案后 6 个月内宣判。</td></tr>
<tr><td colspan="2">（2）【被羁押】【2+1+3】如果被告人被羁押的，审理期限与公诉案件的相同。即一审审限为 2 个月，可以延长至 3 个月；死刑、附民、交集流广，经上一级法院批准，可以再延长 3 个月。</td></tr>
</table>

【小案例练习】

案例 1：甲涉嫌抢劫乙一案，乙能够证明甲对其实施了抢劫行为，但检察院经审查作出不起诉决定，乙不服，遂向法院提起刑事自诉，法院为了节省司法资源，组织双方当事人进行调解。

问题：本案中，法院的做法是否合法？

案例 1—问题：本案中，法院的做法是否合法？

答案：不合法。被害人乙有证据证明对被告人侵犯自己财产权利的抢劫行为应当依法追究刑事责任，但检察院不予追究被告人刑事责任，属于公诉转自诉的案件，根据相关规定，公诉转自诉案件不适用调解，因此本案中法院组织双方当事人调解的做法不合法。法条依据为《刑诉解释》第 328 条第 2 款。

第四节　简易程序

一、概念

简易程序，是指基层法院在审理具备特定条件的案件时所采取的相对简单的审理程序，它是简化和省略普通程序的某些环节和步骤后形成的一种程序。

二、适用范围

<table>
<tr><td>积极范围</td><td>基层法院管辖的案件，同时符合下列条件的，人民法院可以适用简易程序审判：
（1）案件事实清楚、证据充分的；
（2）被告人认罪（此处的认罪是指认事实，即承认自己所犯罪行，对指控的犯罪事实没有异议）；
（3）被告人对适用简易程序没有异议的。</td></tr>
<tr><td rowspan="5">消极范围</td><td>（1）被告人是盲、聋、哑人；
（2）被告人是尚未完全丧失辨认或者控制自己行为能力的精神病人；
（3）有重大社会影响的；
（4）共同犯罪案件中部分被告人不认罪或者对适用简易程序有异议的；
（5）辩护人作无罪辩护的；
（6）被告人认罪但经审查认为可能不构成犯罪的；
（7）不宜适用简易程序审理的其他情形。</td></tr>
<tr><td>【注意1】自诉案件——可以适用。</td></tr>
<tr><td>【注意2】未成年人案件——经未成年人犯罪嫌疑人、被告人本人、法定代理人、辩护人同时同意的，可以适用简易程序。</td></tr>
<tr><td>【注意3】共同犯罪案件——可以适用，只要全部共犯都认罪，且都同意适用即可。</td></tr>
<tr><td>【例】问：某案中被告人涉嫌间谍罪，可能判处有期徒刑三年，可以适用简易程序吗？
答：间谍罪、危害国家安全犯罪等的最低管辖法院是中院，所以间谍罪不会在基层法院审的，因此间谍罪不能适用简易程序，因为他最低管辖法院在中院。此处应当学会举一反三，中院一审案件肯定不能适用简易程序，因为简易程序只能适用于基层法院。</td></tr>
</table>

三、审理特点

<table>
<tr><td>（1）只适用于一审、基层法院。</td></tr>
<tr><td>（2）程序启动：
①自诉案件，法院决定是否适用。
②公诉案件（三种方式），简易程序既可以由检察院在提起公诉时建议适用；也可以被告人及其辩护人申请适用；还可以由法院自己决定适用。
【注意】适用简易程序的案件，审判长或独任审判员应当当庭询问被告人对指控的犯罪事实的意见，告知被告人适用简易程序审理的法律规定，确认被告人是否同意适用简易程序。</td></tr>
</table>

续表

（3）审判组织形式的简化。 可能判处【3年有期徒刑以下】刑罚的可以独任审判，可以合议庭。但是可能判处【超过3年】有期徒刑刑罚的必须合议庭。 【注意-量刑变化导致程序转化】适用简易程序独任审判过程中，发现对被告人可能判处的有期徒刑超过3年的，应当转由合议庭审理。
（4）适用简易程序审理案件，被告人有辩护人的，应当通知其出庭。
（5）适用简易程序审理的公诉案件，人民检察院应当派员出庭。
（6）法庭审理程序简便。 简化法庭调查和法庭辩论程序，不受送达、讯问被告人、询问证人、鉴定人、出示证据、法庭辩论程序规定的限制，可以简化，但在判决宣告前应当听取被告人的最后陈述意见。
（7）审理期限较短。 法院应当在受理后20日以内审结；对可能判处的有期徒刑超过3年的，可以延长至1个半月。
（8）适用简易程序，一般应当当庭宣判。
（9）适用简易程序审理案件，裁判文书可以简化。

四、简易程序向普通程序转化

1. 转化的法定事由	（1）被告人的行为可能不构成犯罪的； （2）被告人可能不负刑事责任的； （3）被告人当庭对起诉指控的犯罪事实予以否认的； （4）案件事实不清、证据不足的； （5）不应当或者不宜适用简易程序的其他情形。
2. 审理期限的重新计算	决定转为普通程序审理的案件，审理期限应当从作出决定之日起计算。
3. 转化后的程序要求	转为普通程序审理的案件，公诉人需要为出席法庭进行准备的，可以建议法院延期审理。

【小案例练习】

案例1：甲涉嫌为境外非法提供国家秘密，在检察院审查起诉阶段甲即认罪认罚，起诉至法院后，法院认为该案事实清楚、证据充分，并且甲同意适用简易程序，遂适用简易程序开庭审理。

问题：本案中，法院适用简易程序审理的做法是否正确？

案例2：胡某因涉嫌交通肇事致人死亡，被检察院起诉至法院，法院适用简易程序独任审理，在审理过程中发现被害人的死亡结果是胡某肇事逃逸造成的，法院遂决定转为合议庭审理。

问题：本案中，法院转为合议庭审理的做法是否正确？

【解析】

案例 1—问题：本案中，法院适用简易程序审理的做法是否正确？

答案：不正确。根据相关规定，只有基层法院管辖的案件才能适用简易程序审理，但本案中，甲涉嫌为境外非法提供国家秘密，属于危害国家安全的犯罪，最低级别管辖法院是中级法院，因此本案不能适用简易程序审理。法条依据为《刑事诉讼法》第 214 条第 1 款。

案例 2—问题：本案中，法院转为合议庭审理的做法是否正确？

答案：正确。根据相关规定，交通肇事逃逸致人死亡的，处七年以上有期徒刑；而适用简易程序独任审判过程中，发现对被告人可能判处的有期徒刑超过三年的，应当转由合议庭审理。法条依据为《刑诉解释》第 366 条。

第五节　速裁程序

<table>
<tr><td>概念</td><td colspan="3">速裁程序，是指基层法院在审理具备特定条件的案件时所采取的比简易程序更简单的审理程序，它是比简易程序更为简化的审判程序。</td></tr>
<tr><td rowspan="4">适用条件</td><td>积极条件</td><td colspan="2">基层人民法院管辖的可能判处 3 年有期徒刑以下刑罚的案件，案件事实清楚，证据确实、充分，被告人认罪认罚并同意适用速裁程序的，可以适用速裁程序，由审判员 1 人独任审判。</td></tr>
<tr><td rowspan="3">消极条件</td><td colspan="2">有下列情形之一的，不适用速裁程序（《刑诉解释》第 370 条）：
（1）被告人是盲、聋、哑人；
（2）被告人是尚未完全丧失辨认或者控制自己行为能力的精神病人的；
（3）【注意-对比简易程序】被告人是未成年人的；
（4）案件有重大社会影响的；
（5）共同犯罪案件中部分被告人对指控的犯罪事实、罪名、量刑建议或者适用速裁程序有异议的；
（6）被告人与被害人或者其法定代理人没有就附带民事诉讼赔偿等事项达成调解或者和解协议的；
（7）辩护人作无罪辩护的；
（8）其他不宜适用速裁程序的情形。</td></tr>
<tr><td rowspan="2">注意</td><td>自诉案件不能适用速裁程序。</td></tr>
<tr><td>速裁程序仅仅适用于基层法院的 3 年有期徒刑以下刑罚的案件，如果是危害国家安全犯罪的，按照法律规定最低管辖法院在中院。所以危害国家安全犯罪、恐怖活动犯罪等绝对不能够适用速裁程序。</td></tr>
<tr><td>速裁程序的特点</td><td colspan="3">（1）只适用于第一审程序；
（2）只适用于基层法院；
（3）程序启动：【三种方式，决定权在法院】速裁程序既可以由检察院建议适用；也可以由法院自己决定适用；被告人及其辩护人可以向法院提出适用速裁程序的申请；
（4）速裁程序实行独任审判；
（5）审理期限较短。适用速裁程序审理案件，人民法院应当在受理后 10 日以内审结；对可能判处的有期徒刑超过 1 年的，可以延长至 15 日。</td></tr>
</table>

续表

<table>
<tr><td>速裁程序的审理</td><td colspan="2">（1）适用速裁程序审理案件，一般不进行法庭调查、法庭辩论，但在判决宣告前应当听取辩护人的意见和被告人的最后陈述意见；
（2）适用速裁程序审理的案件，人民检察院应当派员出席法庭；
（3）适用速裁程序审理案件，可以集中开庭，逐案审理。公诉人简要宣读起诉书后，审判人员应当当庭询问被告人对指控事实、证据、量刑建议以及适用速裁程序的意见，核实具结书签署的自愿性、真实性、合法性，并核实附带民事诉讼赔偿等情况；
（4）适用速裁程序审理案件，应当当庭宣判；
（5）适用速裁程序审理案件，裁判文书可以简化。</td></tr>
<tr><td rowspan="2">程序转化</td><td>应当转化的情形</td><td>适用速裁程序审理案件，在法庭审理过程中，具有下列情形之一的，应当转为普通程序或者简易程序审理（《刑诉解释》第 375 条）：
（1）被告人的行为可能不构成犯罪或者不应当追究刑事责任的；
（2）被告人违背意愿认罪认罚的；
（3）被告人否认指控的犯罪事实的；
（4）案件疑难、复杂或者对适用法律有重大争议的；
（5）其他不宜适用速裁程序的情形。</td></tr>
<tr><td>期间重新计算</td><td>决定转为普通程序或者简易程序审理的案件，审理期限应当从作出决定之日起计算。（《刑诉解释》第 376 条）</td></tr>
<tr><td>二审发回重审的处理</td><td colspan="2">【二审发回后适用普通程序】适用速裁程序审理的案件，第二审人民法院依照刑事诉讼法第 236 条第 1 款第 3 项的规定（即事实不清，证据不足）发回原审人民法院重新审判的，原审人民法院应当适用第一审普通程序重新审判。</td></tr>
</table>

【小案例练习】

案例 1：甲犯故意伤害罪，可能被判处三年以下有期徒刑，甲未顺利与被害人就附民赔偿金额达成和解协议，但法院认为该案事实清楚、证据确实充分，决定适用速裁程序审理。

问题：本案中，法院适用速裁程序审理的做法是否正确？

案例 2：法院在适用速裁程序审理赵四抢劫一案时，未进行法庭调查和法庭辩论，由于赵四的辩护人庭上言语过分激烈，未听取辩护人意见，在赵四作出最后陈述后，当庭进行宣判。

问题：本案中，法院的审理程序是否存在违法之处？

案例 3：法院决定适用速裁程序审理潘某合同诈骗一案，案件进入法庭审理阶段后，潘某提出自己认罪认罚是由于受到了侦查人员的暴力威胁，潘某不认为自己实施了合同诈骗行为，法院遂转为普通程序审理本案。

问题：本案中，法院转为普通程序审理的做法是否正确？

【解析】

案例 1—问题：本案中，法院适用速裁程序审理的做法是否正确？

答案：不正确。根据相关规定，本案中，被告人甲与被害人没有就附带民事诉讼赔偿事项达成和解协议，不能适用速裁程序。法条依据为《刑诉解释》第 370 条第 6 项。

案例2—问题：本案中，法院的审理程序是否存在违法之处？

答案：**存在，法院不听取辩护人意见的做法错误**。本案适用速裁程序，在**判决宣告前应当听取辩护人的意见**。法条依据为《刑事诉讼法》第224条第1款。

案例3—问题：本案中，法院转为普通程序审理的做法是否正确？

答案：**正确**。根据相关规定，本案中被告人潘某称认罪认罚系受到暴力威胁，意味着潘某**认罪认罚违背自身意愿**，并且**否认被指控的犯罪事实**，法院**应当转为普通程序**审理。法条依据为《刑诉解释》第375条第2项、第3项。

【案情】

张某与陈某均是刚毕业的大学生，同时进入同一公司成为同事，且被公司分到同一宿舍同住。2019年6月18日，张某的女朋友李某到二人宿舍看望张某，陈某与李某因小事发生口角，张某护女朋友心切与陈某扭打起来。陈某因此怀恨在心。某个周末的晚上，陈某趁张某熟睡之机，用提前准备好的木棍猛击张某头部。张某惊醒之后大声呼救，并迅速冲出大楼，随后倒地晕了过去。张某被路过的行人送往医院。张某因被钝器打击致脑震荡。张某向B区公安局报案。B区公安局对此案以故意伤害罪立案，侦查终结并移送B区检察院审查起诉。B区检察院于10月16日向B区法院提起公诉。

B区法院经过庭前审查认为案件事实清楚，决定11月13日开庭，并向辩护人田律师发出开庭通知。陈某指出在侦查中之所以认罪是因为侦查人员将其关在地下室进行讯问，忍受不了而作出的有罪供述，于是申请非法证据排除。鉴于此，B区法院在开庭前召开了庭前会议，通过听取控辩双方的意见及调查证据材料后认为若该口供不排除，会导致庭审中断，因此在庭前会议中将该口供排除了。11月13日，B区法院依法组成合议庭，公开开庭审理了此案。田律师以没有收到起诉书副本为由拒绝出庭。B区法院在审理中发现陈某还犯有盗窃事实，于是建议检察院补充侦查，并作出延期审理的决定。

【问题】

1. B区法院经过庭前审查认为案件事实清楚，决定开庭。请问该法庭的庭前审查活动是否正确？

2. 本案B区法院庭前会议对非法证据的处理是否正确？为什么？

3. 陈某的辩护律师田律师以没有收到起诉书副本为由拒绝出庭是否正确？为什么？

4. 法院建议检察机关补充侦查的做法是否正确？为什么？

5. 法院依法审理后认定的罪名与检察机关指控的罪名不一致，程序上应当如何处理？

【解析】

1. **答**：该法庭的**庭前审查活动不正确**。根据规定，庭前审查应当是程序性审查而非实质性审查，本案中该法庭经过庭前审查认为案件事实清楚而决定开庭，表明该法院在庭前审查活动中进行了实质性审查。法条依据为《刑诉解释》第218条。

2. **答**：**不正确**。按照规定，庭前会议就非法证据等问题**只是了解情况，听取意见**，不能做出决定。而对于可能导致庭审中断的程序性事项，法院可以在庭前会议后依法作出处理，但也不是庭前会议中处理。法条依据为《刑诉解释》第228条。

3. **答**：田律师**以没有收到起诉书副本为由**拒绝出庭的做法是**不正确**的。因为根据《刑事诉讼法》及《律师法》第32条第2款规定，辩护律师只有在以下三种情形有权拒绝辩护：**委托事**

项违法、委托人利用律师提供的服务从事违法活动或者委托人故意隐瞒与案件有关的重要事实的。据此，田律师不能以没有收到起诉书副本为由拒绝出庭。

4. **答**：法院建议检察机关补充侦查的做法不正确。理由是：根据规定，审判期间，只有被告人提出新的立功线索的，人民法院才可以建议人民检察院补充侦查。本案中并不属于被告人提出新的立功线索的情形，因此法院是不能建议检察院补充侦查的。法条依据为《刑诉解释》第277条第2款。

5. **答**：根据规定，法院应当按照审理认定的罪名作出有罪判决；B区法院应当在判决前听取控辩双方的意见，保障被告人、辩护人充分行使辩护权。必要时，可以重新开庭，组织控辩双方围绕被告人的行为构成何罪进行辩论。法条依据为《刑诉解释》第295条第1款第2项、第2款。

KEEP AWAKE

专题六

第二审程序

第二审程序流程图

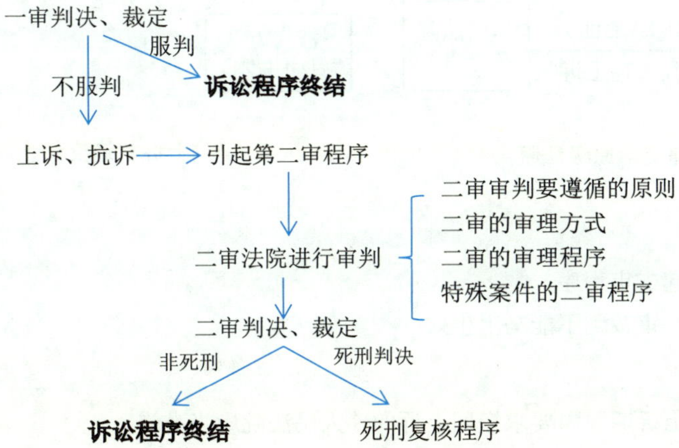

一、如何启动二审程序

（一）上诉如何启动二审程序（当事人针对一审裁判如何救济）

1. 上诉的主体：

（1）独立上诉主体。①被告人、自诉人及其法定代理人不服判决和准许撤回起诉、终止审理等裁定的，有权上诉。②附带民事诉讼的当事人及其法定代理人对一审法院的判决、裁定中的附带民事诉讼部分享有独立上诉权。

（2）非独立上诉主体。被告人的辩护人和近亲属，经被告人同意可以上诉。

【例外：缺席审判程序和违法所得没收程序中的近亲属，享有独立的上诉权】

2. 上诉的期限

（1）【刑事部分】不服判决的上诉、抗诉的期限为 10 日，裁定为 5 日。

（2）【附民部分】对于附带民事诉讼的上诉、抗诉期限，应当按刑事部分的上诉、抗诉期限确定。附带民事部分另行审判的，上诉期限也应当按《刑事诉讼法》规定的期限确定。

3. 上诉的理由：无需理由，只要不服一审判决即可。

4. 上诉的形式与途径

（1）形式：书面或者口头。

（2）途径：上诉状既可以通过第一审法院递交、也可以直接向上一级法院递交。

【注意】上诉是向上一级法院上诉，但是递交上诉状有两种途径递交。

【小结】上诉方式路径图示详解：

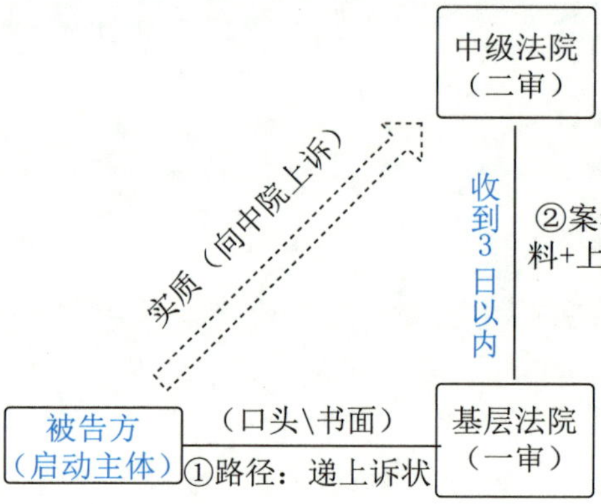

上诉状递交给原级法院

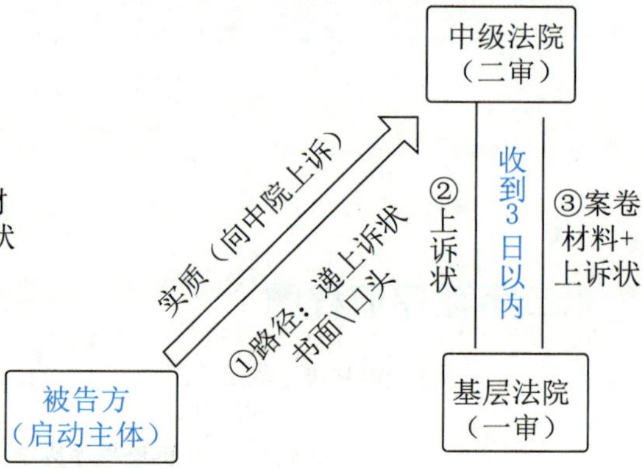

上诉状递交给上级法院

5. 上诉的效力

（1）上诉能引起二审程序。

（2）上诉能使一审裁判不能马上生效。

6. 上诉的撤回

（1）上诉人在上诉期限内要求撤回上诉的，人民法院应当准许。

【注意】是否提出上诉，以其在上诉期满前最后一次的意思表示为准。

（2）上诉期满后要求撤回上诉的，应当由第二审人民法院进行审查。①应当裁定准许——认为原判认定事实和适用法律正确，量刑适当的。②应当裁定不予准许，继续按照上诉案件审理——认为原判确有错误的。

【注意】被判处死刑立即执行的被告人提出上诉，在第二审开庭后宣告裁判前申请撤回上诉的，应当不予准许，继续按照上诉案件审理。

【小案例练习】

案例1：被告人王某不服甲县法院作出的一审判决欲提起上诉。

问题：王某应在什么时间内提出上诉？应向谁提出上诉？

案例2：王某为甲法院一审案件的被告人，甲法院对案件进行审理后作出一审判决。以下人中：（1）王某本人；（2）王某的父亲；（3）王某的辩护律师。

问题：哪些人可以提起上诉？被害人李某是否可以上诉？

【解析】

案例1—问题：王某应在什么时间内提出上诉？应向谁提出上诉？

答案：（1）王某不服甲县法院作出的一审判决，应在收到一审判决书次日起10日内提起上诉。法条依据为《刑事诉讼法》第230条。

（2）王某既可以向原审法院甲县法院递交上诉状，也可以向原审法院的上一级法院递交上诉状。法条依据为《刑事诉讼法》第231条。

案例2—问题：哪些人可以提起上诉？被害人李某是否可以上诉？

答案：王某本人，王某的父亲（近亲属）和辩护律师经王某同意可以提起上诉；

被害人李某不能提起上诉，但是李某收到判决书后5日以内，有权请求检察院提出抗诉。法条依据为《刑事诉讼法》第227条、第229条。

【知识点分析思路总结】当事人不服一审判决如何救济？

（1）被告人自收到判决书之日起10日内有权向上一级法院上诉启动二审程序进行救济。

（2）被害人自收到判决书之日起5日内有权向检察院申请抗诉进行救济。

（3）对于附带民事诉讼部分，附带民事诉讼当事人自收到判决书之日10日内有权向上一级法院上诉启动二审程序进行救济。

（二）检察院抗诉如何启动二审程序（检察院针对一审裁判如何监督）

1. 抗诉的主体：第一审法院的同级人民检察院。

【注意】公诉案件被害人及其法定代理人没有上诉权，也没有抗诉权，只有请求检察院抗诉的权利。(被害人及其法定代理人不服地方各级法院第一审的判决的，自收到判决书后5日以内，有权请求人民检察院提出抗诉。检察院自收到被害人及其法定代理人的请求后5日以内，应当作出是否抗诉的决定并且答复请求人。)

2. 抗诉的期限

（1）【刑事部分】不服判决的上诉、抗诉的期限为10日，裁定为5日。

（2）【附民部分】对于附带民事诉讼的上诉、抗诉期限，应当按刑事部分的上诉、抗诉期限确定。附带民事部分另行审判的，上诉期限也应当按《刑事诉讼法》规定的期限确定。

3. 抗诉的理由：一审判决确有错误。

4. 抗诉的形式与途径

（1）抗诉的形式：必须以书面抗诉。

（2）抗诉的途径：抗诉书只能通过一审法院递交。

【注意1】二审抗诉是向上一级法院抗诉，但是抗诉书只能通过一审法院提出，然后由一审法院连同案卷、证据向上一级法院移送。

【注意2】上级人民检察院如果认为抗诉不当，可以向同级人民法院撤回抗诉，并且通知下级人民检察院。

［小结］二审抗诉路径图示详解：

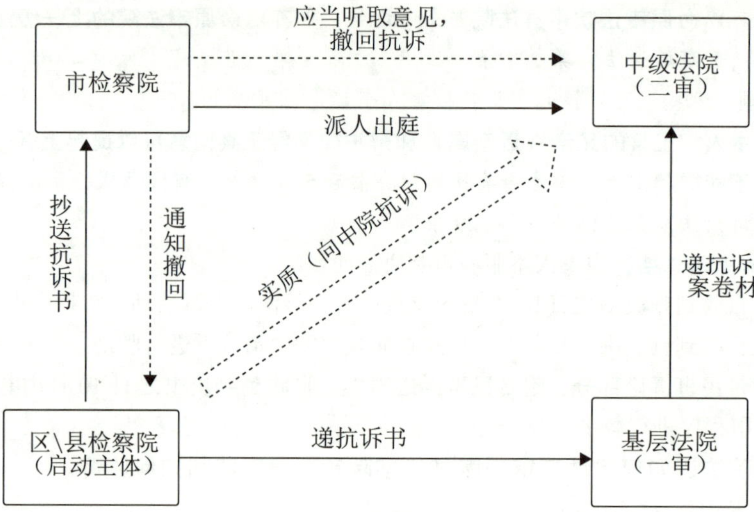

5. 抗诉的效力

（1）抗诉能引起二审程序。

（2）抗诉能使一审裁判不能马上生效。

6. 抗诉的撤回

（1）人民检察院在**抗诉期限内**要求撤回抗诉的，人民法院应当准许。

（2）人民检察院在**抗诉期满后**要求撤回抗诉的，第二审人民法院**可以**裁定准许，但是认为原判存在将无罪判为有罪、轻罪重判等情形的，应当不予准许，继续审理。

【注意1】上级人民检察院认为下级人民检察院抗诉不当，向第二审人民法院要求撤回抗诉的，适用前两款规定。

【注意2】①在上诉、抗诉**期满前撤回上诉、抗诉的**，第一审判决、裁定在上诉、抗诉**期满之日**起生效；

②在上诉、抗诉**期满后要求撤回上诉、抗诉的**，第二审人民法院裁定准许的，第一审判决、裁定应当**自第二审裁定书送达上诉人**或者**抗诉机关之日**起生效。

【知识点分析思路总结】检察院如何监督一审裁判？

检察院自收到判决书之日起10日内有权向上一级法院抗诉启动二审程序进行监督。

二、二审法院如何审理

（一）二审法院的审判组织

应当由审判员组成3人或5人合议庭进行审理。

（二）二审审判的原则

全面审查原则和上诉不加刑原则。

1. 全面审查原则。第二审人民法院应当就第一审判决认定的事实和适用法律进行全面审查，不受上诉或者抗诉范围的限制。共同犯罪的案件只有部分被告人上诉的，应当对全案进行审查，一并处理。具体而言：

（1）不管有无**上诉**或**抗诉**：既要审查上诉或者抗诉的部分，又要审查没有上诉或者抗诉的部分。

（2）不管事实还是法律：既审查一审判决事实是否正确，证据是否确实、充分，又要审查法律有无错误。

（3）不管刑事还是民事：既要审查刑事诉讼部分，又要审查附带民事诉讼部分。

（4）不管实体还是程序：既要审查实体问题，又要审查程序问题。

（5）不管共犯上诉与否：①【部分上诉或部分抗诉】共同犯罪案件，只有部分被告人提出上诉，或者自诉人只对部分被告人的判决提出上诉，或者人民检察院只对部分被告人的判决提出抗诉的，第二审法院应当对全案进行审查，一并处理。（《刑诉解释》第389条）②【上诉人死亡】共同犯罪案件，上诉的被告人死亡，其他被告人未上诉的，第二审人民法院应当对死亡的被告人终止审理；但有证据证明被告人无罪，经缺席审理确认无罪的，应当判决宣告被告人无罪。具有前款规定的情形，第二审人民法院仍应对全案进行审查，对其他同案被告人作出判决、裁定。（《刑诉解释》第390条）

2. 上诉不加刑原则

（1）概念。审理被告人或者其法定代理人、辩护人、近亲属提出上诉的案件，不得对被告人的刑罚作出实质不利的改判。（自诉人上诉或者检察院抗诉的，不受上述规定的限制）

【注意】一审判决后，被告人上诉，检察院或自诉人对刑事部分没有意见，但附带民事诉讼的原告人对附带民事部分的判决提起上诉，二审法院也不得加刑。

（2）具体要求（《刑诉解释》第401条、402条、403条）。《刑诉解释》第401条审理被告人或者其法定代理人、辩护人、近亲属提出上诉的案件，不得对被告人的刑罚作出实质不利的改判，并应当执行下列规定：

①同案审理的案件，只有部分被告人上诉的，既不得加重上诉人的刑罚，也不得加重其他同案被告人的刑罚；

②原判认定的罪名不当的，可以改变罪名，但不得加重刑罚或者对刑罚执行产生不利影响；

③原判认定的罪数不当的，可以改变罪数，并调整刑罚，但不得加重决定执行的刑罚或者对刑罚执行产生不利影响；

【提示】《刑法》第81条第2款规定：累犯以及因故意杀人、强奸、抢劫、绑架、放火、爆炸、投放危险物质或者有组织的暴力性犯罪被判处10年以上有期徒刑、无期徒刑的犯罪分子，不得假释。

④原判对被告人宣告缓刑的，不得撤销缓刑或者延长缓刑考验期；

⑤原判没有宣告职业禁止、禁止令的，不得增加宣告；原判宣告职业禁止、禁止令的，不得增加内容、延长期限；

⑥原判对被告人判处死刑缓期执行没有限制减刑、决定终身监禁的，不得限制减刑、决定终身监禁；

⑦原判判处的刑罚不当、应当适用附加刑而没有适用的，不得直接加重刑罚、适用附加刑。原判判处的刑罚畸轻，必须依法改判的，应当在第二审判决、裁定生效后，依照审判监督程序重新审判。

人民检察院抗诉或者自诉人上诉的案件，不受前款规定的限制。

《刑诉解释》第402条：人民检察院只对部分被告人的判决提出抗诉，或者自诉人只对部分被告人的判决提出上诉的，第二审人民法院不得对其他同案被告人加重刑罚。

《刑诉解释》第403条：被告人或者其法定代理人、辩护人、近亲属提出上诉，人民检察院未提出抗诉的案件，第二审人民法院发回重新审判后，除**有新的犯罪事实**且人民检察院**补充起诉**的以外，原审人民法院不得加重被告人的刑罚。

对前款规定的案件，原审人民法院对上诉**发回**重新审判的案件依法作出判决后，人民检察院**抗诉**的，第二审人民法院不得改判为重于**原审人民法院第一次判处的刑罚**。

【注意】对前款规定的案件，原审人民法院对上诉**发回**重新审判的案件依法作出判决后，人民检察院**抗诉**的，第二审人民法院不得改判为重于**原审人民法院第一次判处的刑罚**。

【上诉不加刑原则的理解与适用的9个例子】

【例1】：甲乙两个人共同犯罪，一审判决生效后，甲不服上诉，乙服判，没有上诉。检察院也没有抗诉。引起了二审程序。

1. 二审法院是否需要审查乙的部分，为什么？

答：根据全面审查原则，需要审查。

2. 二审法院能否加重甲的刑罚，为什么？

答：根据上诉不加刑原则，不可以。

3. 二审法院能否加重乙的刑罚，为什么？

答：不能。如果甲上诉允许二审法院加重乙的刑罚，对乙并不公平。因此如果只有甲上诉，检察院也没有抗诉的，既不能加重甲的刑罚，也不能加重乙的刑罚。

【例2】：甲乙共同犯罪，一审判决生效之后，甲不服上诉。乙服判没有上诉。检察院对甲提起抗诉，但是对乙没有提起抗诉。

1. 二审法院是否需要审查乙的部分，为什么？

答：根据全面审查原则，需要审查。

2. 二审法院能否加重甲的刑罚，为什么？

答：可以，因为检察院对甲抗诉，可以加重甲的刑罚。

3. 二审法院能否加重乙的刑罚，为什么？

答：不可以。有同学可能认为检察院已经提起抗诉就可以加重乙的刑罚。实际上，检察院**抗诉是分离**的，**对谁抗诉才能加重谁**的刑罚。本案中，检察院只对甲提起抗诉，对乙并没有抗诉。所以**只能加重甲**的刑罚。【答题必须清楚检察院的抗诉是针对谁】

【例3】：某人犯甲乙两罪，一审中甲罪被判处有期徒刑10年，乙罪被判处有期徒刑5年。数罪并罚执行12年。一审判决生效之后，被告人不服甲罪，认为10年刑罚过重，但是对乙罪服判。他针对甲罪上诉，检察院没有抗诉。

1. 二审法院是否需要审查乙罪部分，为什么？

答：根据全面审查原则，需要审查。

2. 二审法院经过审查之后，发现甲罪的确判处10年过重，但乙罪判处5年过轻。能否将甲罪改判5年有期徒刑，将乙罪改判10年有期徒刑，同样决定执行的刑罚12年，为什么？

答：**可以**调整刑罚，不管调整后个别罪名的刑罚是比原来个别罪名的刑罚重或轻。但是绝对**不能够加重执行刑罚**。因此，可以将甲罪改判五年有期徒刑，将乙罪改判10年有期徒刑。只要保证总的执行刑期**不超过**原来的12年。【这是新的规定变化，需要注意】

3. 一审时法院判甲乙两罪数罪并罚执行12年。但二审法院审理之后认为同样的事实只构成一罪，能否调整这个罪数，为什么？

答：可以。比如甲罪是盗窃罪，乙罪是抢夺罪，二审法院认为同样的事实只构成抢夺罪，则可以改变罪数为抢夺罪一罪来定罪。但是抢夺罪总刑罚不能超过原来一审中判决的12年。

【归纳小结：数罪并罚的案件，**既能调整罪数，也能调整刑罚**，但绝对**不能加重执行刑罚**，或者**对刑罚产生不利的影响**。】

【例4】：被告人一审被判盗窃罪，判处有期徒刑3年。被告人不服上诉，检察院没有提起抗诉。二审法院经过审查之后认为案件应该判处抢夺罪，且应判处5年有期徒刑。

1. 二审法院能否改判5年？

答：不可以加重刑罚。

2. 二审法院维持3年有期徒刑不变的基础上，能否改为抢夺罪？

答：可以，因为原则上不加刑就可以。

3. 继续问：那改一改，还是这个案情，一审判盗窃罪12年，只有被告人不服上诉，二审法院能不能维持12年不变基础上，将盗窃罪改为绑架罪？

答：不可以。因为绑架罪10年以上是**不能假释**的，而盗窃可以假释，将盗窃罪改成绑架罪之后会导致**刑罚执行产生不利影响**。

【例5】：被告人一审被判处有期徒刑1年，缓期1年执行。被告不服上诉，检察院没有抗诉。二审法院经过审查之后认为有误，能否改判为有期徒刑1年？

答：不可以。如果是宣告缓刑，只有被告人一方上诉的，**既不能够撤销缓刑**，也**不能延长缓刑考验期**。

【例6】：被告一审被判处死刑缓期执行，被告一方上诉，检察院没有抗诉的案件，二审法院能否改判为死刑缓期执行限制减刑，或者决定终身监禁？

答：不能，这也变相加重了刑罚。

【例7】：被告一审被判处抢劫罪有期徒刑13年。被告不服上诉，检察院没有抗诉。二审法院经过审理之后认为抢劫罪定罪正确，但是应该判处15年有期徒刑，即量刑错误。二审法院的正确做法是？

答：只能**维持**原判。二审判决生效后，通过审判监督程序重新审判。特别注意，此处不能发回重审。发回重审有条件限制，量刑错误不属于发回重审的情形。因此，这种情况下二审法院只能维持原判。

【例8】：一审判决中没有宣告禁止令，只有被告人一方上诉的案件，二审法院能否增加禁止令？

答：不可以。同理，如果一审判决禁止令为3年，只有被告人一方上诉的案件，二审法院也不可以延长为5年禁止令。

【例9】：检察院以盗窃罪起诉被告人，一审判处盗窃罪。被告人不服上诉，检察院没有抗诉。二审法院发回重审。审理过程中，检察院发现被告人除了有盗窃事实外，还有抢夺事实，检察院**补充起诉**抢夺罪。

1. 此时原审法院能否加重被告刑罚？

答：可以。第一，有**新的犯罪事实**即抢夺事实。第二，检察院已经**补充起诉**。

2. 如果原审法院在重新审判过程中，检察院认为针对**相同事实**应该以诈骗罪进行起诉，因此变更为诈骗罪。原审法院能否加重被告人的刑罚，为什么？

答：不可以。因为**没有新**的犯罪**事实**，只是起诉罪名错误进行了变更。

3. 如果一审检察院起诉被告人，认为其构成抢夺罪。一审判处抢夺罪，被告人不服上诉，检察院没有抗诉，二审法院发回重审。重审过程中，检察院发现被告除了有抢夺事实以外，还有**暴力抗拒**行为。检察院**变更**罪名为**抢劫罪**起诉。原审法院能否加重他的刑罚？

答：可以。首先，新发现的暴力抗拒行为属于**新的事实**。其次，虽然此处没有使用补充两个字，但是实际已经进行了补充，因为这两种罪名属于刑法中的转化犯情形，**变更为抢劫罪起诉**已经进行了增加。因此，进行判断时不能受补充两个字的影响，必须判断本质是单纯罪名变更还是**因为新事实而转化成他罪**。

【小案例练习】

案例1：王一、王二涉嫌谋杀李四一案由甲市中级法院进行审理后作出一审判决，王一对一审判决表示不服、提出上诉，而王二则表示自己服判。后，甲省高级法院对该案进行二审审理：（1）二审中只对王一那部分进行审查；（2）二审中既审查了一审判决的事实与证据，又审查了一审适用的法律。

问题：上述二审审理是否合法？

案例2：李某、王某涉嫌故意杀人罪，李某对一审判决表示不服提起上诉，王某对一审判决结果表示服判。李某在二审审理过程中突发疾病死亡。

问题：二审法院应如何处理？

案例3：陆某集资诈骗一案由乙县法院一审审结，判处其4年有期徒刑，并处10万元罚金。陆某对一审判决不服提起上诉，二审法院审理后作出“判处其4年有期徒刑，并处10万元罚金。宣告禁止其自刑罚执行完毕之日起3年内不得从事金融、保险相关职业”的二审判决。

问题：二审法院的判决违反了什么原则？为什么？

案例4：张某涉嫌危险驾驶罪由乙县法院一审审结，判处其2年有期徒刑，并宣告缓期2年执行。张某对一审判决不服提出上诉，乙县检察院也提起抗诉。乙市中级法院对该案进行审理，判处张某2年有期徒刑。

问题：乙市中级法院的判决是否正确？

【解析】

案例1—问题：上述二审审理行为是否合法？

答案：**行为（1）违法**。根据法律规定，王一、王二**共同犯罪**，即使只有王一提出了上诉，二审法院也应当对**全案进行审查并一并处理**，而不应当只审查王一那部分。法条依据为《刑事诉讼法》第233条第2款。

行为（2）合法。根据法律规定，二审法院应当就第一审判决认定的**事实**和**适用法律**进行**全面审查**，不受上诉范围的限制，故二审法院的行为（2）正确。法条依据为《刑事诉讼法》第233条第1款。

案例2—问题：二审法院应如何处理？

答案：根据法律规定，本案为**共同犯罪**案件，**上诉人**李某**死亡**则二审法院应当**对李某终止审理**，但是如果有证据**证明李某无罪，且**经缺席审理能够确认李某无罪的，则二审法院应当通过**判决宣告李某无罪**。此外，根据全面审查原则，二审法院应对**全案进行审查**，对王某作出判决、裁定。法条依据为《刑诉解释》第 390 条。

案例 3—问题：二审法院的判决违反了什么原则？

答案：违反了上诉不加刑原则。根据相关规定，本案中仅有被告人陆某上诉，二审法院不得加重陆某的刑罚，但是二审法院在判决中增加了一审判决没有的“职业禁止”，这属于加重了陆某的刑罚，故违反了上诉不加刑原则。法条依据为《刑诉解释》第 401 条第 5 项。

案例 4—问题：乙市中级法院的判决是否正确？

答案：正确。本案中不仅被告人张某提出上诉，检察院也提出了抗诉，所以本案二审不适用上诉不加刑原则，二审法院可以加重张某的刑罚。法条依据为《刑诉解释》第 401 条第 2 款。

（三）二审审理的方式与程序

1. 二审的方式

（1）应当开庭审理的情形。下列案件，应当组成合议庭，开庭审理：

①对第一审认定的事实、证据提出异议，可能影响定罪量刑的；

②被告人被判处死刑（包括死刑立即执行、死缓）的上诉案件；

③人民检察院抗诉的案件；

④应当开庭审理的其他案件。

（2）可不开庭审理的情形。第二审人民法院决定不开庭审理的，应当讯问被告人，听取其他当事人、辩护人、诉讼代理人的意见。合议庭全体成员应当阅卷，必要时应当提交书面阅卷意见。

【注意】二审不开庭不是书面审理，而是调查讯问式审理。

2. 二审的审理程序

（1）地点：可以到案件发生地或者原审人民法院所在地进行。（也可在二审法院）

（2）出庭。①二审法院开庭审理的公诉案件，同级检察院都应派员出庭。②抗诉案件，检察院接到开庭通知后不派员出庭，且未说明原因的，法院可以裁定按检察院撤回抗诉处理，并通知一审法院和当事人。

（3）阅卷。开庭审理二审公诉案件，应当在决定开庭审理后及时通知检察院查阅案卷。检察院应当在 1 个月以内查阅完毕。自通知后的第二日起，检察院查阅案卷的时间不计入审理期限。

（4）辩护。①在二审中，被告人除自行辩护外，还可继续委托第一审辩护人或另行委托辩护人辩护；②共同犯罪案件，只有部分被告人提出上诉或检察院只对部分被告人的判决提出抗诉的，其他同案被告人也可以委托辩护人辩护。

（5）新证据处理。二审期间，检察院或被告人及其辩护人提交新证据的，法院应当及时通知对方查阅、摘抄或复制。

（6）同案被告人的出庭。对同案审理案件中未上诉的被告人，未被申请出庭或法院认为没有必要到庭的，可以不再传唤到庭。

3. 二审的审限【2+2+X】

（1）应当在2个月以内审结。

（2）可能判处死刑的案件或者附带民事诉讼的案件，以及有刑诉法158条规定（交、集、流、广）情形之一的，经高级人民法院批准或者决定，可以延长2个月。

（3）因特殊情况还需要延长的，报请最高人民法院批准。

【注意】最高人民法院受理上诉、抗诉案件的审理期限，由最高人民法院决定。

4. 代为宣判和送达

（1）第二审法院可以委托第一审人民法院代为宣判，并向当事人送达第二审判决书、裁定书。委托宣判的，第二审人民法院应当直接向同级检察院送达第二审判决书、裁定书。

（2）二审裁判是终审判决和裁定，所以自宣告之日起发生法律效力。

【小案例练习】

案例1：陆某涉嫌组织黑社会犯罪被一审法院判处死刑立即执行，陆某不服提起上诉，检察院也提起抗诉。二审法院对该案进行了不开庭审理，认为该案事实清楚、证据确实充分，遂作出维持原判的裁定。

问题：二审法院的做法是否正确？

案例2：甲市中级法院作为陆某故意伤害一案（有附带民事诉讼）的二审法院，认为案件审理比较复杂，遂自行决定将审理期限延长2个月。

问题：甲市中级法院的做法是否正确？

【解析】

案例1—问题：二审法院的做法是否正确？

答案：不正确。根据法律规定，本案中陆某一审被判处死刑立即执行，检察院也提起了抗诉，所以二审法院应当开庭审理，而非不开庭审理。法条依据为《刑事诉讼法》第234条第1款。

案例2—问题：甲市中级法院的做法是否正确？

答案：不正确。根据法律规定，本案有附带民事诉讼，可以延长审理期限，但是应当经高级法院批准或者决定，甲市中级法院不得自行决定延长审限。法条依据为《刑事诉讼法》第243条第1款。

三、二审的审理结果（《刑诉法》第236条）

维持原判（裁定）	（1）一审裁判没有任何错误，二审维持原判； （2）一审量刑过轻，但受上诉不加刑原则的限制，维持原判。	
改判（判决）	应当改判	【法律、量刑】原判决认定事实没有错误，但适用法律有错误或者量刑不当的，应当改判。
	可以改判	【事实】原判决事实不清楚或者证据不足的，可以在查清事实后改判。

续表

发回重审（裁定）	可以发回	【事实】原判决事实不清楚或者证据不足的，可以裁定撤销原判，发回原审人民法院重新审判。 【注意】此情形发回重审只能发回一次。
	应当发回	【程序】①违反《刑事诉讼法》有关公开审判的规定的； ②违反回避制度的； ③审判组织的组成不合法的； ④剥夺、限制了当事人的法定诉讼权利，可能影响公正审判的； ⑤其他违反法律规定的诉讼程序，可能影响公正审判的。

【总结】二审审理结果

①没错——维持；

②事实不清，证据不足——可以发回重审，也可以查清的基础上改判（只能发回一次）；

③程序错误——应当发回重审；

④量刑错误——应当改判。如果只有被告人一方上诉，即受制于上诉不加刑原则，而又想加重刑罚的，只能维持原判。

【小案例练习】

案例1：王某涉嫌故意杀人罪被B市中级法院判处无期徒刑。王某不服一审判决向B市高级法院提出上诉。二审法院经审理认为案件事实不清、证据不足，发回B市中级法院重审。B市中级法院再次做出判决后，王某上诉。B市高级法院审查后仍认为本案事实不清、证据不足，遂再次将案件发回重审。

问题：B市高级法院再次将案件发回重审的做法是否正确？

案例2：A市M区法院审理小李（15岁）抢劫一案时，小李并未委托辩护人为其辩护，M区法院也没有为小李指定辩护律师。一审判决宣告后小李表示不服判决、提起上诉，A市中级法院对本案进行二审审理。

问题：A市中级法院应如何处理？

案例3：A市S区法院对王某敲诈勒索一案作出一审宣判，判决王某有期徒刑2年，并处罚金5万元。S区检察院提出抗诉，认为一审法院量刑畸轻。A市中级法院对该案审理后认为原判事实不清、证据不足。

问题：A市中级法院应如何处理？

【解析】

案例1—问题：B市高级法院再次将案件发回重审的做法是否正确？

答案：不正确。本案中B市高级法院此前已经以"原判事实不清、证据不足"为由将案件发回重审一次，根据法律规定，原审法院依法作出裁判后，被告人上诉、检察院抗诉的，二审法院不得再将案件发回重审。法条依据为《刑诉解释》第405条。

案例2—问题：A市中级法院应如何处理？

答案：A市中级法院应裁定撤销原判，发回M区法院重新审判。小李是未成年人、是法定指定辩护主体之一，A市M区法院在审理小李一案时，没有为小李指定辩护律师，这侵害了小李的法定辩护权。根据法律规定，二审法院应当撤销原判，将本案发回重审。法条依据为《刑事诉讼法》第238条第3项。

案例3—问题：A市中级法院应如何处理？

答案：A市中级法院经审查认为原判事实不清或者证据不足的，既可以查清事实后改判，也可以撤销原判、发回原审法院（A市S区法院）重审。法条依据为《刑事诉讼法》第236条第1款第3项。

四、特殊案件的二审程序

（一）共同犯罪案件

1. 共犯二审的全面审查问题：只有部分被告人提出上诉，或者自诉人只对部分被告人的判决提出上诉，或者人民检察院只对部分被告人的判决提出抗诉的，第二审法院应当对全案进行审查，一并处理。

2. 共犯死亡的处理问题：上诉的被告人死亡，其他被告人未上诉的，第二审法院仍应对全案进行审查。经审查，死亡的被告人不构成犯罪的，应当宣告无罪；构成犯罪的，应当终止审理。对其他同案被告人仍应作出判决、裁定。

3. 共犯的上诉不加刑问题

（1）共同犯罪案件，只有部分被告人提出上诉的，既不能加重提出上诉的被告人的刑罚，也不能加重其他同案被告人的刑罚。

（2）共同犯罪案件，人民检察院只对部分被告人的判决提出抗诉的，第二审人民法院对其他第一审被告人不得加重刑罚。

4【到庭】对同案审理案件中未上诉的被告人，未被申请出庭或者人民法院认为没有必要到庭的，可以不再传唤到庭。

5【出庭】同案审理的案件，未提出上诉、人民检察院也未对其判决提出抗诉的被告人要求出庭的，应当准许。出庭的被告人可以参加法庭调查和辩论。

6.【辩护】共同犯罪案件，只有部分被告人提出上诉，或者自诉人只对部分被告人的判决提出上诉，或者人民检察院只对部分被告人的判决提出抗诉的，其他同案被告人也可以委托辩护人辩护。

7.【分案与并案处理】有多名被告人的案件，部分被告人的犯罪事实不清、证据不足或者有新的犯罪事实需要追诉，且有关犯罪与其他同案被告人没有关联的，第二审人民法院根据案件情况，可以对该部分被告人分案处理，将该部分被告人发回原审人民法院重新审判。原审人民法院重新作出判决后，被告人上诉或者人民检察院抗诉，其他被告人的案件尚未作出第二审判决、裁定的，第二审人民法院可以并案审理。（《刑诉解释》第404条第2款）

【例】问：甲乙为共同犯罪案件被告人，在案件二审程序审理过程中，法院发现甲的犯罪事实不清，证据不足，但是乙的犯罪事实清楚，应当如何处理？

答：二审法院可以将甲分案处理，发回重审，继续审理乙的部分。二审法院发回重审且原审法院重新作出判决后，甲提起上诉或者检察院又抗诉的，如果二审法院对乙尚未作出裁判，可以把甲乙并案审理。这样规定的目的是为了诉讼效率的提高。

（二）自诉案件的二审程序

1. 二审的反诉：二审反诉的，人民法院应当告知其另行起诉；

2. 二审的调解：可以进行调解，应当制作调解书，第一审判决、裁定视为自动撤销；

3. 二审的**和解**：自行和解的，由法院**裁定准许撤回自诉，并撤销第一审判决或者裁定**。

（三）附带民事诉讼的二审程序

关于附带民事诉讼的二审程序的内容，详见专题十 附带民事诉讼。

【小案例练习】

案例 1：小霍向S市M区法院提起刑事自诉，起诉小陈诽谤自己。S市M区法院对本案作出了一审判决，小陈不服，提起上诉。二审中：(1) 小陈提起反诉，S市中级法院准许；(2) S市中级法院对小霍和小陈进行调解，但并未制作调解书；(3) 小霍和小陈自愿和解，S市中级法院裁定准许撤回自诉并撤销一审判决。

问题：上述三种情形中S市法院的做法是否正确？

【解析】

案例 1—问题：上述三种情形中S市法院的做法是否正确？

答案：**情形（1）中S市中级法院的做法错误**。根据法律规定，**二审中**被告人提起**反诉**的，法院**应当告知**其**另行起诉**。法条依据为《刑诉解释》第412条。

情形（2）中S市中级法院的做法错误。根据法律规定，S市中级法院**可以**对小霍和小陈**进行调解**，但是**应当制作调解书**。所以S市中级法院未制作调解书的做法是错误的。法条依据为《刑诉解释》第411条。

情形（3）中S市中级法院的做法正确。根据法律规定，S市中级法院经审查确定小霍和小陈属于**自愿和解**的，应当**裁定准许撤回自诉**并**撤销一审判决**。法条依据为《刑诉解释》第411条。

【知识点分析思路总结】“二审法院如何处理本案”“二审法院应当如何判决本案”“二审法院处理本案的程序步骤是什么”等问题的答题模板：

（1）二审法院应当由审判员3人或5人组成合议庭进行审理。法条依据为《刑诉法》第183条第4款、第234条第1款。

（2）①二审法院应当开庭审理。本案二审程序是检察院抗诉引起的/针对事实、证据有异议上诉引起的/有死刑（视案情而定），符合应当开庭审理的情形，故二审法院应当开庭审理。法条依据为《刑诉法》第234条第1款。

②二审法院可以不开庭审理。根据刑诉法规定，检察院抗诉引起的/针对事实、证据有异议上诉引起的/有死刑情形的二审程序应当开庭审理，但本案不属于应当开庭审的三种情形之一，**可以不开庭，但应当讯问被告人，听取其他当事人、辩护人、诉讼代理人的意见**。法条依据为《刑诉法》第234条。

注意：究竟答①还是②得视案情而定。

（3）二审法院审理时，应当遵循上诉不加刑原则和全面审查原则进行审理。法条依据为《刑诉法》第233条、237条。

（4）二审法院应当在2个月内审结。法条依据为《刑诉法》第243条。

（5）二审法院应当根据审理的情况作出判决：如果事实清楚、证据确实充分，维持原判。如果事实不清证据不足，可查清基础上改判，也可以撤销原判，发回重审。（但如果已经以此理由发回过一次的，就不能以此为理由再发回。）程序错误的，应当发回重审。适用法律错误、量刑错误，应当改判。但受制上诉不加刑的，又想加重刑罚的，只能维持原判。法条依据为《刑诉法》第236条、238条。

KEEP AWAKE

专题七 死刑复核程序

第一节 死刑立即执行案件的复核程序

【导论】死刑立即执行案件复核程序流程图（中级法院一审判死刑立即执行）

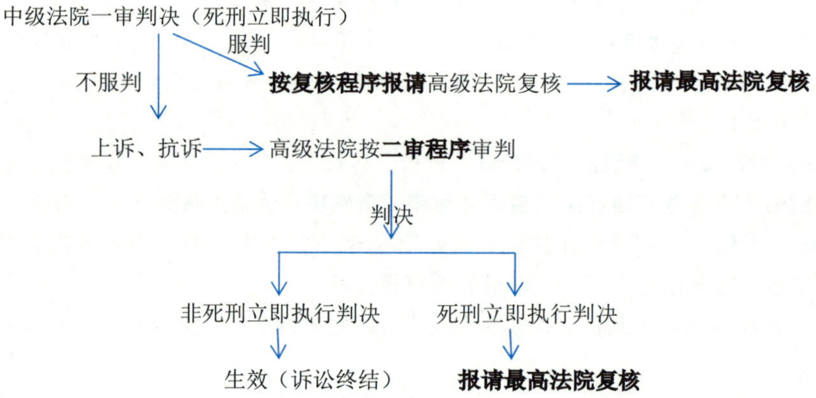

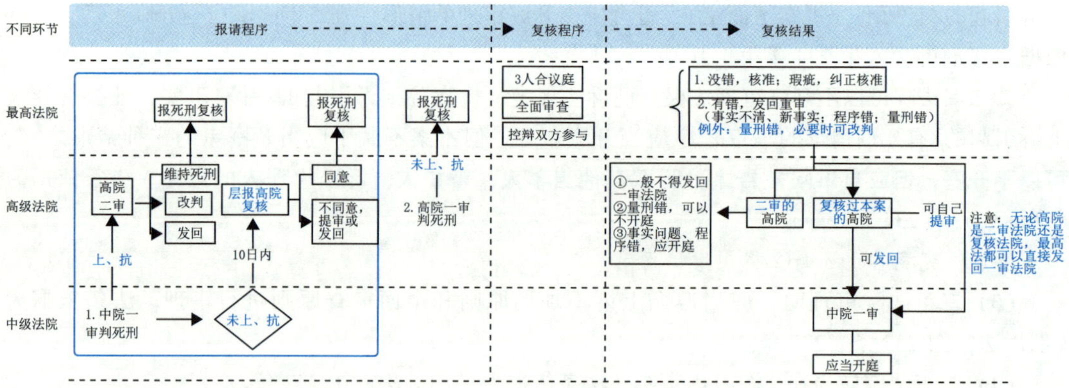

一、判处死刑立即执行案件的报请程序（如何报请）

（一）核准权：最高人民法院

（二）报请程序

1. 中级人民法院一审判处死刑立即执行的案件①

（1）不上诉、抗诉的：【层层上报】上诉、抗诉期满后**10日以内**报请高级法院复核。高级法院同意判处死刑的，应当在作出裁定后10日以内报请最高人民法院核准。高级人民认为原判认定的某一具体事实或者引用的法律条款等存在瑕疵，但判处被告人死刑并无不当的，可以在纠正后作出核准的判决、裁定。作出裁判后10日以内报请最高人民法院核准。

【注意】高级人民法院不同意判处死刑的，应当依照二审程序提审或者发回重新审判。

（2）上诉或抗诉的：①【报请核准】高级人民法院裁定维持原判的，应当在作出裁定后10日以内报请最高院核准；②【直接改判】高级人民法院如果认为不应当判处死刑的，直接用二审改判，生效。

【注意1】对于此类型案件高级人民法院并不走复核程序。

【注意2】某案件由中院一审判处死刑立即执行后、报请最高人民法院复核前，并不必然经过高级人民法院的复核程序。中间经过的程序既有可能是高级人民法院的二审，也有可能是高级人民法院的复核。判断经过的是何种程序，要看该案是否上诉或抗诉。

【总结】中级法院一审判处死刑立即执行案件的后续程序流程图

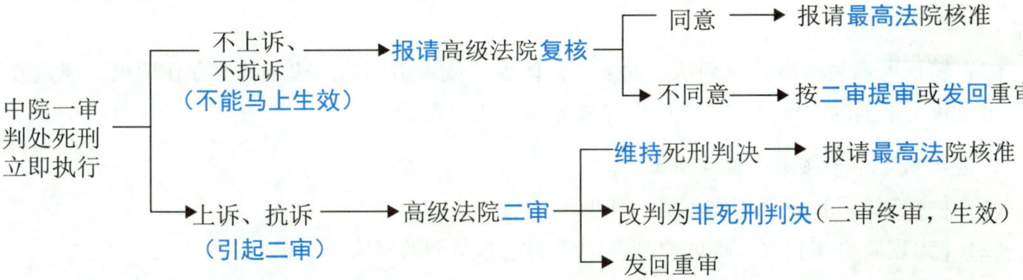

【例】问：甲因故意杀人被中级法院判处死刑立即执行。甲上诉后，高级法院裁定维持原判。关于本案，以下说法是否正确：高级法院应先复核再报请最高法院核准？

答：错误。由于甲上诉了，高级法院适用二审程序审理，审理后维持死刑立即执行，在作出裁定后10日内报请最高法院核准即可，高级法院无须自己再复核一遍。

2. 高级法院一审判处死刑立即执行的案件。不上诉、不抗诉的：在上诉、抗诉期满后**10日以内**报请最高人民法院核准。

【注意】上诉、抗诉的：由**最高法院**按照**二审**程序审理，不存在最高人民法院复核的问题。

二、判处死刑立即执行案件的复核程序（如何复核）

1. 审判组织：审判员3人组成合议庭进行。

2. 复核原则：遵循全面审查原则，对**事实**认定、**法律**适用和诉讼**程序**进行**全面审查**。

【注意】共同犯罪案件中，**部分被告人**被判处死刑的，应当对**全案进行审查**，但**不影响对其**

① 死刑案件的一审法院最低级别是中级法院，当然，高级人民法院和最高人民法院也可以是死刑案件的一审法院。如果最高人民法院一审判处死刑立即执行的案件，由于最高人民法院已经经过了一审程序，因此不存在复核问题。据此，判处死刑立即执行案件的报请程序，存在两种情形，即中级法院一审判处死刑立即执行案件的报请程序和高级法院一审判处死刑立即执行案件的报请程序。

他被告人生效判决、裁定的执行；发现对其他被告人已经发生法律效力的判决、裁定确有错误时，可以指令原审人民法院再审。

3. 复核方式：强调控辩双方的参与

（1）最高人民法院复核死刑案件，应当讯问被告人。

（2）审查核实案卷材料。

（3）辩护律师提出要求的，应当听取辩护律师的意见。

【注意】辩护律师要求当面反映意见的，应当在办公场所听取意见，并制作笔录。辩护律师提出书面意见的，应当附卷。

（4）最高人民检察院可以向最高院提出意见。最高人民法院应当将死刑复核结果通报最高检。

【提示】最高人民法院复核死刑案件不是书面审理，而是调查讯问式审理。

三、判处死刑立即执行案件复核后的结果（复核结果）

1. 裁定核准

（1）直接核准：原判认定事实和适用法律正确、量刑适当、诉讼程序合法的，应当裁定核准；

（2）纠正瑕疵后核准：原判认定的某一具体事实或者引用的法律条款等存在瑕疵，但判处被告人死刑并无不当的，可以在纠正后作出核准的判决、裁定。

2. 应当裁定不予核准，发回重审

（1）【事实错误】原判事实不清、证据不足的；

（2）【出现新事实】复核期间出现新的影响定罪量刑的事实、证据的；

（3）【程序错误】原审违反法定诉讼程序，可能影响公正审判的，应当裁定不予核准，并撤销原判，发回重新审判。

3. 一般应当发回重审，必要时可依法改判。【量刑错误】原判认定事实正确、证据充分，但依法不应当判处死刑的，应当裁定不予核准，并撤销原判，发回重新审判；根据案件情况，必要时，也可以依法改判。

【总结】关于死刑立即执行案件复核后的结果，记忆技巧是：没错就核准（瑕疵不是错，纠正后核准），有错就发回重审（量刑错误原则也是发回重审，必要时可改判）。

【例题】问：张某因犯故意杀人罪一审被判处死刑立即执行，张某未上诉，检察机关也未抗诉。最高法院经复核后认为故意杀人罪的死刑判决事实不清、证据不足，最高法院应当如何处理？

答：应当裁定不予核准，并撤销原判，发回重审。

四、最高人民法院复核后发回重审的程序

（一）最高人民法院发回重审的程序要求

由于中级人民法院一审判处死刑立即执行后，高级人民法院区分有没有上诉、抗诉而适用的程序有所不同，因此最高人民法院复核后发回重审的程序也区分高级法院此前报请时适用的不同程序而有所不同。

1. 第一种情形：中级人民法院一审判处死刑立即执行后，有上诉、抗诉的，高级人民法院适用二审程序后维持原判报请最高人民法院核准。最高人民法院裁定不予核准，发回重审的，根据案件情况，可以发回第二审人民法院或者第一审人民法院重新审判。具体而言：

（1）发回第一审人民法院重新审判的，应当开庭审理。

（2）发回第二审人民法院重新审判的，第二审人民法院一般不得发回第一审人民法院重新审判。第二审人民法院重新审判的，可以直接改判；必须通过开庭查清事实、核实证据或者纠正原审程序违法的，应当开庭审理。（《刑诉解释》第430条）

【例】甲省A市中级法院一审判处张三死刑立即执行，被告人张三上诉，甲省高级法院二审后维持死刑立即执行报请最高法院核准，最高法院裁定不予核准，发回重审的，可以发回A市中级法院（一审法院）重新审判，也可以发回甲省高级法院（二审法院）重新审判。发回A市中级法院重新审判的，A市中级法院应当开庭审理。发回甲省高级法院的，甲省高级法院一般不得发回A市中级法院审理。甲省高级法院重新审判的，可以直接改判，必须通过开庭查清事实、核实证据或者纠正原审程序违法的，应当开庭审理。

2. 第二种情形：中级人民法院一审判处死刑立即执行后，没有上诉或抗诉的，高级人民法院适用复核程序复核后同意判处死刑立即执行而继续报请最高人民法院核准。最高人民法院裁定不予核准，发回重审的，可以发回第一审人民法院重新审判，也可以发回复核过本案的高级人民法院重新审判。具体而言：

（1）发回第一审人民法院重新审判的，应当开庭审理。

（2）发回复核过本案的高级人民法院重新审判的，高级人民法院可以依照第二审程序提审或者发回重新审判。（《刑诉解释》第431条）

【提示】最高人民法院发回重审，同样是发回高级法院，应当区分高级法院在往上报请复核时是二审法院还是复核法院而答案有所不同。

（二）发回下级法院后，下级法院重审时的要求

1. 审判组织：最高人民法院裁定不予核准死刑，发回重新审判的案件，原审人民法院应当另行组成合议庭审理。但是，以下两种情形发回重审的除外：

（1）复核期间出现新的影响定罪量刑的事实、证据，发回重新审判的。（出现新事实、证据）

（2）原判认定事实正确、证据充分，但依法不应当判处死刑的，应当裁定不予核准，并撤销原判，发回重新审判的。（量刑错误）

【提示】根据《刑诉解释》第429条规定，最高人民法院发现原判有以下四种错误之一的，发回重审：一是事实错误；二是出现新事实、证据；三是程序错误；四是量刑错误（必要时也可以改判）。发回下级法院后，下级法院重审时只有在因为出现新事实、证据或者量刑错误的情况下，才不另行组成合议庭（即由原来的合议庭审理），也就是说，如果是因为事实错误发回重审或程序错误发回重审的，那么下级法院重审时应当另行组成合议庭。

2. 高级人民法院能否再次发回重新审判

《刑诉解释》第433条 依照《刑诉解释》第430条、第431条发回重新审判的案件，第一审人民法院判处死刑、死刑缓期执行的，上一级人民法院依照第二审程序或者复核程序审理后，应当依法作出判决或者裁定，不得再发回重新审判。但是，第一审人民法院有刑事诉讼法第238条规定的情形①或者违反刑事诉讼法第239条规定②的除外。具体而言：

（1）最高人民法院裁定不予核准死刑，发回中级人民法院（一审法院）重新审判而中级法院又判处死刑立即执行的，被告人仍可以上诉，人民检察院仍可以抗诉。

（2）如果被告人再次上诉或检察院再次抗诉，那么高级人民法院仍然按照二审程序审理。如果被告人没有上诉，检察院也没有抗诉的，中级人民法院仍然需要按照复核程序层报至高级人民法院复核。

（3）高级人民法院不管依照第二审程序或者复核程序审理后，应当依法作出判决或者裁定，不得再发回重新审判，但高级人民法院发现一审程序存在程序错误的除外。

【提示】高级法院二审的处理结果本来有三种：一是没错维持；二是事实不清、证据不足可发回可改判，程序错误应当发回；三是量刑错误应当改判，若受制于上诉不加刑原则又想加重的，维持原判。亦即，高级法院可以在事实不清、证据不足或者程序错误两种情形下发回重审。而高级法院按复核程序审理后有两种处理结果：同意的，继续层报至最高法院；不同意的，可以按二审程序提审或者发回重审。但是，根据《刑诉解释》第433条规定，如果高级法院再次按照二审程序审理后只有在程序错误才能再次发回，而事实不清、证据不足的，只能在查清的基础上改判，而不能发回重审了。同样的，高级法院再次依照复核程序审理后不同意死刑立即执行的，只有在发现一审法院存在程序错误时才能再次发回。

【例】问：甲省A市中级法院判处死刑立即执行，被告人上诉，甲省高级法院依照二审程序审理后维持死刑立即执行，报请最高法院复核。最高法院复核后裁定撤销原判，发回A市中级法院重新审判。A市中级法院又依照一审程序重新审判并再次判处死刑立即执行，被告人仍然不服上诉。甲省高级法院再次按照二审程序审理后认为案件事实不清、证据不足，是否可以撤销原判，再次发回A市中级法院重新审判？

答：不可以。因为不是程序错误。此时甲省高级法院只能在查清的基础上改判。

（4）高级人民法院依照第二审程序审理后仍然维持死刑立即执行的，或者高级人民法院依照复核程序审理后仍然同意死刑立即执行的，仍然继续报请最高人民法院进行复核。最高人民法院的复核程序就完全按照本节（如何复核）的规定进行复核并按照本节（复核结果）在复核后作出相应的处理。亦即，此时最高人民法院复核后发回重审的，不受限制。

【小案例练习】

案例1：王某因犯故意杀人罪被B省D市中级法院判处死刑立即执行，王某不服一审判决上诉，检察机关抗诉。B省高院经过审理，裁定维持原判、裁定于作出之日生效。

问题：B省高院的做法是否正确？

案例2：王某因犯故意杀人罪被B省D市中级法院判处死刑立即执行，王某不服一审判决上诉，检察机关抗诉。B省高院经过审理，裁定维持原判，并报请最高人民法院核准。最高人民法

---

① 《刑事诉讼法》第238条："第二审人民法院发现第一审人民法院的审理有下列违反法律规定的诉讼程序的情形之一的，应当裁定撤销原判，发回原审人民法院重新审判：（1）违反本法有关公开审判的规定的；（2）违反回避制度的；（3）剥夺或者限制了当事人的法定诉讼权利，可能影响公正审判的；（4）审判组织的组成不合法的；（5）其他违反法律规定的诉讼程序，可能影响公正审判的。"

② 《刑事诉讼法》第239条："原审人民法院对于发回重新审判的案件，应当另行组成合议庭，依照第一审程序进行审判。对于重新审判后的判决，依照本法第227条、第228条、第229条的规定可以上诉、抗诉。"

院复核期间认为原判的证据不充分、无法排除合理怀疑，遂裁定不予核准死刑，将案件发回B省D市中级法院重审，B省D市中级法院对本案进行了不开庭审理。

问题：B省D市中级法院的做法是否正确？

案例3：王某因犯故意杀人罪被B省高院判处死刑立即执行，王某未上诉，检察机关未抗诉。最高人民法院复核时发现B省高院审理此案的王法官是被告人王某的哥哥。

问题：最高人民法院应如何处理？

【解析】

案例1—问题：B省高院的做法是否正确？

答案：不正确。根据法律规定，本案中B省高院对案件进行了二审审理并维持了原判、判处王某死刑立即执行，则应该在作出裁定后10日以内报请最高人民法院核准，而非立即生效。法条依据为《刑诉解释》第423条第1款第2项。

案例2—问题：B省D市中级法院的做法是否正确？

答案：不正确。根据法律规定，最高人民法院对死刑判决裁定不予核准、发回第一审人民法院重新审判的，应当开庭审理。故B省D市中院不开庭审理错误。法条依据为《刑诉解释》第430条第3款。

案例3—问题：最高人民法院应如何处理？

答案：最高人民法院应当裁定不予核准，并撤销原判，发回重新审判。本案中，王法官作为王某的哥哥本应回避，但是却对王某一案进行了审理，这违反了回避的相关规定。根据法律规定，最高人民法院复核死刑案件时发现一审违反法定诉讼程序、会影响公正审判，应当裁定不予核准，并撤销原判，发回重新审判。法条依据为《刑诉解释》第429条第6项。

第二节 判处死刑缓期二年执行案件的复核程序

死刑缓期二年执行案件的核准权由高级人民法院统一行使。报请复核的死刑缓期二年执行案件，应当一案一报。报送的材料包括报请复核的报告，第一、二审裁判文书，案件综合报告各五份以及全部案卷、证据。

一、判处死刑缓期二年执行案件的报请程序（如何报请）

（一）核准权

判处死刑缓期二年执行的案件，由高级人民法院核准。

（二）报请程序

中级人民法院判处死刑缓期二年执行的第一审案件，被告人不上诉，人民检察院不抗诉的，在上诉、抗诉期满后，应当报请高级人民法院核准。

【提示1】中级人民法院一审判处死刑缓期二年执行，被告人上诉或者人民检察院抗诉的，高级人民法院是二审法院，因此适用第二审程序审理，所作裁判是终审裁判，没有复核（不存在高级人民法院复核问题，因为只会走一种程序）。

【提示2】高级人民法院一审判处死刑缓期二年执行的案件，也不存在复核程序。

二、判处死刑缓期二年执行案件的复核程序（如何复核）

1. 审判组织：高级人民法院复核死缓的案件，应由审判员3人组成合议庭进行。

2. 复核原则：遵循全面审查原则，对事实认定、法律适用和诉讼程序进行全面审查。

3. 复核方式：(1) 高级人民法院复核死刑缓期二年执行案件，应当讯问被告人。

(2) 审查核实案卷材料。

三、判处死刑缓期二年执行案件复核后的结果（复核结果）

1. 予以核准

(1) 直接核准：事实和适用法律正确、量刑适当、诉讼程序合法，应当裁定予以核准。

(2) 纠正后核准：原判判处被告人死缓并无不当，但具体认定的某一事实或者引用的法律条款等存在瑕疵，可以在纠正后作出核准的判决或者裁定。

2. 发回重审或者改判

(1)【事实错误】原判事实不清、证据不足的，可以裁定不予核准，并撤销原判，发回重新审判，或者依法改判。

(2)【新事实】复核期间出现新的影响定罪量刑的事实、证据的，可以裁定不予核准，并撤销原判，发回重新审判，或者审理后依法改判。

3. 应当依法改判

【法律错误】认为原判过重的，应当依法改判。【复核不加刑】

【注意】高院核准死缓案件，不得以提高审级等方式加重被告人的刑罚。

4. 发回重审

【程序错误】原审违反法定诉讼程序，可能影响公正审判的，应当裁定不予核准，并撤销原判，发回重新审判。

【小案例练习】

案例1： B省H市中级法院对江某贪污一罪进行一审审理，判处江某死刑缓期两年执行，江某未上诉，检察院未抗诉。B省高院复核期间，认为江某贪污数额巨大、情节非常恶劣、社会影响非常不好，故改判为死刑立即执行，报请最高人民法院核准。

问题： B省高院的做法是否正确？

案例2： B省H市中级法院对江某贪污一罪进行一审审理，判处江某死刑缓期两年执行，江某未上诉，检察院未抗诉。B省高院复核期间认为本案社会影响大，故由5名陪审员组成了合议庭对本案进行复核。

问题： B省高院的做法是否正确？

【解析】

案例1—问题： B省高院的做法是否正确？

答案： 不正确。根据法律规定，高院复核死刑缓期执行案件，不得加重被告人的刑罚。而本案中B省高院却在复核期间将死刑缓期执行改判为死刑立即执行、加重了江某的刑罚。法条依据为《刑诉解释》第428条第2款。

案例2—问题：B省高院的做法是否正确？

答案：不正确。根据法律规定，无论是最高人民法院复核死刑案件还是高院复核死刑缓期执行的案件，都应当由审判员3人组成合议庭进行。而本案中B省高院却由5名陪审员组成合议庭对本案进行复核，错误。法条依据为《刑事诉讼法》第249条。

第三节　死刑立即执行判决的执行以及死刑、死缓的变更

一、死刑立即执行判决的执行

1. 执行命令的签发：由最高人民法院院长签发。

2. 执行死刑的机关：第一审人民法院。

3. 执行死刑的程序

（1）由高院交付第一审法院执行。第一审法院接到死刑执行命令后，应当7日以内执行。

【注意】在死刑缓期执行期间故意犯罪，最高人民法院核准执行死刑的，由罪犯服刑地的中级人民法院执行。

（2）死刑采用枪决或者注射等方法执行。采用注射方法执行死刑的，应当在指定的刑场或者羁押场所内执行。采用枪决、注射以外的其他方法执行死刑的，应当事先层报最高院批准。

（3）交付执行3日前通知同级人民检察院派员临场监督。

（4）罪犯的最后会见权：

①第一审人民法院在执行死刑前，应当告知罪犯有权会见其近亲属。罪犯申请会见并提供具体联系方式的，人民法院应当通知其近亲属。确实无法与罪犯近亲属取得联系，或者其近亲属拒绝会见的，应当告知罪犯。罪犯申请通过录音录像等方式留下遗言的，人民法院可以准许。

②罪犯近亲属申请会见的，人民法院应当准许并及时安排，但罪犯拒绝会见的除外。罪犯拒绝会见的，应当记录在案并及时告知其近亲属；必要时，应当录音录像。

③罪犯申请会见未成年子女的，应当经未成年子女的监护人同意；会见可能影响未成年人身心健康的，人民法院可以通过视频方式安排会见，会见时监护人应当在场。

④会见一般在罪犯羁押场所进行。

（5）法院的审判人员现场指挥执行死刑。在执行前需对罪犯验明正身，讯问有无遗言、信札，然后交付执行人员执行死刑。在执行前，如果发现可能有错误，应当暂停执行，报请最高人民法院裁定。执行死刑应当公布，但不应当示众。

（6）执行死刑后，在场书记员应当写成笔录。

二、死刑、死缓执行的变更

（一）死刑执行的变更

1. 变更的情形

执行前，发现有下列情形之一的，应当暂停执行，并层报最高人民法院：

（1）【其他犯罪】罪犯可能有其他犯罪的；

（2）【共犯到案影响量刑】共同犯罪的其他犯罪嫌疑人到案，可能影响罪犯量刑的；

（3）【共犯不死影响量刑】共同犯罪的**其他罪犯被暂停**或者**停止执行死刑**，可能影响罪犯量刑的；

（4）【立功改判】罪犯**揭发重大犯罪**事实或者有其他**重大立功**表现，可能需要改判的；

（5）【怀孕】罪犯**怀孕**的；**（包括怀孕后流产的情形）**

（6）判决、裁定可能有影响定罪量刑的其他错误的。

2. 变更的程序

（1）变更情形的发现

①下级人民法院发现

<1>下级人民法院执行前发现有上述变更情形的，应**暂停执行**死刑，并立即**层报最高人民法院**审批。

<2>最高人民法院经审查：

A. 认为不影响罪犯定罪量刑，应当**决定**下级人民法院继续执行死刑；

B. 认为可能影响罪犯定罪量刑，应当**裁定**下级人民法院停止执行死刑。

②最高人民法院发现

最高人民法院在**执行死刑命令签发后、执行前**，发现有法定停止执行情形的，应当立即裁定下级法院**停止执行**死刑，并将有关材料移交下级法院。

（2）停止后的调查

下级人民法院接到最高人民法院停止执行死刑的裁定后，**应当会同**有关部门调查核实停止执行死刑的事由，并及时将调查结果和意见**层报**最高人民法院审核。

（3）最高人民法院审查

对下级人民法院报送的停止执行死刑的调查结果和意见，由**最高人民法院原作出核准死刑判决、裁定的合议庭负责审查，必要时，另行组成合议庭进行审查**。

3. 最高人民法院审查后的处理

（1）依法改判：确认罪犯正在怀孕的，应当依法改判。

（2）发回重审：

①确有其他犯罪，依法应当追诉的，应当裁定不予核准死刑，撤销原判，发回重新审判；

②确认原裁判有错或有重大立功表现需改判的，应裁定不予核准死刑，撤销原判发回重审。

（3）继续执行：

确认原裁判没有错误，罪犯没有重大立功表现，或者重大立功表现不影响原裁判执行的，应当裁定继续执行原核准死刑的裁判，并由院长**重新**签发执行死刑的命令。

（二）死刑缓期二年执行的变更

1. 死刑缓期二年执行的减刑

（1）减刑条件

①在缓刑执行期间，如果**没有故意犯罪**，**2 年期满**以后，**减为无期**徒刑。

②死缓犯在缓期执行期间，如果确有**重大立功**表现，**2 年期满**以后，**减为 25 年**有期徒刑。

（2）死刑缓期二年执行限制减刑

对被判处死刑缓期执行的**累犯**以及因故意**杀人**、**强奸**、**抢劫**、**绑架**、**放火**、**爆炸**、**投放危险物质**或者有组织的**暴力性犯罪**被判处**死刑缓期二年**执行的犯罪分子，人民法院根据犯罪情节、人身危险性等情况，可以在作出裁判的同时决定对其限制减刑。

（3）管辖法院与裁定时间

对被判处死刑缓期执行的罪犯的减刑，由罪犯服刑地的高级人民法院在收到同级监狱管理机关审核同意的减刑建议书后一个月以内作出裁定。

2. 死刑缓期二年执行被执行死刑

在死刑缓期二年执行期间，如果故意犯罪，情节恶劣的，查证属实，应当执行死刑。此种情况下在判决、裁定发生法律效力后，应当层报最高人民法院核准执行死刑。

【注意1—备案】对故意犯罪未执行死刑的，不再报高级人民法院核准，死刑缓期二年执行的期间重新计算，并层报最高人民法院备案。备案不影响判决、裁定的生效和执行。最高人民法院经备案审查，认为原判不予执行死刑错误，确需改判的，应当依照审判监督程序予以纠正。

【注意2—程序】对死刑缓期二年执行期间故意犯罪的，由罪犯服刑监狱及时侦查，侦查终结后移送人民检察院审查起诉。经人民检察院提起公诉，服刑地的中级人民法院依法审判，所作的判决可以上诉、抗诉。认定构成故意犯罪的判决、裁定发生法律效力后，由作出生效判决、裁定的人民法院依法报请最高人民法院核准死刑。核准后，交罪犯服刑地的中级人民法院执行。

【小案例练习】

案例1： S省P市中级法院对李某组织领导黑社会性质组织一案进行审理，判决李某死刑立即执行，该案层报至最高人民法院，最终核准死刑立即执行并签发执行死刑的命令。在执行死刑前，李某突然向执行法官交代了P市孙某副市长受贿一事。S省P市中级法院立即停止执行对李某的死刑并报告给最高人民法院，最高人民法院审查后发现李某所说为假，作出维持原判的裁定。

问题： 最高人民法院作出维持原判的裁定后，S省P市中级法院能否立即执行对李某的死刑？

案例2： 王某犯故意杀人罪被乙市中级法院判处死刑缓期二年执行，核准后在死刑缓期执行期间，王某于丙市监狱服刑。一日，王某在监狱同张某发生口角，王某将张某殴打致死。

问题： 应该由哪个法院审理王某杀害张某一案？

【解析】

案例1—问题： 最高人民法院作出维持原判的裁定后，S省P市中级法院能否立即执行对李某的死刑？

答案： 不能。本案中李某交代了P市孙某副市长受贿一事，若经查证属实则是重大立功，有可能会对李某的死刑进行改判，所以应停止对李某的执行。尽管查实后发现李某所说为假，但是，停止执行的原因消失后，必须报请最高人民法院院长重新签发执行死刑的命令才能执行。法条依据为《刑事诉讼法》第262条第2款。

案例2—问题： 应该由哪个法院审理王某杀害张某一案？

答案： 应当由丙市中级法院对王某依法审判。根据法律规定，王某在死刑缓期执行期间再次犯罪，应当由罪犯服刑地的中级人民法院（即丙市中院）对其依法审判。法条依据为《刑诉解释》第497条第1款。

【知识点分析思路总结】

一、如何报请部分的出题思路

【出题思路 1】某个中级法院判处死刑立即执行后，某某高级法院应当如何审理？

【出题思路 2】中级法院判处死刑立即执行后，最高法院复核死刑判决之前，是否应当先经过高级法院的复核？

【答题模板】解题的思路是：首先定位清楚这个高级法院是二审法院还是复核法院。

1. 如果高级法院是二审法院，则答题模板如下：

（1）高级法院应当按二审程序审理，由审判员组成合议庭进行审理。

（2）高级法院应当开庭审理。本案二审程序是有死刑立即执行情形，符合应当开庭审理的情形，故二审法院应当开庭审理。

（3）高级法院审理时，应当遵循上诉不加刑原则和全面审查原则进行审理。

（4）高级法院应当在 2 个月内审结。

（5）高级法院应当根据审理的情况作出判决：如果事实清楚、证据确实充分，维持原判。如果事实不清、证据不足可在查清基础上改判，也可以撤销原判，发回重审（但如果已经以此理由发回过一次的，就不能再以此为理由再发回）程序错误的，应当发回重审。适用法律错误、量刑错误，应当改判。但受制于上诉不加刑，又想加重的，只能维持原判。法条依据为《刑诉法》第 234 条、237 条、第 233 条、243 条、236 条。

2. 如果高级法院是复核法院，则答题模板如下：

高级法院应当按复核程序审理。高级法院同意判处死刑的，应当在作出裁定后 10 日以内报请最高人民法院核准。高级人民法院不同意判处死刑的，应当依照二审程序提审或者发回重新审判。

【法条依据】《刑诉解释》第 423 条 报请最高人民法院核准死刑的案件，应当按照下列情形分别处理：

（一）中级人民法院判处死刑的第一审案件，被告人未上诉、人民检察院未抗诉的，在上诉、抗诉期满后十日以内报请高级人民法院复核。高级人民法院同意判处死刑的，应当在作出裁定后十日以内报请最高人民法院核准；认为原判认定的某一具体事实或者引用的法律条款等存在瑕疵，但判处被告人死刑并无不当的，可以在纠正后作出核准的判决、裁定；不同意判处死刑的，应当依照第二审程序提审或者发回重新审判；

（二）中级人民法院判处死刑的第一审案件，被告人上诉或者人民检察院抗诉，高级人民法院裁定维持的，应当在作出裁定后十日以内报请最高人民法院核准；

（三）高级人民法院判处死刑的第一审案件，被告人未上诉、人民检察院未抗诉的，应当在上诉、抗诉期满后十日以内报请最高人民法院核准。

高级人民法院复核死刑案件，应当讯问被告人。

二、最高法院应当如何复核？

（1）最高人民法院复核死刑案件，应当由审判员三人组成合议庭进行。

（2）最高人民法院复核死刑案件，应当讯问被告人，辩护律师提出要求的，应当听取辩护律师的意见。

（3）在复核死刑案件过程中，最高人民检察院可以向最高人民法院提出意见。最高人民法院应当将死刑复核结果通报最高人民检察院。

（4）最高人民法院复核后应当作出相应处理：原判认定事实和适用法律正确、量刑适当、诉讼程序合法的，裁定核准死刑。事实不清、证据不足的，裁定不予核准死刑，撤销原判，发回重审。复核期间出现新的影响定罪量刑的事实、证据的，裁定不予核准死刑，撤销原判，发回重审。原判认定事实正确，但依法不应当判处死刑的，裁定不予核准死刑，撤销原判，发回重审；发现原审违反法律规定诉讼程序，可能影响公正审判的，裁定不予核准死刑，撤销原判，发回重审。法条依据为《刑诉解释》第 429 条。

三、最高法院最后如何处理（复核结果）

没错就核准，有错就发回。（如果是量刑错误，原则是发回，但必要时也可以依法改判）

四、发回重审（发回某某高级法院，该高级法院应当如何审理?）

1. 高级法院是二审法院的答题模板：

高级人民法院一般不能再发回第一审的中级人民法院。高级人民法院重新审判的，应当另行组成合议庭审理。可以直接改判，但必须通过开庭查清事实、核实证据或者纠正原审程序违法的，应当开庭审理。

2. 高级法院是复核法院的答题模板：

高级人民法院可以依照第二审程序提审或者发回一审法院重新审判。

【注意】如果事实不清发回重审的，要看事实不清对定罪量刑的影响程度，如果影响重大的，高级人民法院应当发回一审法院重新审判为宜。

五、往下发回，下级法院重审时对审判组织的要求

原则上，发回重新审判的案件，原审人民法院应当另行组成合议庭进行审理。例外：复核期间出现新的影响定罪量刑的事实、证据的，或者最高人民法院复核后认为原判认定事实正确、证据充分，但依法不应当判处死刑的，裁定不予核准，并撤销原判，发回重新审判的，不另行组成合议庭。（《刑诉解释》第 432 条、第 429 条）

六、共同犯罪中，未被判处死刑的共犯的刑罚执行

《刑诉解释》第 511 条 被判处死刑缓期执行、无期徒刑、有期徒刑、拘役的罪犯，第一审人民法院应当在判决、裁定生效后十日以内，将判决书、裁定书、起诉书副本、自诉状复印件、执行通知书、结案登记表送达公安机关、监狱或者其他执行机关。

《刑诉解释》第 512 条 同案审理的案件中，部分被告人被判处死刑，对未被判处死刑的同案被告人需要羁押执行刑罚的，应当根据前条规定及时交付执行。但是，该同案被告人参与实施有关死刑之罪的，应当在复核讯问被判处死刑的被告人后交付执行。

七、死刑执行的变更

执行前，发现有下列情形之一的，应当暂停执行，并层报最高人民法院：

（1）罪犯可能有其他犯罪的；

（2）共同犯罪的其他犯罪嫌疑人到案，可能影响罪犯量刑的；

（3）共同犯罪的其他罪犯被暂停或者停止执行死刑，可能影响罪犯量刑的；

（4）罪犯揭发重大犯罪事实或者有其他重大立功表现，可能需要改判的；

（5）罪犯怀孕的；

（6）判决、裁定可能有影响定罪量刑的其他错误的。

执行前发现有上述情况的，法院如何处理？

（1）下级法院执行前发现有上述情形的，应暂停执行死刑，并立即层报最高院审批。（2）最高院经审查：a. 认为不影响罪犯定罪量刑的，应当决定下级法院继续执行死刑；b. 认为可能影响罪犯定罪量刑的，应当裁定下级法院停止执行死刑。

【案情】2020年6月3日晚，张一想买小轿车，但是苦于身上没有钱，于是怂恿王二一起想办法“搞点钱”。当晚凌晨2时许，二人偷偷爬进李某的家，趁李某熟睡之际，从其家里盗走现金12万元及一块手表（价值人民币5万元）。二人见李某姿色不错，心生歹意，轮流对李某实施了奸淫行为，在张一实施强奸过程中，因用力过大将李某捂死。王二见情况不妙，拔腿就跑。张一不知所措，怕被人发现于是将李某的尸体扔入附近的湖中，将李某的衣物以及钱包等随身物品藏起来。

2020年6月6日，有人在湖边散步发现了一具尸体，于是向甲省S市公安机关报案。公安机关对尸体进行勘验确定了被害人就是李某。经调查发现张一、王二有重大犯罪嫌疑，因此对二人进行侦查。甲省S市检察院对张一和王二强奸、故意杀人一案提起公诉。S市中级法院开庭审理了此案，于2020年8月24日作出刑事判决：被告人张一犯强奸罪、故意杀人罪，判处死刑，剥夺政治权利终身，并处没收个人全部财产；被告人王二犯强奸罪、故意杀人罪，判处死刑，缓期二年执行。宣判后，被告人张一、王二均不服，提出上诉。甲省高级法院审理后，于2020年10月13日作出刑事裁定，驳回上诉，维持原判。甲省高级法院将被告人张一的死刑判决依法报请最高法院核准。最高法院对该案进行了复核，认为甲省高级法院公开审理违反了法律规定，因此于2020年11月25日裁定不核准死刑，撤销原判，发回重审。

【问题】

1. 在本案中，甲省高级人民法院在将张一的死刑判决报请最高人民法院复核之前，应当如何审理？

2. 最高人民法院复核张一的死刑判决是否可以采用书面审理的方式复核？

3. 如一审宣判后，张一、王二均未上诉，检察机关也未抗诉，对被告人张一、王二的一审判决，中级法院和高级法院分别应当如何处理？

4. 如一审宣判后，张一、王二均未上诉，检察机关也未抗诉，最高人民法院在裁定不核准张一的死刑判决，将该案发回甲省高级人民法院重审的，该法院应当如何处理？

5. 如果最高人民法院核准死刑并下达执行死刑命令后，S市中级法院发现张一可能另案犯有抢劫罪，法院对张一应当如何处理？

6. 王二的死缓判决在二审被维持原判后，对王二是否应当立即交付执行？

【解析】

1. 答：（1）甲省高级法院应当**按二审程序**审理，由**审判员**组成**合议庭**进行审理。

（2）甲省高级法院**应当开庭**审理。本案二审程序有**死刑立即执行**情形，符合应当开庭审理的情形，故二审法院应当开庭审理。

（3）甲省高级法院审理时，应当遵循**上诉不加刑原则**和**全面审查原则**进行审理。

（4）甲省高级法院应当在**2个月**内审结。

（5）甲省高级法院应当根据审理的情况作出判决：如果事实清楚、证据确实充分，**维持原判**。如果事实不清、证据不足可在查清基础上**改判**，也可以撤销原判，**发回**重审（但如果已经以此理由发回过一次的，就不能再以此为理由发回）。**程序错误**的，应当**发回**重审。适用**法律错误、量刑错误**，**应当改判**。但受制于上诉不加刑，又想加重的，只能维持原判。法条依据为《刑诉法》第234条、第237条、第233条、第243条、第236条。

2. 答：**不能**。理由是：根据相关规定，死刑案件的复核除了审查书面材料外，还必须**讯问被告人**，辩护律师**提出要求**的，还**应当听取**辩护律师的意见。最高人民检察院也**可以**向最高法院**提出意见**。因此，死刑复核的方式不是单纯的书面审理，而是调查讯问式审理。法条依据为《刑诉法》第251条。

3. 答：（1）对张一来说，中级人民法院在上诉、抗诉期满后10日内报请高级法院复核。高级人民法院同意判处死刑的，应当在作出裁定后十日以内报请最高人民法院核准；认为原判认定的某一具体事实或者引用的法律条款等存在瑕疵，但判处被告人死刑并无不当的，可以在纠正后作出核准的判决、裁定；不同意判处死刑的，应当依照第二审程序提审或者发回重新审判。法条依据为《刑诉解释》第423条第1项。

（2）对王二来说，中级人民法院在上诉、抗诉期满后应当报请高级法院核准。高级法院同意判处死刑缓期2年执行的，应当裁定予以核准；认为原判事实不清、证据不足的，可以裁定发回原中级人民法院重新审判；认为原判量刑过重的应当依法改判。法条依据为《刑诉解释》第428条。

4. 答：根据规定，高级人民法院可以依照第二审程序提审或者发回一审法院重新审判。法条依据为《刑诉解释》第431条。

5. 答：根据规定，S市中级法院应当暂停死刑的执行，并立即将请求停止执行死刑的报告和发现的漏罪的相关材料层报至最高人民法院。最高法经审查：a. 认为不影响罪犯定罪量刑的，应当决定下级法院继续执行死刑；b. 认为可能影响罪犯定罪量刑的，应当裁定下级法院停止执行死刑。法条依据为《刑诉解释》第500条。

6. 答：根据规定，同案审理的案件中，部分被告人被判处死刑，对未被判处死刑的同案被告人需要羁押执行刑罚的，应当在其判决、裁定生效后10日内交付执行。但是，该同案被告人参与实施有关死刑之罪的，应当在最高人民法院复核讯问被判处死刑的被告人后交付执行。本案中，张一被判处死刑，同案犯王二的判决虽然已经生效，但由于王二参与实施了张一的死刑之罪，只能在最高人民法院复核讯问张一后才能交付执行。法条依据为《刑诉解释》第512条。

专题八 审判监督程序

一、再审的申诉（提起审判监督程序的材料来源）（如何申诉）

提起审判监督程序的材料来源有很多，如当事人及其法定代理人、近亲属的申诉（再审申诉）；人民法院、人民检察院在办案过程中和检察工作时发现的错误裁判；各级人民代表大会提出的纠正错案的议案等。其中，当事人及其法定代理人、近亲属的申诉（再审申诉）是一种最主要的形式。

再审申诉，是当事人及其法定代理人、近亲属认为人民法院已经发生法律效力的判决、裁定有错误，要求人民法院或者人民检察院进行审查处理的一种请求。

（一）再审申诉的一般规定

申诉主体		①当事人及其法定代理人、近亲属。 【注意】近亲属的范围是：上（父母）、下（子女）、左（夫妻）、右（同胞兄弟姐妹）。 ②案外人认为已经发生法律效力的判决、裁定侵害其合法权益，提出申诉的，人民法院应当审查处理。 【注意】申诉可以委托律师代为进行。但律师本身不是申诉主体。
申诉对象		已经发生法律效力的判决、裁定。
申诉效力		①申诉不能停止判决、裁定的执行； ②申诉不能直接引起审判监督程序。
申诉时间	原则	一般而言，刑罚执行完毕后2年内提出申诉，符合条件的，人民法院应当受理。
		【注意】此处的“刑罚执行完毕后2年内”指的是提出申诉的最晚时间。 例1：某罪犯2015年入狱，2021年出狱，则可提出申诉的时间为2015年至2023年。 例2：某罪犯2015年入狱，2021年出狱，剥夺政治权利两年，则可提出申诉的时间为2015年至2025年。 例3：某罪犯2015年入狱，2021年出狱，剥夺政治权利终身，则可提出申诉的时间为2015年至死亡前。
	例外	以下特殊情形下，超过2年的，法院应当受理： ①可能对原审被告人宣告无罪的； ②在期限内向法院申诉，法院未受理的； ③属于疑难、复杂、重大案件的。

续表

申诉的受理	可由人民法院或者人民检察院受理申诉材料。 【注意】申诉主体向人民法院或人民检察院提出申诉，并不以申诉被人民检察院或人民法院驳回为前置条件，没有先后顺序上的要求。

（二）申诉人向人民法院申诉的程序要求

1. 人民法院的审查处理

（1）【原则】审查处理：申诉由终审人民法院审查处理。终审法院驳回申诉的，申诉人对驳回申诉不服的，可以向上一级人民法院申诉。上一级人民法院经审查认为申诉不符合启动审判监督程序的情形的，应当说服申诉人撤回申诉；对仍然坚持申诉的，应当驳回或者通知不予重新审判。（两级申诉制）

【注意】第二审人民法院裁定准许撤回上诉的案件，申诉人对第一审判决提出申诉的，可以由第一审人民法院审查处理。

（2）【越一级申诉——申诉主体越过终审法院，直接向终审法院的上一级法院申诉】上一级法院对未经终审法院审查处理的申诉，①可以告知申诉人向终审人民法院提出申诉；②或者直接交终审人民法院审查处理，并告知申诉人；③案件疑难、复杂、重大的，也可以直接审查处理。

（3）【不能越两级申诉】对未经终审人民法院及其上一级人民法院审查处理，直接向上级人民法院申诉的，上级人民法院应当告知申诉人向下级人民法院提出。

【总结】向人民法院申诉的图例：

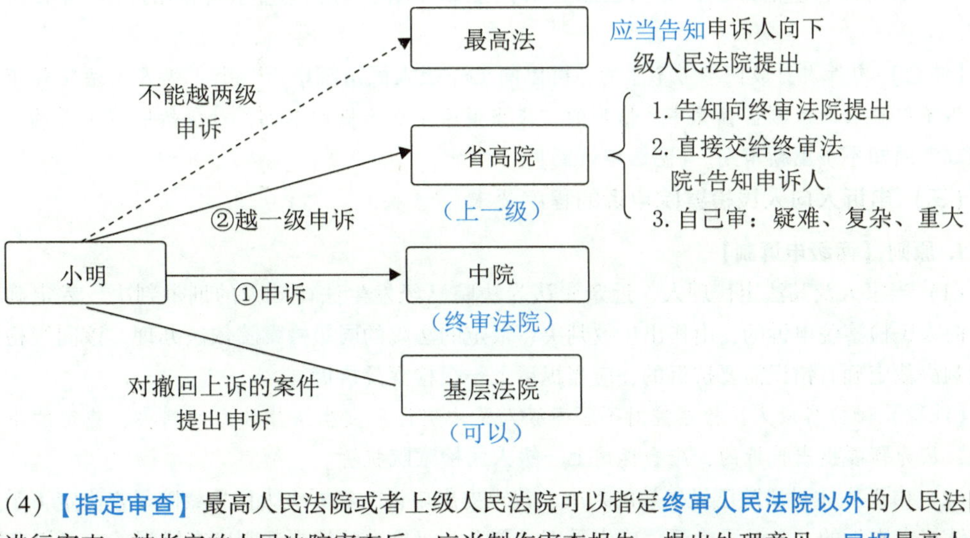

（4）【指定审查】最高人民法院或者上级人民法院可以指定终审人民法院以外的人民法院对申诉进行审查。被指定的人民法院审查后，应当制作审查报告，提出处理意见，层报最高人民法院或者上级人民法院审查处理。

（5）【死刑案件】对死刑案件的申诉，可以由原核准的人民法院直接审查处理，也可以交由原审人民法院审查。原审人民法院应当制作审查报告，提出处理意见，层报原核准的人民法院审查处理。

【注意】对立案审查的申诉案件，人民法院可以听取当事人和原办案单位的意见，也可以对原判据以定罪量刑的证据和新的证据进行核实。必要时，可以进行听证。

2. 审查时间

对立案审查的申诉案件，应当在**3个月**内作出决定，至迟不得超过6个月。因案件疑难、复杂、重大或者其他特殊原因需要延长审查期限的，参照《刑诉解释》第210条的规定处理。①

3. 审查后的处理

（1）应当决定重新审判

经审查，具有下列情形之一的，应当根据《刑事诉讼法》第253条的规定，决定重新审判：

①有**新的证据**证明原判决、裁定认定的事实确有错误，可能影响定罪量刑的；

②据以定罪量刑的证据不确实、不充分、依法应当排除的；

③证明案件事实的主要证据之间存在矛盾的；

④主要事实依据被依法变更或者撤销的；

⑤认定罪名错误的；

⑥量刑明显不当的；

⑦对违法所得或者其他涉案财物的处理确有明显错误的；

⑧违反法律关于溯及力规定的；

⑨违反法定诉讼程序，可能影响公正裁判的；

⑩审判人员在审理该案件时有贪污受贿、徇私舞弊、枉法裁判行为的。（《刑诉解释》第457条第2款）

（2）驳回申诉

申诉不具有上述情形的，应当**说服申诉人撤回申诉**；对仍然坚持申诉的，应当**书面通知驳回**。

【注意】 申诉人对驳回申诉不服的，**可以向上一级人民法院申诉**。上一级人民法院经审查认为申诉不符合启动审判监督程序的情形的，应当说服申诉人撤回申诉；对仍然坚持申诉的，**应当驳回或者通知不予重新审判。（两级申诉制）**

（三）申诉人向人民检察院申诉的程序要求

1. 原则【两级申诉制】

（1）当事人及其法定代理人、近亲属认为法院已经发生法律效力的刑事判决、裁定确有错误，向人民检察院申诉的，由作出生效判决、裁定的法院的**同级检察院**依法办理。该同级检察院认为判决裁定确有错误需要抗诉的，应当提请**上一级**检察院**抗诉**。

【注意】 地方各级人民检察院对不服同级人民法院已经发生法律效力的判决、裁定的申诉复查后，认为需要提出抗诉的，应当提请**上一级人民检察院**抗诉。

（2）申诉主体对法院已经生效的判决、裁定提出申诉，经同级人民检察院复查决定不予抗诉后继续提出申诉的，**上一级检察院**应当受理。该上一级检察院认为裁判确有错误的，可以直接向

---

① 《刑诉解释》第210条规定："对可能判处死刑的案件或者附带民事诉讼的案件，以及有刑事诉讼法第158条规定情形之一的案件，上一级人民法院可以批准延长审理期限一次，期限为3个月。因特殊情况还需要延长的，应当报请最高人民法院批准。申请批准延长审理期限的，应当在期限届满15日以前层报。有权决定的人民法院不同意的，应当在审理期限届满5日以前作出决定。因特殊情况报请最高人民法院批准延长审理期限，最高人民法院经审查，予以批准的，可以延长审理期限1至3个月。期限届满案件仍然不能审结的，可以再次提出申请。"

其同级法院抗诉。

（3）对不服人民法院已经发生法律效力的判决、裁定的申诉，经两级人民检察院办理且省级人民检察院已经复查的，如果没有新的证据，人民检察院不再复查，但原审被告人可能被宣告无罪或者判决、裁定有其他重大错误可能的除外。

2. 越级申诉的处理

申诉主体直接向上级检察院申诉的，上级检察院可以交由作出生效判决、裁定的法院的同级检察院受理；案情重大、疑难、复杂的，上级检察院可以直接受理。

【总结】（再审）申诉与上诉的区别

不同点	申诉	上诉
1. 对象不同	已经发生法律效力的判决、裁定	尚未发生法律效力的一审判决、裁定
2. 提起主体不同	当事人及其法定代理人、近亲属	被告人、自诉人、附民诉讼当事人及其法定代理人、经被告人同意的被告人的辩护人及其近亲属
3. 受理机关不同	原审人民法院及对应的同级人民检察院	原审人民法院及其上一级人民法院
4. 提起期限不同	一般在刑罚执行完毕后 2 年内	判决 10 日；裁定 5 日
5. 后果不同	不停止生效判决、裁定的执行；不能必然引起审判监督程序	上诉必然导致一审判决、裁定不能生效；上诉必然会引起第二审程序

【小案例练习】

案例 1： 陆某诈骗李某五万元，被甲市 A 县法院判处五年有期徒刑，检察院提起抗诉，甲市中级法院审理后裁定维持原判。以下人员和机关中：（1）陆某；（2）李某；（3）陆某的妻子；（4）A 县检察院。

问题： 谁能对本案申诉？

案例 2： 陆某诈骗李某五万元，被甲市 A 县法院判处七年有期徒刑，陆某提起上诉，甲市中级法院审理后裁定维持原判。陆某不服，向最高人民法院递交申诉书，要求对本案启动再审程序重新审理。

问题： 陆某的申诉是否正确？

案例 3： S 省 M 市中级法院对杨某故意杀人一案作出判处杨某死刑缓期二年执行的判决，杨某没有上诉，检察院没有抗诉，S 省高级法院对杨某的死刑缓期执行予以核准。被害人李某的母亲向 S 省高级法院提出申诉。

问题： 李某母亲的申诉应由哪个法院审查处理？

案例 4： 小王刚刚学习了刑事诉讼法的审判监督程序，以下是他的观点：（1）案外人也可以对已经发生法律效力的裁判提出申诉；（2）提出申诉后应当停止原裁判的执行；（3）提出申诉就意味着审判监督程序的启动。

问题：小王的观点是否正确？

案例5：甲市中级法院对杨某故意杀人一案进行审理，判决杨某无期徒刑，杨某提出上诉，在二审开庭审理过程中又撤回上诉，甲省高级法院经审查准予撤回。判决生效后杨某又觉得法院量刑过重，向甲市中级法院提出申诉，却被告知由于杨某提出过上诉，所以其应向甲省高级法院提出申诉，由甲省高级法院审查处理。

问题：甲市中级法院的说法是否正确？

【解析】

案例1—问题：谁能对本案申诉？

答案：陆某、李某、陆某的妻子可以申诉。根据法律规定，本案中陆某和李某为案件的当事人，陆某的妻子为陆某的近亲属，所以陆某、李某和陆某的妻子可以申诉。法条依据为《刑事诉讼法》第252条。

案例2—问题：陆某的申诉是否正确？

答案：不正确。本案的终审法院是甲市中级法院，根据法律规定，申诉应向终审法院提出，也可以越一级向终审法院的上一级法院提出，即陆某可以向甲市中级法院或者甲省高级法院提出申诉，而不能向甲市中级法院的上两级法院（最高人民法院）提出申诉。法条依据为《刑诉解释》第453条第2款、第3款。

案例3—问题：李某母亲的申诉应由哪个法院审查处理？

答案：S省高级法院可以直接审查处理，也可以交由S省M市中级法院审查处理。根据法律规定，对死刑案件（含死刑缓期执行）的申诉，可以由原核准的法院直接审查处理，也可以交由原审法院审查。本案杨某被判处死刑缓期执行，本案的原审法院是S省M市中级法院，所以S省高级法院可以将李某母亲的申诉交由S省M市中级法院审查处理，也可以直接审查处理。法条依据为《刑诉解释》第455条。

案例4—问题：小王的观点是否正确？

答案：观点（1）正确。根据法律规定，案外人认为已经发生法律效力的判决、裁定侵害其合法权益，可以提出申诉。所以小王的观点（1）正确。法条依据为《刑诉解释》第451条。

观点（2）错误。根据法律规定，申诉不能停止判决、裁定的执行。所以小王的观点（2）错误。法条依据为《刑事诉讼法》第252条。

观点（3）错误。根据法律规定，只有经审查符合法定情形的申诉，法院才会对案件重新审判，所以申诉不能直接启动审判监督程序，小王的观点（3）错误。法条依据为《刑事诉讼法》第253条。

案例5—问题：甲市中级法院的说法是否正确？

答案：不正确。本案中杨某确实提出了上诉，甲省高级法院也对本案开庭审理，但是杨某在二审审理过程中经甲省高级法院准许撤回了上诉，杨某撤回上诉即一审判决生效。根据法律规定，第二审法院裁定准许撤回上诉的案件，申诉人对第一审判决提出申诉的，可以由第一审法院审查处理，杨某对第一审判决提出申诉的话，可以由第一审人民法院，也即甲市中级法院审查处理。法条依据为《刑诉解释》第 453 条第 1 款。

二、有权提起审判监督程序的主体（如何启动再审程序）

（一）人民法院

1.【本院院长+审判委员会】各级人民法院院长对本院已经发生法律效力的判决和裁定，如果发现在认定事实上或在适用法律上确有错误，应当提交审判委员会讨论决定是否再审。

2.【最高法院、所有上级法院】最高人民法院对各级法院已经发生法律效力的判决和裁定，上级法院对下级法院已经发生法律效力的判决和裁定，如果发现确有错误，有权提审或者指令下级法院再审。

【注意 1】上级法院提审的，应当按二审程序审理，所作裁判不得上诉、抗诉。

【注意 2】上级法院指令下级人民法院再审的，一般应当指令原审法院以外的下级法院审理；由原审法院审理更有利于查明案件事实、纠正裁判错误的，可以指令原审法院审理。

【总结】在法院系统，有权提起审判监督程序的法院包括：终审法院（由院长提交审判委员会讨论决定）以及终审法院的所有上级法院（包括上一级法院、上上一级法院以及上上上一级法院）。

（二）人民检察院

【最高检、上级检】最高人民检察院对各级人民法院已经发生法律效力的判决和裁定，上级人民检察院对下级法院已经发生法律效力的判决和裁定，如果发现确有错误，有权按照审判监督程序向同级人民法院提起抗诉。

【注意】人民检察院抗诉的案件，接受抗诉的人民法院应当组成合议庭重新审理，对于原判决事实不清或者证据不足的，可以指令下级人民法院再审。

【总结 1】在检察院系统，有权提起审判监督程序的检察院是终审法院的所有上级检察院（包括上一级检察院、上上一级检察院以及上上上一级检察院）或者最高人民检察院。也就是说，除最高人民检察院外，任何终审法院的同级人民检察院均无权提起审判监督程序。终审法院的同级人民检察院受理申诉后认为需要提起审判监督程序的，需报请上一级人民检察院启动。

启动再审的主体：

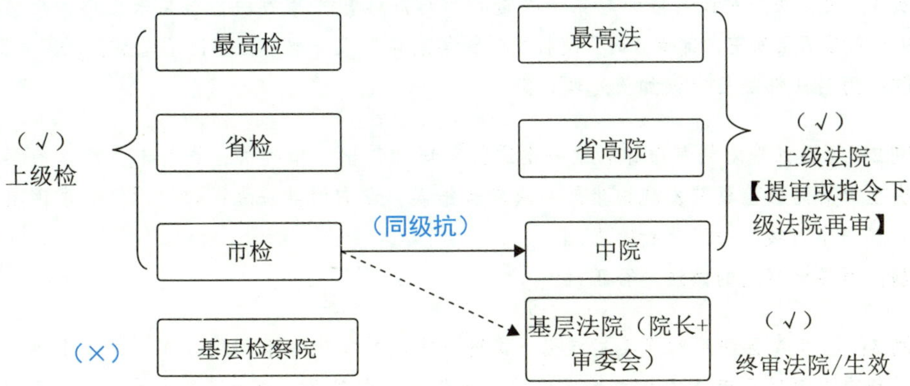

【总结 2】再审抗诉与二审抗诉的区别

不同点	二审抗诉	再审抗诉
1. 对象不同	地方各级法院尚未发生法律效力的一审裁判	已经发生法律效力的判决和裁定
2. 有权抗诉机关不同	原审法院同级人民检察院	原审法院之上级人民检察院或最高检
3. 接受抗诉机关不同	接受二审抗诉的是提出抗诉的人民检察院的上一级法院	接受再审抗诉的是提出抗诉的人民检察院的同级人民法院
4. 提起期限不同	二审抗诉有法定的期限	法律没有对再审抗诉的期限作规定
5. 效力不同	必然导致第一审裁判不发生法律效力	再审抗诉不会停止原判决、裁定的执行

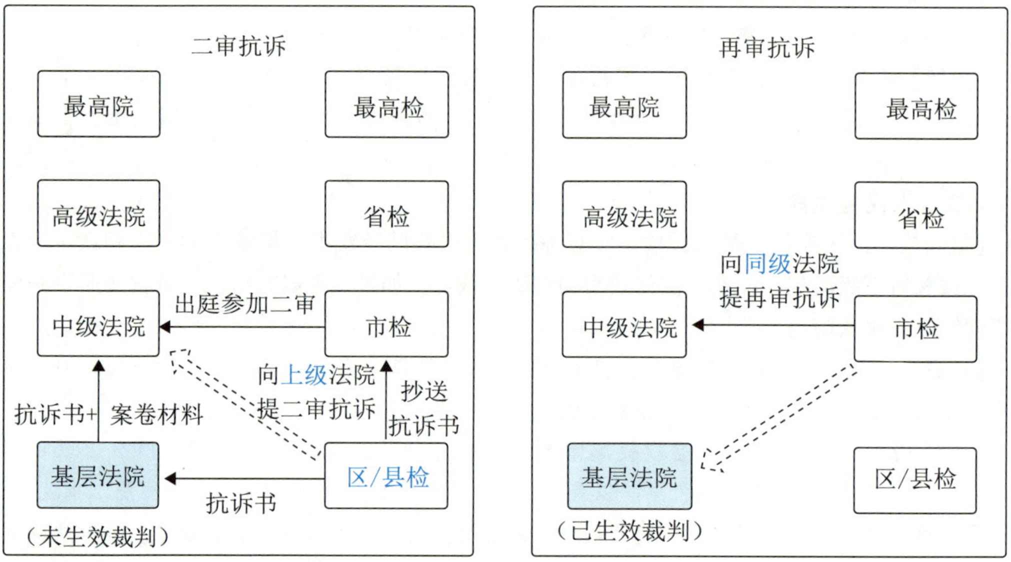

【小案例练习】

案例 1： 丙县法院对钱某敲诈勒索一案进行审理并作出一审判决，钱某未上诉，检察院未抗诉。判决生效后丙县法院内部审查时，院长发现钱某敲诈勒索一案中证据链不完整、认定事实有误。

问题： 丙县法院院长应该如何处理该案？

案例 2： 丙县法院对钱某敲诈勒索一案进行审理并作出一审判决，钱某未上诉，检察院未抗诉。判决生效后丙县检察院发现该生效判决确有错误，遂向丙县法院提起抗诉，要求丙县法院启动审判监督程序对钱某一案重新审理。

问题： 丙县检察院的做法是否正确？

案例 3： 乙市 A 县法院对陈某某诈骗一案进行审理并作出一审判决，陈某某未上诉，检察院未抗诉。判决生效后乙市 A 县检察院发现该生效判决存在错误，遂报请乙市检察院。乙市检察院发现陈某某诈骗一案判决确实有错误，遂向乙市A县法院提出抗诉，要求乙市A县法院启动审判监督程序对该案重新审理。

问题：乙市检察院的做法是否正确？

【解析】

案例1—问题：丙县法院院长应该如何处理该案？

答案：应当将本案提交丙县法院审判委员会讨论决定是否再审。根据法律规定，各级人民法院院长对本院已经发生法律效力的判决和裁定，如果发现在认定事实上或者在适用法律上确有错误，必须提交审判委员会处理。本案中丙县院长认为已经生效的钱某敲诈勒索一案判决证据不充分，认定事实有误，则应当将该案提交丙县法院审判委员会讨论决定是否再审。法条依据为《刑事诉讼法》第254条第1款。

案例2—问题：丙县检察院的做法是否正确？

答案：不正确。已经生效的判决确有错误的应当启动审判监督程序对案件进行重新审理，但能够对丙县法院提出再审抗诉的应当是它的上级检察院，丙县检察院发现丙县法院的生效判决确有错误是不能自己向丙县法院提出再审抗诉的，而应当报请上级检察院，由上级检察院向其同级法院提出再审抗诉。法条依据为《刑事诉讼法》第254条第3款。

案例3—问题：乙市检察院的做法是否正确？

答案：不正确。乙市检察院发现乙市A县法院生效裁判确有错误的，可以提起再审抗诉，但是根据法律规定，乙市检察院应当向其同级法院即乙市中级法院提起再审抗诉，而不是向乙市A县法院提起再审抗诉。法条依据为《刑事诉讼法》第254条第3款。

三、再审的程序

审判组织	另行组成合议庭进行再审。原来审判该案的合议庭成员，应当回避。
适用审级	(1)【原一按一】原来是第一审案件，应当依照第一审程序进行审判，所作的判决、裁定，可以上诉、抗诉。
	(2)【原二按二】原来是第二审案件，【提审按二】或者是上级法院提审的案件，应当依照第二审程序进行审判。所作的判决、裁定，是终审的判决、裁定，不可以上诉、抗诉。
	【注意】对依照审判监督程序重新审判的案件，人民法院在依照第一审程序进行审判的过程中，发现原审被告人还有其他犯罪的，一般应当并案审理，但分案审理更为适宜的，可以分案审理。
再审效力	再审期间不停止原判决、裁定的执行，但被告人可能经再审改判无罪，或者可能经再审减轻原判刑罚而致刑期届满的，可以【决定】中止原判决、裁定的执行，必要时，可以对被告人采取取保候审、监视居住措施。
指令重审	【原则】上级法院指令下级人民法院再审的，一般应当指令原审法院以外的下级法院审理； 【例外】由原审法院审理更有利于查明案件事实、纠正裁判错误的，也可以指令原审法院审理。

续表

审理方式	应当开庭	（1）依照第一审程序审理的。 （2）依照第二审程序需要对事实或者证据进行审理的。 （3）人民检察院按照审判监督程序提出抗诉的。 （4）可能对原审被告人（原审上诉人）加重刑罚的。 （5）有其他应当开庭审理情形的。
		【注意1】法院开庭审理的再审案件，同级检察院应当派员出席法庭。 【注意2】开庭审理再审案件，再审决定书或者抗诉书只针对部分原审被告人，其他同案原审被告人不出庭不影响审理的，可以不出庭参加诉讼。
	可以缺席审判	符合刑事诉讼法第296条（严重疾病）、第297条（被告死亡）规定的，可以缺席审判。
中止审理与终止审理	原审被告人（原审上诉人）收到再审决定书或者抗诉书后下落不明或者收到抗诉书后未到庭的，人民法院应当中止审理；原审被告人（原审上诉人）到案后，恢复审理；如果超过2年仍查无下落的，应当裁定终止审理。	
强制措施	①法院决定再审的案件，需要对被告人采取强制措施的，由法院决定。 ②检察院提出抗诉的再审案件，需要对被告人采取强制措施的，由检察院决定。	
再审审限	应当在作出提审、再审决定之日起3个月以内审结，需要延长期限的，不得超过6个月。	
再审不加刑	除人民检察院抗诉的以外，再审一般不得加重原审被告人的刑罚。再审决定书或者抗诉书只针对部分原审被告人的，不得加重其他同案原审被告人的刑罚。	

四、再审改判后的国家赔偿

（1）《刑诉解释》第474条规定：对再审改判宣告无罪并依法享有申请国家赔偿权利的当事人，人民法院宣判时，应当告知其在判决发生法律效力后可以依法申请国家赔偿。

（2）《国家赔偿法》第21条第4款规定：再审改判无罪的，作出原生效判决的人民法院为赔偿义务机关。二审改判无罪，以及二审发回重审后作无罪处理的，作出一审有罪判决的人民法院为赔偿义务机关。

（3）《国家赔偿法》第22条第2款规定：赔偿请求人要求赔偿，应当先向赔偿义务机关提出。

（4）《国家赔偿法》第39条第1款规定：赔偿请求人请求国家赔偿的时效为2年，自其知道或者应当知道国家机关及其工作人员行使职权时的行为侵犯其人身权、财产权之日起计算，但被羁押等限制人身自由期间不计算在内。在申请行政复议或者提起行政诉讼时一并提出赔偿请求的，适用行政复议法、行政诉讼法有关时效的规定。

【小案例练习】

案例1：M省N市中级法院审理王某故意杀人一案并作出判决王某无期徒刑的一审判决。王某未上诉，检察院未抗诉。三个月后M省检察院对王某故意杀人案进行审查时发现本案判决适用法律错误，遂向M省高级法院提出抗诉。M省高级法院遂组成合议庭按二审程序对王某故意杀人一案重新审理。

问题：M省高级法院的做法是否正确？

案例2：M省N市中级法院审理王某故意杀人一案并作出判决王某无期徒刑的一审判决。王某未上诉，检察院未抗诉。三个月后M省检察院对王某故意杀人案进行审查时发现本案判决适用法律错误，遂向M省高级法院提出抗诉。M省高级法院遂组成合议庭对王某故意杀人一案进行了不开庭审理，适用正确的法律规定对该案重新作出了判决。

问题：M省高级法院的做法是否正确？

【解析】

案例1—问题：M省高级法院的做法是否正确？

答案：正确。本案中适用法律错误的生效判决是M省N市中级法院一审作出的，所以M省高级法院依照审判监督程序对本案重新审理属于上级法院提审，根据法律规定，审判监督程序中上级法院提审的案件，应当依照第二审程序进行审判，所以M省高级法院按二审程序重新审理正确。法条依据为《刑诉解释》第461条第1款、第463条、第466条第2款。

案例2—问题：M省高级法院的做法是否正确？

答案：不正确。本案中M省高级法院是接受M省检察院再审抗诉而启动再审程序的，根据法律规定，检察院按照审判监督程序提出抗诉的，法院审理再审案件时应当依法开庭审理。所以M省高级法院对王某故意杀人一案进行不开庭审理是错误的。法条依据为《刑事再审开庭审理程序的规定（试行）》第5条。

五、再审结果（《刑诉解释》第472条、第473条）

1. 原判正确	应当维持	原判决、裁定认定事实和适用法律正确、量刑适当的，应当裁定驳回申诉或者抗诉，维持原判决、裁定。
2. 有瑕疵	纠正维持	原判决、裁定定罪准确、量刑适当，但在认定事实、适用法律等方面有瑕疵的，应当裁定纠正并维持原判决、裁定。
3. 法律错或量刑不当	应当改判	原判决、裁定认定事实没有错误，但适用法律错误或者量刑不当的，应当撤销原判决、裁定，依法改判。
4. 事实不清或证据不足	可改判 可发回	依照第二审程序审理的案件，原判决、裁定事实不清、证据不足的，可以在查清事实后改判，也可以裁定撤销原判，发回原审人民法院重新审判。 【注意】原判决、裁定事实不清或者证据不足，经审理事实已经查清的，应当根据查清的事实依法裁判；事实仍无法查清，证据不足，不能认定被告人有罪的，应当撤销原判决、裁定，判决宣告被告人无罪。
5. 信息有误	更正	原判决、裁定认定被告人姓名等身份信息有误，但认定事实和适用法律正确、量刑适当的，作出生效判决、裁定的人民法院可以通过裁定对有关信息予以更正。

【知识点分析思路总结】

一、如何申诉（当事人或当事人的近亲属认为生效裁判有错，应当如何救济）

【出题思路1】当事人认为生效裁判有错，向法院申诉的程序要求是什么？

【出题思路2】案件生效后XXX的父亲向检察院申诉，程序要求是什么？

第一种情形，向法院申诉的程序要求：

1. 没有指出向哪个法院申诉的

答：（1）申诉人首先应当向终审法院（此处应当根据本案具体化为XXX法院）申诉。终审法院应当受理。终审法院驳回申诉的，当事人可以继续向上一级法院申诉。上一级法院应当审查处理。上一级人民法院经审查认为申诉不符合启动再审程序的条件的，应当说服申诉人撤回申诉；对仍然坚持申诉的，应当驳回或者通知不予重新审判。

（2）如果当事人未经终审法院处理而直接向上一级法院申诉的，可以告知申诉人向终审法院提出申诉，或者直接交终审法院审查处理，并告知申诉人；案件疑难、复杂、重大的，也可以直接审查处理。

（3）如果申诉人直接向上上级法院申诉的，该上上级法院应当告知申诉人向下级法院提出申诉。

2. 如果指出向具体哪个法院申诉，则先定位清楚终审法院在哪里，然后根据终审法院，看其是向终审法院申诉还是越一级申诉还是越两级申诉，对应答上述（1）或（2）或（3）的内容。

第二种情形，向检察院申诉的程序要求：

1. 没有指出向哪个检察院申诉的

答：（1）申诉人首先应当向终审法院的同级检察院提出，该同级检察院应当受理。该同级检察院认为判决裁定确有错误需要抗诉的，应当提请上一级检察院抗诉。该同级检察院决定不予抗诉的，申诉人可以向该同级检察院的上一级检察院申诉。上一级检察院应当受理。该上一级检察院认为裁判确有错误的，可以直接向其同级法院抗诉。如果该上一级检察院决定不予抗诉的，经省市两级检察院办理后，没有新的事实和证据不再立案复查。

（2）如果申诉人直接向上级检察院申诉，上级检察院可以交由作出生效判决、裁定的法院的同级检察院受理；案情重大、疑难、复杂的，上级检察院可以直接受理。

2. 如果指出向具体哪个检察院申诉，则先定位清楚终审法院在哪里，然后根据终审法院，看其是向终审法院的同级检察院申诉还是越级申诉，对应答上述（1）或（2）的内容。

二、如何启动再审程序

（一）法院如何启动（法院认为生效裁判有错，应当如何纠正）

1. 启动主体：终审法院以及终审法院的所有上级法院

2. 启动方式：决定

3. 程序要求（答题模板）

（1）终审法院启动的：针对本院的生效裁判，由院长提交审判委员会讨论决定，从而制作再审决定书启动再审程序予以纠正。启动后，终审法院另行组成合议庭按XX审程序（取决于终审时是几审）进行再审。

（2）上级法院启动的：某某法院可以直接制作再审决定书启动再审程序予以纠正。某某法院决定再审的，可以提审也可以指令下级法院再审。如果提审，某某法院应当按二审程序组成合议庭进行审理，所作裁判即为终审裁判，不得上诉、抗诉。如果指令下级法院再审，一般应当指令原审法院（把原审法院指出来）以外的下级法院（指与原审法院同级的其他下级法院）按XX审程序（取决于原审法院终审时是几审程序）再审；如果指令原审法院更有利于查明案件事实真相，纠正错误的，也可以指令原审法院再审。

（二）检察院如何启动（检察院认为生效裁判有错，应当如何纠正）

1. 启动主体：终审法院的所有上级检察院或者最高检察院

2. 启动方式：抗诉

3. 程序要求（答题模板）

某某检察院有权按照审判监督程序向其同级人民法院提起抗诉进行纠正。提起抗诉后，接受其抗诉的法院应当组成合议庭审理。如果原判事实不清、证据不足，包括有新的证据证明原判可能有错误，需要指令下级人民法院再审的，也可以指令下级法院再审。

【案情】

2017年10月上午，甲省B市西郊玉米地发现一具女尸。经过尸体检验确定被害人为聂庄村的村民。聂庄村的聂某一因被B市公安局郊区分局警方怀疑为犯罪嫌疑人而被逮捕。公安机关侦查终结移送B市检察院审查起诉。2018年5月13日，B市检察院以故意杀人罪、强奸罪对聂某一向B市中级法院提起公诉。2018年7月8日，B市中级法院依法不公开开庭审理此案，并判处聂某一犯故意杀人罪，判处死刑，剥夺政治权利终身；犯强奸罪，判处死刑，剥夺政治权利终身。决定执行死刑，剥夺政治权利终身。聂某一不服，向甲省高级法院提出上诉。甲省高级法院于2018年9月23日改判聂某一为死刑缓期二年执行。

聂某一之母不服，向甲省人民检察院申诉。甲省人民检察院受理审查后，认为聂某一的判决确有错误需要抗诉，遂提请最高人民检察院抗诉。最高人民检察院按审判监督程序向最高人民法院提起抗诉。最高人民法院审理后认为，原判定罪、适用法律错误，依法应予改判纠正。据此，依法撤销原审判决，宣告聂某一无罪。

【问题】

1. 请问聂某一之母是否为本案审判监督程序的提起主体？本案有哪些主体有权提起审判监督程序？

2. 如果此案生效后聂某一之母向甲省高级法院申诉，程序要求是什么？

3. 如果最高人民法院认为甲省高级法院生效判决确有错误，应当如何纠正？

4. 再审期间能否中止原判决、裁定的执行？为什么？

5. 再审改判无罪后，原审被告人可以在什么时限内向哪个机关申请国家赔偿？

【解析】

1. **答：不是**。根据规定，审判监督程序的提起主体包括**终审法院**、**最高人民法院**和**其他上级人民法院**、**最高人民检察院**和**其他上级人民检察院**。具体到本案，有权提起审判监督程序的主体包括：**甲省高级法院**、**最高人民法院**、**最高人民检察院**。法条依据为《刑诉法》第254条。

2. **答**：根据规定，**甲省高级法院应当审查处理**。甲省高级法院**驳回申诉**的，聂某一之母**可**

以继续向最高人民法院申诉。最高人民法院应当审查处理。最高人民法院经审查认为申诉不符合启动再审程序的条件的，应当说服聂某一之母撤回申诉；对仍然坚持申诉的，应当驳回或者通知不予重新审判。法条依据为《刑诉解释》第451条、第459条。

3. **答**：根据规定，最高人民法院可以直接制作再审决定书启动再审程序予以纠正。最高人民法院决定再审的，可以提审也可以指令下级法院再审。如果提审，最高人民法院应当按二审程序组成合议庭进行审理，所作裁判即为终审裁判，不得上诉、抗诉。如果指令下级法院再审，一般应当指令甲省高级法院以外的下级法院按二审程序再审；如果指令甲省高级法院更有利于查明案件事实真相，纠正错误的，也可以指令甲省高级法院再审。法条依据为《刑诉解释》第461条。

4. **答**：人民法院按照审判监督程序审判的案件，可以决定中止原判决、裁定的执行。根据规定，再审期间，被告人可能经再审改判无罪，或者可能经再审减轻原判刑罚而致刑期届满的，可以决定中止原判决、裁定的执行。法条依据为《刑诉解释》第464条。

5. **答**：经再审改判无罪后，原审被告人可以在2年内向作出原生效判决的甲省高级人民法院提出国家赔偿的请求。

KEEP AWAKE

专题九 诉讼参与人、辩护与代理

第一节 诉讼参与人

一、诉讼参与人概念及范围

1. 概念：诉讼参与人是指在刑事诉讼过程中享有一定诉讼权利，承担一定诉讼义务的，除了国家专门机关工作人员以外的人。

2. 范围①【与案件最终结局的利害关系不同】

（1）当事人：被害人、自诉人、犯罪嫌疑人、被告人、附带民事诉讼的原告人和被告人。

（2）其他诉讼参与人：法定代理人、诉讼代理人、辩护人、证人、鉴定人和翻译人员。

二、当事人

当事人指与案件的结局有着直接利害关系，对刑事诉讼进程发挥着较大影响作用的诉讼参与人。包括被害人、犯罪嫌疑人、被告人、自诉人、附带民事诉讼的原告人和被告人。其中，被害人的诉讼权利、单位犯罪嫌疑人、被告人的诉讼代表人是本部分的易考点。

（一）被害人（专指公诉案件的被害人）

1. 诉讼权利（提出控告、申请回避、参加法庭调查、使用本民族语言文字诉讼、申诉）

（1）报案、控告权。对侵犯其人身、财产权利的犯罪事实或者犯罪嫌疑人，有权向公安机关、人民检察院或者人民法院报案或者控告。

（2）【对公安机关不立案】不服的：

①申请复议、复核权。a. 如果被害人向公安机关控告而公安机关不予立案，被害人可以在收到不予立案通知书后7日以内向原决定机关申请复议。b. 对不予立案的复议决定不服的，可以在收到复议决定书后7日以内向上一级公安机关申请复核。

②向决定机关的同级检察院提出申诉；

③向法院提出自诉。【公诉转自诉】

（3）委托诉讼代理人。自案件移送审查起诉之日起，有权委托诉讼代理人。

（4）【对检察院不起诉决定】不服的，①有权向上一级检察院提出申诉；②有权向法院提出

---

① 《刑事诉讼法》第108条第（四）项规定："诉讼参与人"是指当事人、法定代理人、诉讼代理人、辩护人、证人、鉴定人和翻译人员。《刑事诉讼法》第108条第（二）项规定："当事人"是指被害人、自诉人、犯罪嫌疑人、被告人、附带民事诉讼的原告人和被告人。

自诉。【公诉转自诉】

（5）不服一审未生效判决，有权请求人民检察院提出抗诉。

（6）不服生效判决，有权向检察院或法院提出申诉。

（7）针对强制医疗决定的复议权。对法院强制医疗的决定不服的，有权向上一级法院申请复议。

（8）因作证人身安全面临危险的，有权要求公、检、法提供人身保护措施。

（二）犯罪嫌疑人、被告人

1.“犯罪嫌疑人”和“被告人”的区分。这两个词是对涉嫌犯罪而受到刑事追诉的人的两种称谓。公诉案件中，在检察院向法院提起公诉以前称为“犯罪嫌疑人”，从检察院向法院提起公诉时起到生效裁判作出之前称为“被告人”。自诉案件中，自诉人向法院提起自诉后称为“被告人”。

2. 诉讼权利

<table>
<tr><td rowspan="2">防御性权利</td><td>含义</td><td colspan="2">针对控诉方合法诉讼行为的防御。即防止权利被侵犯而行使的权利。</td></tr>
<tr><td>包含的权利</td><td colspan="2">（1）辩护权（2）拒绝回答权（3）参加法庭调查权（4）参加法庭辩论权（5）最后陈述权（6）反诉权。自诉案件的被告人有权对自诉人提出反诉。【公诉转自诉案件不能反诉】</td></tr>
<tr><td rowspan="5">救济性权利</td><td>含义</td><td colspan="2">针对控诉方不合法、侵权行为的救济。即权利已经被侵犯了要求救济而行使的权利。</td></tr>
<tr><td rowspan="4">包含的权利</td><td colspan="2">（1）申请复议权。
（2）控告权。
（3）申请变更、解除强制措施权。</td></tr>
<tr><td rowspan="2">（4）申诉权</td><td>①对检察院作出的酌定不起诉决定，有权向该人民检察院申诉。</td></tr>
<tr><td>②对已经发生法律效力的裁判，有权向法院、检察院提出申诉。</td></tr>
<tr><td colspan="2">（5）上诉权。对一审未生效的裁判有权向上一级人民法院上诉。
（6）对缺席审判异议权。</td></tr>
<tr><td>程序保障权</td><td>包含的权利</td><td colspan="2">（1）在未经人民法院依法判决的情况下，不得被确定有罪。
（2）获得人民法院的公开、独立、公正的审判。
（3）在刑事诉讼过程中，不受审判人员、检察人员、侦查人员以刑讯逼供、威胁、引诱、欺骗及其他非法方法进行讯问。
（4）不受侦查人员实施的非法逮捕、拘留、取保候审、监视居住等强制措施。
（5）不受侦查人员的非法搜查、扣押等侦查行为。
（6）第二审法院在审理只有被告人一方提出上诉的案件时，不得加重被告人的刑罚。</td></tr>
</table>

（三）单位当事人

<table>
<tr><td>单位被害人</td><td colspan="3">单位被害人参与刑事诉讼时，应由其法定代表人参加诉讼。法定代表人可以委托诉讼代理人参加诉讼。单位被害人的诉讼权利与自然人作为被害人时大体相同。</td></tr>
<tr><td>单位犯罪嫌疑人、被告人</td><td colspan="3">在单位犯罪的情况下，单位可以成为独立的犯罪嫌疑人、被告人，与自然人（犯罪嫌疑人、被告人）权利和义务基本相同。</td></tr>
<tr><td rowspan="8">单位犯罪嫌疑人、被告人的诉讼代表人</td><td>含义</td><td colspan="2">代表单位参加刑事诉讼的人。</td></tr>
<tr><td rowspan="4">诉讼代表主体</td><td>1. 第一顺位</td><td>被告单位的诉讼代表人，应当是法定代表人、实际控制人或者主要负责人。</td></tr>
<tr><td>2. 第二顺位：单位内接受委托的人</td><td>法定代表人、实际控制人或者主要负责人被指控为单位犯罪直接责任人员或者因客观原因无法出庭的，应当由被告单位委托其他负责人或者职工作为诉讼代表人。但是，有关人员被指控为单位犯罪直接责任人员或者知道案件情况、负有作证义务的除外。</td></tr>
<tr><td>3. 第三顺位：单位外接受委托的人</td><td>依据第二顺位难以确定诉讼代表人的，可以由被告单位委托律师等单位以外的人员作为诉讼代表人。</td></tr>
<tr><td>4. 注意</td><td>诉讼代表人不得同时担任被告单位或者被指控为单位犯罪直接责任人员的有关人员的辩护人。</td></tr>
<tr><td rowspan="3">诉讼代表人的变更</td><td>1. 主体不符合要求</td><td>开庭审理单位犯罪案件，应当通知被告单位的诉讼代表人出庭；诉讼代表人不符合上述主体要求的，应当要求人民检察院另行确定。</td></tr>
<tr><td rowspan="2">2. 诉讼代表人不出庭</td><td>诉讼代表人系被告单位的法定代表人、实际控制人或者主要负责人，无正当理由拒不出庭的，可以拘传其到庭；因客观原因无法出庭，或者下落不明的，应当要求人民检察院另行确定诉讼代表人。
【注意】此处的拘传不是强制措施，是司法拘传。</td></tr>
<tr><td>诉讼代表人系其他人员的，应当要求人民检察院另行确定诉讼代表人。</td></tr>
</table>

（四）自诉人

（五）附带民事诉讼当事人

三、其他诉讼参与人

其他诉讼参与人有特定范围，只包括法定代理人、诉讼代理人、辩护人、证人、鉴定人和翻译人员，其他的人哪怕参加诉讼也不是其他诉讼参与人。

1. 法定代理人

（1）概念	依照法律规定对无行为能力或者限制行为能力的人负有保护职责的人。
（2）代理的对象	限制行为能力和无行为能力的人。
（3）范围	父母、养父母、监护人和负有保护责任机关团体的代表。
（4）产生依据	依法律规定产生而参与刑事诉讼，而不是基于委托关系。
（5）诉讼地位	具有独立的法律地位，在行使代理权限时无须经过被代理人同意。
（6）诉讼权利	享有广泛的与被代理人相同的诉讼权利，如申请回避权；除被害人的法定代理人外，其他当事人的法定代理人享有独立上诉权等。但不能代替被代理人作最后陈述，也不能代替被代理人承担与人身性质相关联的义务，例如羁押、赔礼道歉等。

2. 诉讼代理人

（1）概念	基于被代理人的委托而代表被代理人参与刑事诉讼的人。
（2）产生依据	基于被代理人的委托而代表被代理人参与刑事诉讼。
（3）有权委托的主体	①被害人、自诉人和附带民事诉讼的当事人； ②被害人、自诉人和附带民事诉讼的当事人的法定代理人； ③被害人的近亲属。（近亲属的范围：夫、妻、父、母、子、女、同胞兄弟姐妹） 【记忆技巧】近亲属的范围：上、下、左、右。
（4）范围	律师；社会团体或所在单位推荐的人；监护人或者亲友（与辩护人范围相同）。
（5）诉讼地位	不具有独立的法律地位，仅仅是被代理人的代言人。
（6）诉讼权利	只能在被代理人授权范围内进行诉讼活动。

3. 证人

（1）概念。指在诉讼外了解案件情况的当事人以外的人。

（2）特点。①具有不可替代性。证人必须就自己亲自感知的事实向公、检、法机关作证，原则上不得由他人转述。②具有优先性。当证人的身份与其他身份发生冲突的时候，只能以证人的身份作证。例如，某法官在上班路上目击一起凶杀案，若这起案件起诉到该法官所在的法院，则该法官不能担任这起案件的审判人员，而只能优先担任本案的证人。

【提示】由于证人身份具有优先性，因此证人不适用回避制度。

（3）条件（资格）与权利

<table>
<tr><td rowspan="4">证人资格</td><td rowspan="2">积极条件</td><td colspan="2">①必须是当事人以外的人；犯罪嫌疑人、被告人和被害人虽然也要作证，但是以当事人身份作证，他们不是证人。
②必须是在诉讼外了解案情；
③只能是自然人。</td></tr>
<tr><td colspan="2">【注意 1】人民警察就其执行职务时目击的犯罪情况作为证人出庭作证。
【注意 2】侦查人员在刑事诉讼中还有另外一种情形会出庭，即侦查人员就其侦查中取证的合法性出庭，因为此种情形下法律没有赋予其特殊身份，其仍然只能是侦查人员身份。</td></tr>
<tr><td rowspan="2">消极条件</td><td colspan="2">没有证人资格。生理上、精神上有缺陷或年幼，并且不能正确表达，不能明辨是非。</td></tr>
<tr><td colspan="2">【提示】不能仅凭年幼或者生理上、精神上有缺陷就排除其作为证人的资格，还须同时符合不能辨别是非、不能正确表达才行。例如，5 岁的小孩子是可以作为证人的，只要作证内容与其智力水平相当即可。生理上有缺陷的人有时也能担任证人。</td></tr>
<tr><td rowspan="10">权利</td><td colspan="3">查阅证言笔录，并在发现笔录的内容与作证的内容不符时要求予以补充或者修改。</td></tr>
<tr><td colspan="3">控告权：对于公检法侵犯诉讼权利和人身侮辱的行为，有权提出控告。</td></tr>
<tr><td rowspan="2">经济补偿权</td><td colspan="2">①证人因履行作证义务而支出的交通、住宿、就餐等费用，应当给予补助。证人作证的补助列入司法机关业务经费，由同级政府财政予以保障。</td></tr>
<tr><td colspan="2">②有工作单位的证人作证，所在单位不得克扣或者变相克扣其工资、奖金及其他福利待遇。（《刑诉法》第 65 条第 2 款）</td></tr>
<tr><td rowspan="6">要求司法机关保障安全</td><td rowspan="2">《刑诉法》第 64 条</td><td>对于危害国家安全犯罪、恐怖活动犯罪、黑社会性质的组织犯罪、毒品犯罪等案件，证人、鉴定人、被害人因在诉讼中作证，本人或者其近亲属的人身安全面临危险的，法院、检察院和公安应当采取以下一项或者多项保护措施：（1）不公开真实姓名、住址和工作单位等个人信息；（2）采取不暴露外貌、真实声音等出庭作证措施；（3）禁止特定的人员接触证人、鉴定人、被害人及其近亲属；（4）对人身和住宅采取专门性保护措施；（5）其他必要的保护措施。</td></tr>
<tr><td>证人、鉴定人、被害人认为因在诉讼中作证，本人或者其近亲属的人身安全面临危险的，可以向法、检、公请求予以保护。
法、检、公依法采取保护措施，有关单位和个人应当配合。</td></tr>
<tr><td rowspan="3">《刑诉解释》第 256 条</td><td>证人、鉴定人、被害人因出庭作证，本人或者其近亲属的人身安全面临危险的，人民法院应当采取不公开其真实姓名、住址和工作单位等个人信息，或者不暴露其外貌、真实声音等保护措施。</td></tr>
<tr><td>辩护律师经法庭许可，查阅对证人、鉴定人、被害人使用化名情况的，应当签署保密承诺书。</td></tr>
<tr><td>审判期间，证人、鉴定人、被害人提出保护请求的，人民法院应当立即审查；认为确有保护必要的，应当及时决定采取相应保护措施。必要时，可以商请公安机关协助。</td></tr>
<tr><td colspan="2">总结：①人身保护权的权利主体包括证人、鉴定人、被害人以及他们的近亲属。近亲属的范围是：夫、妻、父、母、子、女、同胞兄弟姐妹（记忆技巧：上下左右）。② 在审判阶段，法院对任何案件都可主动提供人身保护，也可以依申请提供；在侦查阶段和审查起诉阶段，只有“国”“恐”“黑”“毒”四类案件既可以依职权，也可以依申请提供人身保护，其他案件要提供人身保护，须依申请。</td></tr>
</table>

4. 鉴定人、翻译人员、辩护人

<table>
<tr><td rowspan="5">鉴定人</td><td>（1）概念</td><td>接受公检法指派或聘请，运用自己的专门知识或者技能对刑事案件中的专门性问题进行分析判断并提出书面鉴定意见的人。</td></tr>
<tr><td>（2）条件</td><td>①应当具有专门知识或者技能；②应当受到公安司法机关的指派或者聘请（绝不能接受当事人的委托，当事人只能申请重新鉴定或者补充鉴定）；③应当与案件当事人或者案件无利害关系（故鉴定人适用回避制度）。</td></tr>
<tr><td colspan="2">（3）鉴定人只能是自然人。</td></tr>
<tr><td>（4）诉讼权利</td><td>①了解与鉴定有关的案件情况；②有权要求指派或者聘请的机关提供足够的鉴定材料，在提供的鉴定材料不充分、不具备作出鉴定结论的条件时，有权要求有关机关补充材料，否则有权拒绝鉴定；③要求为鉴定提供必要的条件；④收取鉴定费用；⑤鉴定人及其近亲属因在诉讼中作证，人身安全面临危险的，有权获得人身保护。</td></tr>
<tr><td>翻译人员</td><td colspan="2">翻译人员是指在刑事诉讼过程中接受公安司法机关的指派或者聘请，为参与诉讼的外国人或无国籍人、少数民族人员、盲人、聋人、哑人等进行语言、文字或者手势翻译的人员。翻译人员应当是与本案没有利害关系的人，否则，当事人有权申请其回避。</td></tr>
<tr><td>辩护人</td><td colspan="2">辩护人是指在刑事诉讼中接受犯罪嫌疑人、被告人及其法定代理人的委托，或者接受人民法院的指定，依法为犯罪嫌疑人、被告人辩护，以维护其合法权益的人。</td></tr>
</table>

四、有专门知识的人（非诉讼参与人）

<table>
<tr><td>概念</td><td>运用专门知识参与刑事诉讼，协助解决专门性问题或者提出意见的鉴定人以外的人。</td></tr>
<tr><td>性质</td><td>非诉讼参与人！用于对抗鉴定人，但又不是鉴定人的专家。
【注意】有专门知识的人出庭，适用鉴定人的有关规定。</td></tr>
<tr><td rowspan="3">参与刑事诉讼的方式</td><td>（1）参与侦查活动中的勘验、检查；
（2）出庭就鉴定意见和专门性问题提出意见；</td></tr>
<tr><td>（3）对涉及专门技术问题的证据材料进行审查并提出意见。《最高检规则》第334条第2款规定：“人民检察院（在审查起诉中——编者注）对鉴定意见等技术性证据材料需要进行专门审查的，按照有关规定交检察技术人员或者其他有专门知识的人进行审查并出具审查意见。”</td></tr>
<tr><td>（4）就专门性问题出具报告并出庭作证。《刑诉解释》第100条第1款规定：“因无鉴定机构【前提】，或者根据法律、司法解释的规定，指派、聘请有专门知识的人就案件的专门性问题出具的报告，可以作为证据使用。”
【注意】对上述规定的有专门知识的人出具的报告的审查与认定，参照适用鉴定意见的有关规定。经人民法院通知，出具报告的人拒不出庭作证的，有关报告不得作为定案的根据。</td></tr>
</table>

【注意】证人、鉴定人、有专门知识的人都不得旁听对本案的审理。

第二节　辩护人及其诉讼权利与义务

一、辩护人的诉讼地位、职责与人数

（一）辩护人的诉讼地位

辩护人是**独立的诉讼参与人，享有独立的诉讼地位**。辩护人既独立于公安机关、人民检察院、人民法院，也**独立于犯罪嫌疑人、被告人**，其是以自己的名义，独立进行辩护，不受犯罪嫌疑人、被告人意思表示的约束。根据《刑事诉讼法》第37条的规定，辩护人是**根据事实和法律**提出辩护意见，①而不是根据犯罪嫌疑人、被告人的意见提出辩护意见。

（二）辩护人的职责

1. 辩护人在刑事诉讼中**只承担辩护职能**，是犯罪嫌疑人、被告人**合法权益**的专门维护者。辩护人在刑事诉讼中一般不能检举、揭发犯罪嫌疑人、被告人已经实施的犯罪行为，也不能为犯罪嫌疑人、被告人谋取非法利益。

2. 辩护人的具体职责包括：

（1）**【实体辩护】从实体上为犯罪嫌疑人、被告人辩护**。即根据事实和法律，提出证明犯罪嫌疑人、被告人无罪、罪轻或者减轻、免除其刑事责任的材料和意见。

（2）**【程序辩护】从程序上为犯罪嫌疑人、被告人辩护**。即帮助犯罪嫌疑人、被告人依法正确行使自己的诉讼权利，并在发现犯罪嫌疑人、被告人的诉讼权利遭受侵犯时，向公安司法机关提出意见，要求依法制止，或向有关单位提出控告。

（3）**【其他帮助】为犯罪嫌疑人、被告人提供其他法律帮助**。包括解答犯罪嫌疑人、被告人提出的有关法律问题，代写有关文书，案件宣判后，征求被告人对判决的意见以及是否提起上诉等。

（三）辩护人的人数

犯罪嫌疑人、被告人除自己行使辩护权以外，还可以委托**1至2人**作为辩护人。

【小案例练习】

案例1：王某涉嫌故意伤害李某，被甲县检察院提起公诉。王某希望自己能够得到无罪判决，遂决定请三个著名律师担任自己的辩护人。

问题：王某能否如愿？

案例2：老李和小陈（16岁）共同实施了抢劫罪，老李委托律师张某担任其辩护人，小陈也想委托张某担任自己的辩护人，希望张某在帮老李辩护的时候能顺便帮自己辩护。

问题：张某能否担任小陈的辩护人？

【解析】

案例1—问题：王某能否如愿？

答案：不能。根据相关规定，王某至多只能委托2个律师担任自己的辩护人。法条依据为

① 《刑事诉讼法》第37条规定："辩护人的责任是根据事实和法律，提出犯罪嫌疑人、被告人无罪、罪轻或者减轻、免除其刑事责任的材料和意见，维护犯罪嫌疑人、被告人的诉讼权利和其他合法权益。"

《刑事诉讼法》第33条第1款。

案例2—问题：张某能否担任小陈的辩护人？

答案：不能。本案中虽然小陈要因未成年而被分案处理，但是二人是**同案被告人**，根据相关规定**一名辩护人不得为2名以上的同案被告人辩护**。法条依据为《刑诉解释》第43条第2款。

【总结】题目可能会问"如果你是一审阶段的辩护律师，请简述你的辩护意见"。作为辩护律师，不管在什么阶段，其参与刑事诉讼的唯一目的是维护嫌疑人、被告人的合法权益。故，只要问辩护律师如何提辩护意见的，均可按以下模板答题。

答：根据《刑事诉讼法》第37条的规定，辩护人的责任是根据事实和法律，提出犯罪嫌疑人、被告人无罪、罪轻或者减轻、免除其刑事责任的材料和意见，维护犯罪嫌疑人、被告人的诉讼权利和其他合法权益。作为本案一审阶段辩护律师，我将根据事实和法律，作出如下辩护意见：

第一，**从程序上提出维护被告人合法权益的辩护意见**。由上可知，程序性辩护是辩护的其中一种。在本案中，由于被告人遭到刑讯逼供，且物证取证的方式不符合法律规定（看案情而写），上述证据不得作为定案依据，因此我将向法院申请排除上述证据，要求法院不得将上述证据作为定案的依据。

第二，**从实体上提出维护被告人合法权益的辩护意见**。在本案中，我将作事实不清，证据不足的无罪辩护。理由是：在非法证据排除以后，现有证明被告人有罪的证据仅限于以下证据：……。（把题干中的证据罗列一下），这些证据显然不足以证明就是被告人实施的犯罪，因此，作事实不清，证据不足的无罪辩护最有利于维护被告人的合法权益。

总之，我将从实体上与程序上提出维护被告人合法权益的辩护意见。

法条依据为《刑事诉讼法》第37-44条、第55-56条。

【案例】

王某涉嫌非法集资罪被公安机关拘传，拘传后公安机关侦查人员对王某进行了长达40小时的讯问，要求王某交代犯罪经过以及细节，王某最终对犯罪进行交代、并在讯问笔录上签字。此后公安机关又派侦查人员对王某进行了三次讯问，最后一次因为公安机关忙于另一个重大案件人手不足，故只有一个侦查人员对王某进行讯问。在讯问中，王某供述了在非法集资过程中自己一直有"高人"李某对其进行指点，二人一起规划如何实施。根据王某提供的线索，公安机关将李某抓捕归案。公安机关除了对王某李某二人进行讯问外，还收集到了王某银行账户的流水证明、多名被告人的陈述、王某办公开会处的监控录像等多项证据。

【问题】

如果你是王某一审阶段的辩护律师，请简述你的辩护意见。

【答案】

答：根据《刑事诉讼法》第37条的规定，辩护人的责任是根据事实和法律，提出犯罪嫌疑人、被告人无罪、罪轻或者减轻、免除其刑事责任的材料和意见，维护犯罪嫌疑人、被告人的诉讼权利和其他合法权益。作为本案一审阶段辩护律师，我将根据事实和法律，作出如下辩护意见：

第一，**从程序上提出维护被告人合法权益的辩护意见。**在本案中，首先，公安机关侦查人员逮捕王某对其进行的**第一次讯问长达40小时**，根据法律规定，即便是重大复杂的案件，**拘传持**

续时间也不得超过24小时，所以第一次讯问违法，不得将第一次讯问笔录作为定案依据。其次，公安机关对王某的最后一次讯问中只有一名侦查人员，根据法律规定，对被告人进行讯问不得少于两名侦查人员，故最后一次讯问笔录也不得作为定案依据。因此我将向法院申请排除上述证据，要求法院不得将上述证据作为定案的依据。

第二，从实体上提出维护被告人合法权益的辩护意见。在本案中，我将做轻罪辩护。理由是：在讯问中，王某供述了公安机关尚未掌握的共同犯罪人李某，公安机关根据王某提供的线索将李某抓捕归案，根据法律规定，王某具备立功表现，可以从轻或者减轻处罚。因为本案中公安机关还掌握物证、被告人陈述、视听资料等多项证据，无罪辩护不太现实，因此，作轻罪辩护最有利于维护被告人的合法权益。

总之，我将从实体上与程序上提出维护被告人合法权益的辩护意见。

法条依据为《刑事诉讼法》第56条、118条、119条，《刑法》第68条。

二、辩护人的范围

（一）可以担任辩护人的人

1. 律师；
2. 人民团体或者犯罪嫌疑人、被告人所在单位推荐的人；
3. 犯罪嫌疑人、被告人的监护人、亲友。

（二）不能担任辩护人的人

1. 绝对禁止（任何情况下都不能担任）

（1）正在被执行刑罚或者处于缓刑、假释考验期间的人；

（2）依法被剥夺、限制人身自由的人；

（3）无行为能力或者限制行为能力的人。

【提示】这些人都有一个特点，即自身难保。

2. 相对禁止

（1）被开除公职、被吊销律师、公证员资格的人；

（2）法院、检察院、公安机关、监察机关、国家安全机关、监狱的现职人员；

（3）人民陪审员；

（4）与本案审理结果有利害关系的人；

（5）外国人或者无国籍人。

【提示】上述人员一般情况下不能担任辩护人，但如果是犯罪嫌疑人、被告人的近亲属①或监护人，则可以作为辩护人。

3. 因任职回避导致不能担任辩护人

（1）检察人员和审判人员（含人民法院其他工作人员）从人民法院、人民检察院离任后2年内，不得以律师身份担任辩护人（可以非律师身份担任）；

（2）检察人员和审判人员（含人民法院其他工作人员）从人民法院、人民检察院离任后不得担任原任职人民法院、人民检察院所办理案件的辩护人。但系犯罪嫌疑人、被告人的监护人、

① 《刑诉法》第108条第6项规定，"近亲属"是指夫、妻、父、母、子、女、同胞兄弟姊妹。

近亲属则可以。

4. 因退庭处理导致不能担任辩护人

辩护人、诉讼代理人被责令退出法庭、强行带出法庭或者被处以罚款后，具结保证书，保证服从法庭指挥、不再扰乱法庭秩序的，经法庭许可，可以继续担任辩护人、诉讼代理人。

辩护人、诉讼代理人具有下列情形之一的，不得继续担任同一案件的辩护人、诉讼代理人：①擅自退庭的；②无正当理由不出庭或者不按时出庭，严重影响审判顺利进行的；③被拘留或者具结保证书后再次被责令退出法庭、强行带出法庭的。

三、辩护人的诉讼权利

（一）阅卷权（《严格排非规定》第21条）

1. 辩护律师

（1）【阅卷时间、方法和范围】自检察院对案件审查起诉之日起（侦查阶段无阅卷权），可以查阅、摘抄、复制本案的案卷材料。案卷材料包括案件的诉讼文书和证据材料。

【提示】辩护人复制案卷材料可以采取复印、拍照、扫描、刻录等方式，人民检察院不收取费用。

（2）【不得阅卷范围】合议庭、审委会的讨论记录以及其他依法不公开的材料不得查阅、摘抄、复制。（《刑诉解释》第53条）

（3）对作为证据材料向人民法院移送的讯问录音录像，辩护律师申请查阅的，人民法院应当准许。（《刑诉解释》第54条）

2. 非律师辩护人

其他辩护人经人民法院、人民检察院许可，也可以查阅、摘抄、复制上述材料。（《刑事诉讼法》第40条）

（二）会见与通信权（《刑事诉讼法》第39条）

1. 辩护律师

（1）【证件】辩护律师凭“三证”即可要求会见：律师执业证书、律师事务所证明和委托书或者法律援助公函。

（2）【时间】看守所应当在48小时内安排会见。

（3）【限制许可】对于危害国家安全犯罪、恐怖活动犯罪案件，在侦查期间，应当经侦查机关许可方可会见。对于危害国家安全犯罪、恐怖活动犯罪案件，除有碍侦查[①]或者可能泄露国家秘密的情形外，应当作出许可的决定。

（4）【人数】犯罪嫌疑人、被告人委托两名律师担任辩护人的，两名辩护律师可以共同会见，也可以单独会见。辩护律师可以带1名律师助理协助会见。

（5）【内容】辩护律师会见在押的犯罪嫌疑人、被告人，可以了解案件有关情况，提供法律咨询等；自案件移送审查起诉之日起，可以向犯罪嫌疑人、被告人核实有关证据。（注意：侦查

---

① 根据《公安机关办理刑事案件程序规定》第52条第5款：“有碍侦查”指：（一）可能毁灭、伪造证据，干扰证人作证或者串供的；（二）可能引起犯罪嫌疑人自残、自杀或者逃跑的；（三）可能引起同案犯逃避、妨碍侦查的；（四）犯罪嫌疑人的家属与犯罪有牵连的。

阶段只能了解情况，不能核实证据）

（6）【会见的保障】

①律师会见在押的犯罪嫌疑人、被告人的，看守所应当保障律师履行辩护职责需要的时间和次数，并与看守所工作安排和办案机关侦查工作相协调。

②【不被监听】辩护律师会见犯罪嫌疑人、被告人时不被监听，不得派员在场。（《关于依法保障律师执业权利的规定》第7条第4款）

（7）【通信权】看守所应当及时传递辩护律师同犯罪嫌疑人、被告人的往来信件。看守所可以对信件进行必要的检查，但①不得截留、复制、删改信件，②不得向办案机关提供信件内容，但信件内容涉及危害国家安全、公共安全、严重危害他人人身安全以及涉嫌串供、毁灭证据等情形的除外。（《关于依法保障律师执业权利的规定》第13条）

2. 非律师辩护人

享有会见、通信权，但须经人民法院、人民检察院许可。

（三）调查取证权

1. 辩护律师

（1）自己调查取证：

①【经一关】经证人或者其他有关单位和个人同意，可以向他们收集与本案有关的材料。（《刑事诉讼法》第43条第1款）

②【经两关】向被害人、被害人近亲属及其提供的证人取证，须经人民检察院或人民法院许可，且经证人本人同意【同意+许可】（《关于依法保障律师执业权利的规定》第17条）

（2）申请代为调查取证权：

①辩护律师可以申请人民检察院、人民法院向证人或者有关单位、个人收集、调取证据材料。人民检察院负责捕诉的部门、人民法院认为确有收集、调取必要，且不宜或者不能由辩护律师收集、调取的，应当同意。若不同意，要告知（书面或口头皆可，怎么申请就怎么回复）（不得向辩护律师签发准许调查决定书，应当由人民检察院、人民法院自己取证）。（《刑事诉讼法》第43条、《最高检规则》第52条）

②在侦查、审查起诉期间公安机关、检察院收集的证明犯罪嫌疑人、被告人无罪或者罪轻的证据材料未提交的，有权申请检察院、法院调取有关证据。（《刑事诉讼法》第41条）

2. 非律师辩护人

自己没有调查取证权利，非律师辩护人享有申请人民检察院、人民法院调取未随案移送的证明犯罪嫌疑人、被告人无罪或罪轻的证据的权利。

（四）提出意见权

1. 在案件侦查终结前，辩护律师提出要求的，侦查机关应当听取辩护律师的意见，并记录在案。辩护律师提出书面意见的，应当附卷。（《刑事诉讼法》第161条）

2. 人民检察院审查批准逮捕，可以听取辩护律师的意见；辩护律师提出要求的，应当听取辩护律师的意见。（《刑事诉讼法》第88条第2款）

3. 对未成年人审查批捕、审查起诉，应当听取辩护人的意见（《刑事诉讼法》第280条）

4. 审查起诉阶段，人民检察院审查案件，应当讯问犯罪嫌疑人，应当听取辩护人或者值班律师、被害人及其诉讼代理人的意见，并记录在案。辩护人或者值班律师、被害人及其诉讼代理

人提出书面意见的，应当附卷。(《刑事诉讼法》第173条第1款)

5. 第二审案件依法不开庭审理时，应当讯问被告人，应当听取其他当事人、辩护人、诉讼代理人的意见。合议庭全体成员应当阅卷，必要时应当提交书面阅卷意见。(《刑诉解释》第400条)

6. 最高人民法院复核死刑案件，应当讯问被告人，辩护律师提出要求的，应当听取辩护律师的意见。(《刑事诉讼法》第251条第1款)

7. 适用速裁程序审理案件，在判决宣告前应当听取辩护人意见。(《刑事诉讼法》第224条第1款)

8. 对认罪认罚案件，人民检察院起诉指控的事实清楚，但指控的罪名与审理认定的罪名不一致的，人民法院应当听取人民检察院、被告人及其辩护人对审理认定罪名的意见。(《刑诉解释》第352条)

9. 辩护律师申请排除非法证据的，办案机关应当听取辩护律师的意见，按照法定程序审查核实相关证据，并依法决定是否予以排除。(《关于依法保障律师执业权利的规定》第23条第3款)

(五) 参加法庭调查和辩论权

①在法庭调查阶段，辩护人在公诉人讯问被告人后经审判长许可，可以向被告人发问；经审判长许可，可以对证人、鉴定人发问。(《刑事诉讼法》第191条)

②在法庭辩论阶段，辩护人可以对证据和案件情况发表意见并且可以和控方展开辩论。(《刑事诉讼法》第198条)

③律师担任辩护人、诉讼代理人，经人民法院准许，可以带一名助理参加庭审。律师助理参加庭审的，可以从事辅助工作，但不得发表辩护、代理意见。(《关于依法保障律师执业权利的规定》第25条第2款)

【例】四金作为律师助理被他的师傅带去参加庭审，但是他只能从事辅助工作，不能发表辩护意见。

(六) 申请取保候审（《最高检规则》第88条）

犯罪嫌疑人、被告人及其法定代理人、近亲属或者辩护人（包括律师和非律师）有权申请取保候审。

(七) 非独立的上诉权（《刑事诉讼法》第227条第1款）

经被告人同意，可以提出上诉。

(八) 申请解除超期羁押（《最高检规则》第150条）

被羁押的犯罪嫌疑人、被告人及其法定代理人、近亲属或者辩护人有权申请解除超期羁押。

(九) 提出申诉、控告（《刑事诉讼法》第49条）

辩护人、诉讼代理人认为公安机关、人民检察院、人民法院及其工作人员阻碍其依法行使诉讼权利的，有权向同级或者上一级检察院申诉或者控告。

【提示】我国刑事诉讼法并没有赋予辩护律师在侦查人员讯问时的在场权。

四、辩护人的诉讼义务

特定证据展示义务	辩护人收集的有关犯罪嫌疑人不在犯罪现场、未达到刑事责任年龄、属于依法不负刑事责任的精神病人的证据，应当及时告知公安机关、人民检察院。 【仅此3类无罪证据才有开示义务】 例：收集到嫌疑人正当防卫的证据是否需要展示？——不需要，因为正当防卫不属于“不在场”“不够刑事责任年龄”“不负刑事责任的精神病人”之一。

续表

保密义务	原则：辩护律师对在执业活动中知悉的委托人的有关情况和信息，有义务予以保密。
	例外：辩护律师在执业活动中知悉委托人或者其他人，**准备**或者**正在**实施危害**国家安全**、**公共安全**以及**严重**危害他人**人身安全的犯罪**的，**应当及时告知**司法机关。 【注意：对于**“已经结束”**的犯罪，**律师没有揭发**检举的义务】
	查阅、摘抄、复制案卷材料，涉及**国家秘密、商业秘密、个人隐私**的，**应当保密**；对**不公开审理**案件的信息、材料，或者在办案过程中获悉的案件重要信息、证据材料，不得违反规定泄露、披露，**不得用于办案以外**的用途。人民法院可以要求相关人员出具承诺书。
不得毁灭证据、伪造证据、妨碍作证	辩护人或者其他任何人：（1）**不得帮助**犯罪嫌疑人、被告人**隐匿、毁灭、伪造**证据或者**串供**；（2）**不得威胁、引诱**证人作伪证以及进行其他干扰司法机关诉讼活动的行为。
	违规的惩处：①辩护人违反上述规定，涉嫌犯罪的：应当由办理辩护人所承办案件的侦查机关**以外**的侦查机关办理。②辩护人是**律师**的，应当**及时通知**其所在的**律师事务所**或者所属的**律师协会**。

【小案例练习】

案例1：石某曾经是著名律师，但一次案件中其涉及严重违反律师职业纪律而被吊销了律师资格证。后石某的弟弟小石委托石某担任其辩护律师、为其辩护。石某在检察院对案件审查起诉的第二天便前往检察院查阅、复制小石一案的案卷材料。

问题：石某的做法是否正确？

案例2：李某和王某打架，李某将王某推倒在地致使王某小腿骨折，王某报案，检察机关对李某提起公诉。张某是李某的律师，其想向王某了解一下事件发生的具体经过，获得了王某的同意。

问题：张某能否向王某取证？

案例3：李某和王某打架，李某将王某推倒在地致使王某小腿骨折，王某报案，公安机关对本案展开侦查，对李某进行了讯问。张某是李某的律师，张某赶在公安机关将案件移送检察机关之前会见了李某，向李某核实了自己现在掌握的证据。

问题：张某的做法是否正确？

【解析】

案例1—问题：石某的做法是否正确？

答案：**不正确**。由于石某被吊销律师资格证，所以其只能作为小石的**非律师辩护人**。根据相关规定，非律师辩护人**阅卷应当经过法院或者检察院的许可**。所以石某的做法错误。法条依据为《刑事诉讼法》第40条。

案例2—问题：张某能否向王某取证？

答案：**不能**。根据相关规定，**辩护律师向被害人取证**的，**不仅要获得被害人的同意，还应获得**

法院或者检察院的许可。本案中张某只获得了王某的同意，还缺少法院或者检察院的许可，所以不能向王某取证。法条依据为《刑事诉讼法》第43条。

案例3—问题：张某的做法是否正确？

答案：不正确。首先，根据相关规定，自侦查人员第一次讯问李某之日起，张某便可以持三证会见李某。故张某可以在公安机关移送案件之前会见李某。但是只有在案件移送审查起诉之日起，才可以向李某核实有关证据，故本案中张某在移送审查起诉之前向李某核实证据，错误。法条依据为《刑事诉讼法》第39条第4款。

第三节　值班律师制度

一、值班律师制度的基本内涵

（一）概念

值班律师制度，是指法律规定的关于犯罪嫌疑人、被告人没有委托辩护人，法律援助机构也没有指派律师为其提供辩护的，由派驻在人民法院、看守所、人民检察院等场所的值班律师免费为犯罪嫌疑人、被告人提供法律咨询、程序选择建议、申请变更强制措施、对案件处理提出意见等法律帮助的一系列规则的总称。

【提示】（1）法律援助机构可以在人民法院、看守所、人民检察院等场所派驻值班律师。（2）值班律师不是辩护人，不能代为申诉、控告。

（二）基本内涵

1. 值班律师制度是对我国辩护制度的重要补充。

2. 值班律师制度是我国法律援助制度的重要组成部分，值班律师的派驻和安排由法律援助机构负责，并由法律援助机构确定人选、进行指导和管理。

3. 值班律师在具体案件的身份不是辩护人，不提供出庭辩护的服务，只提供最低限度的法律帮助。

4. 值班律师制度的适用范围并不限于认罪认罚从宽制度，而覆盖所有案件的所有诉讼阶段中犯罪嫌疑人、被告人没有辩护人（既没有委托，也没有为其指派辩护律师）的情形。

5. 人民法院、人民检察院和看守所等办案机关需要为值班律师制度和值班律师的工作提供相应的保障。

6. 法律援助机构可以在人民法院、人民检察院、看守所等场所派驻值班律师。

二、值班律师的职责与诉讼权利

（一）值班律师的职责（法律帮助的内容）

1. 值班律师（在所有案件）依法提供以下法律帮助：

（1）提供法律咨询；

（2）提供程序选择建议；

（3）帮助犯罪嫌疑人、被告人申请变更强制措施；

（4）对案件处理提出意见；

（5）帮助犯罪嫌疑人、被告人及其近亲属申请法律援助；

（6）法律法规规定的其他事项。

【提示】犯罪嫌疑人、被告人通过值班律师提出代理、刑事辩护等法律援助申请的，值班律师应当在24小时内将申请转交法律援助机构。（2022年新增）

2. 值班律师在认罪认罚案件中，还应当提供以下法律帮助：

（1）向犯罪嫌疑人、被告人释明认罪认罚的性质和法律规定；

（2）对人民检察院指控罪名、量刑建议、诉讼程序适用等事项提出意见；

（3）犯罪嫌疑人签署认罪认罚具结书时在场。

（二）值班律师的诉讼权利

1. 会见权

（1）值班律师办理案件时，可以应犯罪嫌疑人、被告人的约见进行会见，也可以经办案机关允许主动会见。

（2）值班律师持律师执业证或者律师工作证、法律帮助申请表或者法律帮助通知书到看守所办理法律帮助会见手续，看守所应当及时安排会见。危害国家安全犯罪、恐怖活动犯罪案件，侦查期间值班律师会见在押犯罪嫌疑人的，应当经侦查机关许可。

2. 阅卷权

自案件审查起诉之日起可以查阅案卷材料、了解案情。【注意：不能复制、摘抄，只能查阅；此处区别于辩护律师】

3. 了解情况权

侦查阶段，值班律师可以向侦查机关了解犯罪嫌疑人涉嫌的罪名及案件有关情况。

4. 提出意见权

在审查起诉阶段，犯罪嫌疑人认罪认罚的，值班律师可以就下列事项向检察院提出意见：

（1）涉嫌的犯罪事实、指控罪名及适用的法律规定；

（2）从轻、减轻或者免除处罚等从宽处罚的建议；

（3）认罪认罚后案件审理适用的程序；

（4）其他需要提出意见的事项。

三、保障值班律师参与效果的相关措施

（一）值班方式

值班方式可以采用现场值班、电话值班、网络值班相结合的方式。现场值班的，可以采取固定专人或轮流值班，也可以采取预约值班。

（二）法律帮助活动记录在案

值班律师提供法律咨询、查阅案卷材料、会见犯罪嫌疑人或者被告人、提出书面意见等法律帮助活动的相关情况应当记录在案，并随案移送。

（三）尽量保障不同诉讼阶段值班律师的同一

对于被羁押的犯罪嫌疑人、被告人，在不同诉讼阶段，可以由派驻看守所的同一值班律师提供法律帮助。对于未被羁押的犯罪嫌疑人、被告人，前一诉讼阶段的值班律师可以在后续诉讼阶段继续为犯罪嫌疑人、被告人提供法律帮助。

（四）人民法院、人民检察院、看守所应当为派驻值班律师提供必要办公场所和设施

（五）被追诉人拒绝帮助的后果

依法应当通知值班律师提供法律帮助而犯罪嫌疑人、被告人**明确拒绝**的，公安机关、人民检察院、人民法院应当**记录在案**。前一诉讼程序犯罪嫌疑人、被告人明确拒绝值班律师法律帮助的，后一诉讼程序的办案机关**仍需告知**其有权获得值班律师法律帮助的权利，有关情况应当记录在案。

【小案例练习】

案例1：张某涉嫌诈骗，被公安机关拘留，张某既没有自己委托辩护律师，也不具有法律援助主体资格。张某不想被关在看守所里，但是自己并不懂法律规定。

问题：张某应该怎么办？

案例2：张某涉嫌诈骗，被公安机关拘留，张某既没有自己委托辩护律师，也不具有法律援助主体资格，所以张某约见了驻看守所值班律师卢某，卢某为张某提供了法律咨询、建议其认罪认罚选择简易程序。张某案件进入一审审理后，张某又要求驻法院的值班律师江某出庭为自己辩护。

问题：张某的要求是否能被允许？

案例3：张某涉嫌诈骗，被公安机关逮捕，张某既没有自己委托辩护律师，也不具有法律援助主体资格，所以张某约见了驻看守所的值班律师卢某，卢某为张某提供了法律咨询、建议其认罪认罚选择简易程序，张某对卢某的专业水平很是信任。张某案件进入审查起诉阶段后，张某要求约见上次为其提供法律建议的值班律师卢某再次为自己提供法律帮助。

问题：张某的要求能否被满足？

【解析】

案例1—问题：张某应该怎么办？

答案：张某**可以要求约见值班律师，向值班律师询问如何变更强制措施或者请求值班律师为其申请变更强制措施**。张某没有委托辩护人，法律援助机构没有指派律师为其提供辩护，根据相关规定，张某**有权约见值班律师**，由值班律师为张某**申请变更强制措施、提供法律咨询**。法条依据为《刑事诉讼法》第36条。

案例2—问题：张某的要求是否能被允许？

答案：**不能**。根据相关规定，**值班律师职责**仅限于**会见**、提供**法律咨询**、**程序选择建议**、**申请变更强制措施**、对案件处理**提出意见**以及**阅卷**，而**不能出庭辩护**。所以张某的要求不能被允许。法条依据为《刑事诉讼法》第36条、《刑诉解释》第53条第3款。

案例3—问题：张某的要求能否被满足？

答案：**可以**。根据相关规定，对于**被羁押**的犯罪嫌疑人、被告人，在**不同诉讼阶段**，可以由**派驻看守所**的**同一值班律师**提供法律帮助。本案中张某被逮捕，处于羁押状态，卢某又是驻看守所值班律师，所以张某**可以在侦查阶段、审查起诉阶段都由**卢某为其提供法律援助。法条依据为《值班律师工作办法》第11条。

第四节　辩护的种类与拒绝辩护

一、辩护的种类

（一）自行辩护

贯穿于刑事诉讼全过程，任何诉讼阶段、任何案件，犯罪嫌疑人、被告人都有权自行辩护。

（二）委托辩护

1. 公诉案件：

（1）【委托时间】自被侦查机关第一次讯问或者采取强制措施之日起，犯罪嫌疑人、被告人有权委托辩护人。

（2）【委托对象】侦查阶段只能委托律师担任辩护人。

【委托主体】犯罪嫌疑人、被告人本人可委托；如其在押，也可以由其近亲属、监护人代为委托。

2. 自诉案件：随时。

（三）法律援助辩护①

1. 概念：指犯罪嫌疑人、被告人及其近亲属因经济困难或者其他原因没有委托辩护人而向法律援助机构申请的，或者具备法定情形时由公安机关、人民检察院、人民法院直接通知法律援助机构，由法律援助机构指派律师为其提供辩护。

2. 特点

（1）适用前提：以没有委托辩护人为前提。注意：委托非律师辩护人也属于有辩护人，不需要法律援助。

（2）适用阶段：适用于侦查、审查起诉、审判阶段。【全程】

（3）适用程序：只能由律师担任；公安机关、人民检察院、人民法院三机关通知法援机构指派律师。（注意：是由法律援助机构指派律师，不是公检法指派）

3. 种类

（1）申请法律援助辩护

①因经济困难或者其他原因没有委托辩护人的，本人及其近亲属可以向法律援助机构提出申请。对符合法律援助条件的，法律援助机构应当指派律师为其提供辩护。②

【提示1】经济困难的标准，由省、自治区、直辖市人民政府根据本行政区域经济发展状况和法律援助工作需要确定，并实行动态调整。

---

① 《法律援助法》第27条规定："人民法院、人民检察院、公安机关通知法律援助机构指派律师担任辩护人时，不得限制或者损害犯罪嫌疑人、被告人委托辩护人的权利。"

② 《法律援助法》第31条规定："下列事项的当事人，因经济困难没有委托代理人的，可以向法律援助机构申请法律援助：（1）依法请求国家赔偿；（2）请求给予社会保险待遇或者社会救助；（3）请求发给抚恤金；（4）请求给付赡养费、抚养费、扶养费；（5）请求确认劳动关系或者支付劳动报酬；（6）请求认定公民无民事行为能力或者限制民事行为能力；（7）请求工伤事故、交通事故、食品药品安全事故、医疗事故人身损害赔偿；（8）请求环境污染、生态破坏损害赔偿；（9）法律、法规、规章规定的其他情形。"

【提示2】有下列情形之一，当事人申请法律援助的，不受经济困难条件的限制：（一）英雄烈士近亲属为维护英雄烈士的人格权益；（二）因见义勇为行为主张相关民事权益；（三）再审改判无罪请求国家赔偿；（四）遭受虐待、遗弃或者家庭暴力的受害人主张相关权益；（五）法律、法规、规章规定的其他情形。（《法律援助法》第32条）（2022年新增）

②当事人不服司法机关生效裁判或者决定提出申诉或者申请再审，人民法院决定、裁定再审或者人民检察院提出抗诉，因经济困难没有委托辩护人或者诉讼代理人的，本人及其近亲属可以向法律援助机构申请法律援助。（《法律援助法》第33条）（2022年新增）

（2）强制法律援助辩护

具有下列情形之一，犯罪嫌疑人、被告人没有委托辩护人的，人民法院、人民检察院和公安机关应当通知法律援助机构指派律师为其提供辩护：①

①盲、聋、哑（视力、听力、言语残疾人）；

②尚未完全丧失辨认或者控制自己行为能力的精神病人；

③可能判处无期、死刑的；

④审判时未满18周岁的未成年人；

⑤贪污贿赂犯罪案件，以及需要及时进行审判，经最高人民检察院核准的严重危害国家安全犯罪、恐怖活动犯罪案件，犯罪嫌疑人、被告人在境外，人民法院缺席审判案件；

⑥高级人民法院复核死刑案件；

⑦死刑缓期执行期间故意犯罪的案件。

【口诀】盲聋哑、半疯傻、无死缺、未长大、死复核、死缓故。

【提示1】法律援助辩护贯穿全过程，但在不同阶段要适用强制法律援助辩护，须在该阶段满足上述条件之一才行。如未成年人案件，侦查阶段要适用强制法律援助辩护，要求侦查阶段是未成年人才能适用。同样的，在审查起诉阶段要适用强制法律援助辩护，要求审查起诉阶段是未成年人才能适用。也就是说，在侦查阶段未满18周岁，为其指派律师担任辩护律师后，其到了审查起诉阶段满了18周岁，那么在审查起诉阶段就不再适用强制法律援助辩护。

【提示2】对可能被判处无期徒刑、死刑的人，以及死刑复核案件的被告人，法律援助机构收到人民法院、人民检察院、公安机关通知后，应当指派具有3年以上相关执业经历的律师担任辩护人。（《法律援助法》第26条）（2022年新增）

【总结】在刑诉中，涉及到未成年人的判断标准的考点，只有以下两种情形是以审判时未成年为标准，其余的都是以犯罪时未成年为标准：（1）强制法律援助辩护；（2）审判不公开的未成年人案件。

（3）酌定法律援助辩护【了解】

具有下列情形之一，被告人没有委托辩护人的，人民法院可以通知法律援助机构指派律师为其提供辩护：

①共同犯罪案件中，其他被告人已经委托辩护人的；

① 《法律援助法》第25条规定："刑事案件的犯罪嫌疑人、被告人属于下列人员之一，没有委托辩护人的，人民法院、人民检察院、公安机关应当通知法律援助机构指派律师担任辩护人：（1）未成年人；（2）视力、听力、言语残疾人；（3）不能完全辨认自己行为的成年人；（4）可能被判处无期徒刑、死刑的人；（5）申请法律援助的死刑复核案件被告人；（6）缺席审判案件的被告人；（7）法律法规规定的其他人员。其他适用普通程序审理的刑事案件，被告人没有委托辩护人的，人民法院可以通知法律援助机构指派律师担任辩护人。"

②案件有重大社会影响的；

③人民检察院抗诉的；

④被告人的行为可能不构成犯罪的；

⑤有必要指派律师提供辩护的其他情形。

【注意 1】根据《法律援助法》第 25 条第 2 款规定，其他适用普通程序审理的刑事案件，被告人没有委托辩护人的，人民法院可以通知法律援助机构指派律师担任辩护人。

【注意 2】对法律援助机构指派律师为被告人提供辩护，被告人的监护人、近亲属又代为委托辩护人的，应当听取被告人的意见，由其确定辩护人人选。

二、拒绝辩护

<table>
<tr><td>辩护律师拒绝辩护</td><td colspan="2">律师有权拒绝辩护的情形：(1) 委托事项违法；(2) 委托人利用律师提供的服务从事违法活动；(3) 委托人故意隐瞒与案件有关的重要事实的。【违法+隐瞒】(《律师法》第 32 条第 2 款)</td></tr>
<tr><td rowspan="6">被告人拒绝辩护人为其辩护</td><td colspan="2">被告人在一个审判程序中更换辩护人一般不得超过两次。</td></tr>
<tr><td rowspan="4">一般案件（非强制法律援助案件）</td><td>①被告人当庭拒绝辩护人辩护，要求另行委托辩护人或者指派律师的，合议庭应当准许。</td></tr>
<tr><td>②被告人拒绝辩护人辩护后，没有辩护人的，应当宣布休庭；仍有辩护人的，庭审可以继续进行。</td></tr>
<tr><td>③重新开庭后，被告人再次当庭拒绝辩护人辩护的，可以准许，但被告人不得再次另行委托辩护人或者要求另行指派律师，由其自行辩护。</td></tr>
<tr><td>例：四金（精神正常的成年人）一开始请了梁律师为其辩护，但是四金发现梁律师水平不行，于是他拒绝梁律师为其辩护，并且委托徐律师为其辩护，合议庭准许。后面在庭审时四金发现徐律师水平还不如梁律师，此时四金可以要求拒绝徐律师为其辩护，但是四金拒绝徐律师为其辩护后不得再委托其他辩护人，只得自行辩护。</td></tr>
<tr><td>强制法援辩护案件</td><td>被告人属于应当提供法律援助的情形，重新开庭后再次当庭拒绝辩护人辩护的，不予准许。(只能拒绝一次)</td></tr>
</table>

【总结 1】被告人拒绝辩护的两种类型

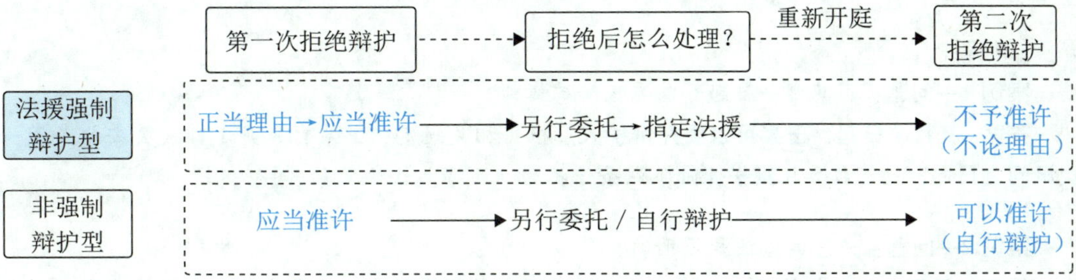

【总结2】被告人拒绝辩护程序

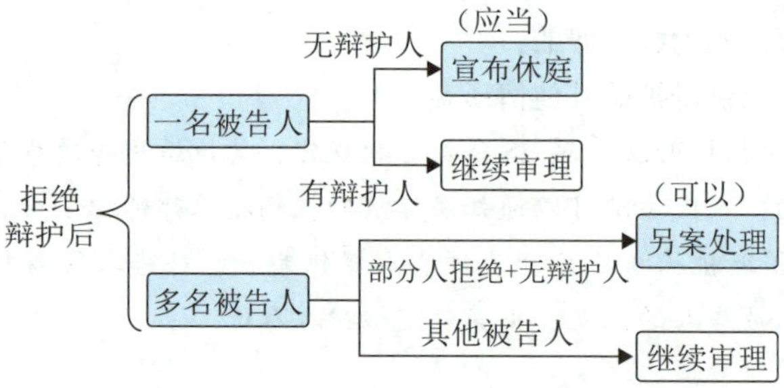

注意：另行委托辩护人或者指派律师的，自案件**宣布休庭**之日起至第**十五日**止（计入审限），由辩护人准备辩护，但**被告人及其辩护人自愿缩短时间**的除外。

【小案例练习】

案例1：王某涉嫌故意杀人，被公安机关立案侦查。9月1日公安机关对王某进行了第一次讯问，9月13日公安机关将王某拘留。

问题：王某哪一日起可以委托辩护律师？

案例2：2019年9月15日李某贪污了三千万后逃往美国，直至2020年10月仍未归国，检察机关向法院提起公诉，法院决定对李某缺席审判。李某自己没有委托辩护人，李某家人也未为李某委托辩护人，遂法院通知了法律援助机关为李某提供辩护。

问题：法院的做法是否正确？

案例3：张某涉嫌制造贩卖毒品甲基苯丙胺二十公斤，被乙市检察院依法提起公诉，张某自己没有委托辩护人，其亲属与张某断绝关系、拒绝帮张某找辩护人。最终张某在法庭上自行辩护。

问题：本案中张某自行辩护是否存在问题？

案例4：张某（15岁）涉嫌强奸罪被检察机关提起公诉，张某没有委托辩护人为自己辩护，故法院通知法律援助机关指派律师为张某辩护。张某一直觉得法律援助的律师对自己的案子很敷衍，于是在案件第一次开庭审理时张某要求更换辩护人。法院通知法律援助机关重新指派律师为张某辩护后对案件重新开庭，开庭一小时后张某又提出更换辩护人。

问题：张某能否再次更换辩护人？如果不能，张某能否自行辩护？

【解析】

案例1—问题：王某哪一日起可以委托辩护律师？

答案：**9月1日起，王某可以委托辩护人。**根据相关规定，王某自9月1日被公安机关**第一次讯问之日**起，就有权委托**辩护律师**。法条依据为《刑事诉讼法》第34条。

案例2—问题：法院的做法是否正确？

答案：**正确**。根据相关规定，法院适用**缺席审判程序审理**案件，李某自己和李某的近亲属都**没有**为李某**委托辩护人**，法院**应当通知法律援助机构**为李某**提供辩护**。法条依据为《刑事诉讼法》第293条。

案例3—问题：本案中张某自行辩护是否存在问题？

答案：存在问题。本案中张某涉嫌制造贩卖毒品二十公斤，根据刑法规定，贩卖毒品数额巨大，可能被判处无期徒刑甚至死刑。所以张某是强制法律援助辩护的对象之一，法院应当通知法律援助机构指派律师为其辩护。法条依据为《刑事诉讼法》第35条第3款。

案例4—问题：张某能否再次更换辩护人？如果不能，张某能否自行辩护？

答案：张某不能再次更换辩护人，也不能自行辩护，也即张某不能再次拒绝辩护。根据相关规定，被告人属于应当提供法律援助的情形，重新开庭后再次当庭拒绝辩护人辩护的，不予准许。张某是未成年人，属于应当提供法律援助的情形，此前张某已经拒绝辩护人辩护一次，重新开庭后不再准许其再次拒绝辩护。法条依据为《刑诉解释》第311条第5款。

【知识点分析思路总结】题目可能问“刑事案件律师辩护全覆盖试点工作及其意义”这类题目，可以按以下模板回答问题。

答：①刑事案件律师辩护全覆盖，是指在刑事诉讼的审判阶段，要求所有的刑事案件均要有律师作为辩护人提供辩护。刑事案件律师辩护全覆盖是推进以审判为中心的刑事诉讼制度改革的一项重要举措。

②推行刑事案件律师辩护全覆盖具有重要意义。第一，有利于保障人权。被追诉人的人身自由往往受到限制，加之刑事诉讼的精密化发展趋势，使刑事辩护越来越依赖于律师辩护。推行律师辩护全覆盖，可以有效保障被追诉人的诉讼权利。第二，有利于实现司法公正。程序公正要求控辩平等对抗，法庭居中裁判，律师辩护能使辩方最大限度地处于平等武装地位，实现程序公正。此外，通过控辩双方的平等对抗，法庭能够兼听则明，更有利于实体公正的实现。第三，有利于提高诉讼效率。通过律师辩护，使法官在兼听的基础上，正确处理案件，可以节约司法成本。第四，有利于防止冤假错案。通过律师辩护，使法官在兼听的基础上正确处理案件，防止冤假错案的发生。

③实现刑事案件律师辩护全覆盖，就要做到保障有效辩护：第一，建立法律援助律师库。第二，建立值班律师制度。第三，细化经费保障机制。第四，完善配套设施等。

④总之，实现刑事案件律师辩护全覆盖，有助于推进以审判为中心的刑事诉讼制度改革，加强人权司法保障，促进司法公正，充分发挥律师在刑事案件审判中的辩护作用。

法条依据为《关于开展刑事案件律师辩护全覆盖试点工作的办法》。

第五节 刑事诉讼代理

一、委托代理

案件类型	有权委托的主体	可以委托的时间	诉讼代理人范围
公诉案件的代理	被害人、法定代理人、近亲属①	自案件移送审查起诉之日起	与辩护人范围相同
自诉案件的代理	自诉人、法定代理人	随时委托	
附带民事诉讼中的代理	附带民事诉讼当事人、法定代理人	视公诉、自诉而定	

① 注意：只有公诉案件的近亲属可以委托，自诉案件和附带民事诉讼的委托主体中都没有近亲属。

二、法律援助代理

强制法律援助代理	强制医疗案件的被申请人或者被告人没有委托诉讼代理人的，人民法院应当通知法律援助机构指派律师为其提供法律援助。
申请法律援助代理	刑事公诉案件的被害人及其法定代理人或者近亲属，刑事自诉案件的自诉人及其法定代理人，刑事附带民事诉讼案件的原告人及其法定代理人，因经济困难没有委托诉讼代理人的，可以向法律援助机构申请法律援助。

专题十
附带民事诉讼

一、提起附带民事诉讼的前提

附带民事诉讼具有依附性，必须以刑事诉讼存在为前提。如果没有刑事诉讼，这个附带的民事诉讼就没有了依附的基础。就如同搭顺风车，若没有顺风车，又如何搭顺风车呢？当然，没有刑事诉讼并不意味着不能解决物质损害赔偿问题。此时权利主体可以单独提起独立的民事诉讼来解决。

【提示】附带民事诉讼以刑事诉讼存在为前提，刑事诉讼**既可以是公诉**，**也可以是自诉**。亦即在自诉案件中，被害人也能提起附带民事诉讼。

【注意】①人民法院**准许**人民检察院**撤回**起诉的公诉案件［意味着刑事诉讼没有了，但此处刑事诉讼没有是因为国家原因（检察院撤诉）导致的，被害人不能为此承担后果］，对已经提起的附带民事诉讼，可以进行**调解**；②不宜调解或者经调解不能达成协议的［此时，为了维护被害人两审终审的审级利益］，应当裁定**驳回**起诉，并**告知**附带民事诉讼原告人可以**另行提起**民事诉讼。(《刑诉解释》第 197 条第 2 款)

二、哪些人有权提起附带民事诉讼

1. 因为犯罪行为而遭受**物质损失**的**被害人**；

2. 当被害人是**未成年人**或**精神病人**等限制行为能力人时，其**法定代理人**可以代为提起附带民事诉讼；

3. 被害人**死亡**或者**丧失**行为能力的，其**法定代理人**、**近亲属**可以提起附带民事诉讼；

【提示】近亲属的范围是：上（父母）、下（子女）、左（夫妻）、右（同胞兄弟姐妹）。

4. **国家财产、集体财产**遭受损失，**受损单位未提起**附带民事诉讼，**人民检察院**在提起公诉时可以提起附带民事诉讼。

【注意】①对于**破坏生态环境和资源保护**，**食品药品安全**领域侵害众多消费者合法权益，**侵害英雄烈士**的姓名、肖像、名誉、荣誉等侵害社会公共利益的行为，人民检察院也可以提起**附带民事公益诉讼**。

②人民检察院提起附带民事诉讼的，应当列为**附带民事诉讼原告人**。

【总结】附带民事诉讼原告人不一定是被害人本人。

三、哪些人可以作为附带民事诉讼的被告人

1. 被告人范围

（1）刑事**被告人**以及未被追究刑事责任的**其他共同侵害人**；

【例1】四金、徐某两人共同犯罪，四金是主犯，徐某是胁从犯，检察院对徐某作出酌定不起诉的决定。但徐某同样可以成为附带民事诉讼的被告人，即此处所提及的“未被追究刑事责任的其他共同侵害人”。

【例2】四金19岁，徐某11岁。某天四金与徐某实施故意伤害行为，但由于徐某未达刑事责任年龄，因此不追究徐某的刑事责任，但并不等于不追究徐某的民事责任，即此处所提及的“未被追究刑事责任的其他共同侵害人”。

【总结】附带民事诉讼的被告人不一定是刑事被告人本人。

（2）刑事被告人的**监护人**；

（3）死刑罪犯的遗产**继承人**；

（4）共同犯罪案件中，案件审结前死亡的被告人的遗产**继承人**；

【例1】问：徐某为该案唯一刑事被告人及附带民事诉讼被告人，且刑事诉讼和附带民事诉讼共同审理，若徐某在刑事诉讼审理过程中死亡，能否将徐某的遗产继承人列为附带民事诉讼被告人？

答：不能。被告人在审判阶段死亡，根据《刑事诉讼法》第16条，刑事审判终止审理，若现有证据能证明被告人无罪的，宣告被告人无罪。但无论是终止审理还是宣告无罪，刑事诉讼就不再存在，也就不存在附带民事诉讼，也就无所谓能否列为附带民事诉讼被告人。此时附带民事诉讼原告人可以另行提起民事诉讼。

【例2】问：四金为该案唯一刑事被告人及附带民事诉讼被告人，四金涉嫌严重犯罪可能被判处死刑立即执行，为防止诉讼拖延，先审理刑事诉讼再审理附带民事诉讼。此时能否将四金的遗产继承人列为附带民事诉讼被告人？

答：可以。在此种情况下刑事诉讼审理完毕，四金被执行死刑，刑事诉讼因为四金被执行死刑而程序终结。此时四金的死亡是由于国家刑罚导致的，即刑事诉讼由于国家原因终结，个人不应为国家行为承担不利后果，故已经提起的附带民事诉讼继续审理，但身为该案唯一刑事被告人及附带民事诉讼被告人的四金已经死亡，那么此时需要根据《民事诉讼法》处理——先确定被告人的遗产继承人，将该遗产继承人纳进附带民事诉讼成为被告人。

【例3】徐某、四金两人共同犯罪，四金、徐某被提起刑事附带民事诉讼（即二人共同成为刑事被告人和附带民事被告人），刑事诉讼和民事诉讼一并审理。此时在案件审理过程中徐某死亡，那么关于徐某的刑事诉讼部分终结审理，但共同成为刑事被告人的四金未死亡，刑事诉讼部分继续进行，那么附带民事诉讼也未终结。但身为附带民事诉讼被告人的徐某已死亡，只能先确定徐某的遗产继承人再将其纳入附带民事诉讼中成为附带民事诉讼被告人。

（5）对被害人的物质损失依法应当承担赔偿责任的**其他单位和个人**。

【注意】附带民事诉讼被告人的亲友自愿代为赔偿的，**可以**准许。但是，此时附带民事诉讼被告人的亲友并不是附带民事诉讼的当事人。

2. 共同侵害人的处理（三种情况）

（1）被害人或者其法定代理人、近亲属**仅对部分**共同侵害人提起附带民事诉讼的，法院**应当**

告知其可以对其他共同侵害人，包括没有被追究刑事责任的共同侵害人，一并提起附带民事诉讼，但共同犯罪案件中同案犯在逃的除外。

（2）被害人或者其法定代理人、近亲属放弃对其他共同侵害人的诉讼权利的，法院应当告知其相应法律后果，并在裁判文书中说明其放弃诉讼请求的情况。

例如，四金、王某、徐毛毛三人将张三打成重伤，而张三仅对四金提起附带民事诉讼，要求四金承担物质损害赔偿，而对于王某和徐毛毛则放弃追究民事责任，是否可以？

答：可以，尊重张三的意思自治。

（3）共同犯罪案件，同案犯在逃的，不应列为附带民事诉讼被告人。逃跑的同案犯到案后，被害人或者其法定代理人、近亲属可以对其提起附带民事诉讼，但已经从其他共同犯罪人处获得足额赔偿的除外。

四、附带民事诉讼的赔偿范围（可以提起附带民事诉讼的诉讼请求范围）

（1）赔偿范围限于物质损失，精神损失一般不赔偿。

因受到犯罪侵犯，提起附带民事诉讼或者单独提起民事诉讼要求赔偿精神损失的，人民法院一般不予受理。

（2）物质损失=实际损失+必然损失

①实际损失：犯罪行为造成被害人人身损害的，应当赔偿医疗费、护理费、交通费等为治疗和康复支付的合理费用，以及因误工减少的收入。造成被害人残疾的，还应当赔偿残疾生活辅助具费等费用；造成被害人死亡的，还应当赔偿丧葬费等费用。

②必然损失：现在没有支出，因为人身损害将来一定会支出的费用。

【注意1】附带民事诉讼当事人就民事赔偿问题达成调解、和解协议的，赔偿范围、数额不受上述规定的限制。（《刑诉解释》第192条）

【易出题点——不赔偿的范围】

①残疾生活辅助具费≠伤残赔偿金。伤残赔偿金不赔偿，但交通肇事犯罪案件例外。

②丧葬费≠死亡赔偿金。死亡赔偿金不赔偿，但交通肇事犯罪案件例外。

③必然损失≠可期待收益损失。可期待收益损失不赔偿（典型的是合同行为）。

【必然损失与可期待收益损失的区分】

a. 四金、徐毛毛二人因发生口角冲突相互殴打，四金将徐毛毛的眼球打坏，需要安装义眼（三年为期进行更换）。那么后续更换义眼的支出能否赔偿？能，属于必然会产生的支出费用——即必然损失。

b. 四金、徐毛毛二人签订合同，合同要求四金在三个月后履行一定的行为，作为对价徐毛毛向四金支付200万元。但由于张三的犯罪行为把四金打成重伤，无法履行合同要求的行为。那么200万元就属于四金的可期待收益损失，是不在附带民事诉讼“必须”赔偿范围的。但若被告人愿意赔偿，则应当尊重被告人的意思自治。

④【赃物、赃款附民不赔偿】被告人非法占有、处置被害人财产的（赃物、赃款）应当依法予以追缴或者责令退赔。被害人提起附带民事诉讼的，人民法院不予受理。追缴、退赔的情况，可以作为量刑情节考虑。

【例】问：四金为了彰显“土豪”气质，特意购买一条金项链。徐毛毛看不惯四金的行为将其金项链抢走，检察机关以抢劫罪追究徐毛毛的刑事责任，此时四金提出附带民事诉讼请求：要求徐毛毛赔偿金项链，能否支持？

答：**不能**。金项链属于“赃物赃款”，应通过刑事诉讼退赔程序进行赔偿，而不是附带民事诉讼程序。

⑤**国家机关工作人员**在**行使职权时**，侵犯他人人身、财产权利构成犯罪，被害人或者其法定代理人、近亲属提起附带民事诉讼的，人民法院不予受理，但应当告知其可以依法**申请国家赔偿**。

【例】问：四金涉嫌嫖娼被民警采取强制措施后死亡，那么四金的家属是否可以针对此行为提起附带民事诉讼要求赔偿？

答：不能。职务行为导致的物质损失通过国家赔偿程序进行赔偿，而不是通过附带民事诉讼程序。

（3）物质损失必须是由被告人的**犯罪行为直接造成**的。

【例】四金、徐某二人为在校大学生，因发生冲突相互殴打，四金将徐某打成重伤。学校将此通知四金、徐某家属，徐某的家属听闻此消息太过痛苦而晕厥，前往医院治疗。那么徐某家属的治疗费用是否属于附带民事诉讼赔偿范围？

答：不是，徐某家属的治疗费用不是四金的犯罪行为直接造成的。

【总结】以下情形不能提起附带民事诉讼，即使提起，法院亦不予受理的：

1. **伤残赔偿金**不能提（交通肇事犯罪案件除外）；
2. **死亡赔偿金**不能提（交通肇事犯罪案件除外）；
3. **可期待收益损失**不能提；
4. **赃物、赃款**不能提；
5. **国家机关工作人员**的**职务行为**（**包括职务犯罪**）导致的物质损失不能提；
6. 物质损失**不是犯罪行为造成的**不能提。

五、附带民事诉讼提起的期间与方式

（一）提起的期间

1. 原则：**从立案到一审判决宣告之前。**

2.【例外】第一审期间未提起附带民事诉讼，在**第二审期间提起**的，第二审人民法院可以依法进行**调解**；**调解不成**的，**告知**当事人可以在刑事判决、裁定生效后**另行提起民事诉讼**。（《刑诉解释》第198条）

（二）提起的方式

1. 公民（口头或者书面）书写诉状确有困难的，可以口头起诉。
2. 检察院或单位（**书面**）。

六、不同阶段提起附带民事诉讼的处理

（一）在**侦查、审查起诉阶段**提出赔偿要求的处理

1. 侦查、审查起诉期间，有权提起附带民事诉讼的人提出赔偿要求的，有两种处理方式：

（1）当事人双方达成和解协议并签署和解协议书。

（2）当事人双方在公安机关或人民检察院的主持下进行调解，调解达成协议并制作调解书。

2. 侦查、审查起诉期间，有权提起附带民事诉讼的人提出赔偿要求，经公安机关、人民检

察院调解，当事人双方已经达成协议并全部履行，被害人或者其法定代理人、近亲属又提起附带民事诉讼的，人民法院不予受理，但有证据证明调解违反自愿、合法原则的除外。

（二）在一审期间提起附带民事诉讼的处理

1. 受理

人民法院收到附带民事起诉状后，应当进行审查，并应当在7日内决定是否立案。符合法定条件的，应当受理；不符合的，裁定不予受理。

2. 财产保全：指对可能因被告人的行为或者其他原因，使附带民事判决难以执行的案件，司法机关对被告人的财产采取一定的保全措施，从而保证附带民事判决能够得到执行。附带民事诉讼的财产保全包括两种情形：诉中保全和诉前保全。

（1）诉中保全

①法院对可能因被告人的行为或者其他原因，使附带民事判决难以执行的案件，根据附带民事诉讼原告人或人民检察院申请，法院可以裁定采取保全措施，查封、扣押或者冻结被告人的财产；

②附带民事诉讼原告人未提出申请的，必要时，法院也可以采取保全措施。

（2）诉前保全

①因情况紧急，不立即申请保全将会使其合法权益受到难以弥补的损害的，可以在提起附带民事诉讼前，向被保全财产所在地、被申请人居住地或者对案件有管辖权的法院申请采取保全措施。

②申请人在人民法院受理刑事案件后15日内未提起附带民事诉讼的，人民法院应当解除保全措施。

【注意】人民法院采取保全措施，适用民事诉讼法有关规定。

3. 审理

（1）审理原则与组织

附带民事诉讼应当同刑事案件一并审判，只有为了防止刑事案件审判的过分迟延，才可以在刑事案件审判后，由同一审判组织继续审理附带民事诉讼。

（2）证明责任

附带民事诉讼当事人对自己提出的主张，有责任提供证据。

（3）一审法院对于提起的附带民事诉讼，如何处理？

①可以根据自愿、合法的原则进行调解。

②调解达成协议的，应当制作调解书。调解书经双方当事人签收后，即具有法律效力。调解达成协议并即时履行完毕的，可以不制作调解书，但应当制作笔录，经双方当事人、审判人员、书记员签名或者盖章后即发生法律效力。

③【调解失败】调解未达成协议或者调解书签收前当事人反悔的，附带民事诉讼应当同刑事诉讼一并判决。

4. 当事人缺席的后果

①附带民事诉讼原告人经传唤，无正当理由拒不到庭，或者未经法庭许可中途退庭的，应当按撤诉处理。

②刑事被告人以外的附带民事诉讼被告人经传唤，无正当理由拒不到庭，或者未经法庭许可

中途退庭的，附带民事部分可以缺席判决。

③刑事被告人以外的附带民事诉讼被告人下落不明，或者用公告送达以外的其他方式无法送达，可能导致刑事案件审判过分迟延的，可以不将其列为附带民事诉讼被告人，告知附带民事诉讼原告人另行提起民事诉讼。

5. 最后处理

①应当结合被告人赔偿被害人物质损失的情况认定其悔罪表现，并在量刑时予以考虑。追缴、退赔的情况，可以作为量刑情节考虑。

【注意】附带民事诉讼被告人的亲友自愿代为赔偿的，可以准许，并可作为酌定量刑情节考虑。

②法院认定公诉案件被告人的行为不构成犯罪，对已经提起的附带民事诉讼，经调解不能达成协议的，可以一并作出刑事附带民事判决，也可以告知附带民事原告人另行提起民事诉讼。

问：若刑事判决认定四金无罪，但在此之前四金的父母已经提起调解如何处理？

答：1. 若已调解成功，则制作调解书；

2. 若调解不成功则有两种处理方式：法院可以一并作出附带民事诉讼判决；或者可以告知附带民事原告人另行提起民事诉讼。

（三）在二审期间提起附带民事诉讼的处理

第一审期间未提起附带民事诉讼，在第二审期间提起的，第二审人民法院可以依法进行调解；调解不成的，告知当事人可以在刑事判决、裁定生效后另行提起民事诉讼。（《刑诉解释》第198条）

【小案例练习】

案例1：张三和李四因为邻里关系产生纠纷，张三和弟弟小张共同对李四进行报复性殴打，导致李四重伤住院，并且李四的车辆在殴打过程中受到严重损害。李四在检察院提起公诉后，以他的邻居张三为被告提起附带民事诉讼。

问题：法院应当如何处理本案附带民事诉讼部分？

案例2：张三和李四因为邻里关系产生纠纷，张三对李四进行报复性殴打后，导致李四重伤住院。李四住院期间，同时要求医生给自己做了全面体检，并且针对自己的旧伤进行复查。

问题：李某要求张三赔偿全部医疗费用（含全面体检费用和旧伤复查费用），法院能否支持其诉讼请求？

案例3：张三和李四因为邻里关系产生纠纷，张三对李四进行报复性殴打后，导致李四重伤住院，并且李四的车辆在殴打过程中受到严重损害。后公安机关进行立案。

问题：李四因在住院期间行动不便，能否口头起诉？

案例4：张三和李四因为邻里关系产生纠纷，张三对李四进行报复性殴打后，导致李四重伤住院，并且李四的车辆在殴打过程中受到严重损害。李四提出了附带民事诉讼。

问题：本案的民事部分和刑事部分应当按照什么顺序审理？

【解析】

案例1—问题：法院应当如何处理本案附带民事诉讼部分？

答案：应当告知李四可以对小张一并提起附带民事诉讼。根据相关规定，被害人或者其法定代理人、近亲属仅对部分共同侵害人提起附带民事诉讼的，法院应当告知其可以对其他共同侵害人，包括没有被追究刑事责任的共同侵害人，一并提起附带民事诉讼，但共同犯罪案件中同案犯在逃的除外。本案中，小张也对张三进行了殴打，属于共同侵害人，符合此规定。法条依据为《刑诉解释》第 181 条。

案例 2—问题： 李某要求张三赔偿全部医疗费用（含全面体检费用和旧伤复查费用），法院能否支持其诉讼请求？

答案： 因张三导致的直接医疗费用可以支持，但全面体检费用和旧伤复查费用不能支持。根据相关规定，物质损失必须是由被告人的犯罪行为直接造成的。另外，李某体检和复查的费用与张三无关，因此张三无需赔付。

案例 3—问题： 李四因在住院期间行动不便，能否口头起诉？

答案： 可以。根据相关规定，向法院提出自诉、上诉、申诉、申请等的，应当以书面形式提出。书写有困难的，除另有规定的以外，可以口头提出，由法院工作人员制作笔录或者记录在案，并向口述人宣读或者交其阅读。本案中，李四正在住院，若符合书写确有困难的情况，可以口头提出。法条依据为《刑诉解释》第 651 条。

案例 4—问题： 本案的民事部分和刑事部分应当按照什么顺序审理？

答案： 附带民事诉讼应当同刑事案件一并审判。根据相关规定，附带民事诉讼应当同刑事案件一并审判，只有为了防止刑事案件审判的过分迟延，才可以在刑事案件审判后，由同一审判组织继续审理附带民事诉讼；同一审判组织的成员确实不能继续参与审判的，可以更换。本案中，应当按照前述规定的一般情况处理，即应当一并审判。法条依据为《刑诉解释》第 196 条。

七、附带民事诉讼的二审程序

1. 刑民分开生效

(1)【只有刑事部分上诉】第一审民事部分的判决，在上诉期满后即发生法律效力。

(2)【只有附民上诉】第一审刑事判决，在上诉期满后即发生法律效力。

【注意】应当送监执行的一审刑事被告人是二审附民被告人的，二审附带民事诉讼案件审结前，可以暂缓送监执行。

2. 全案审查： 审理附带民事诉讼的上诉、抗诉案件，应当对全案进行审查。

3. 存在错误时的不同处理

(1)【附民已生效】对刑事部分提出上诉、抗诉，附带民事部分已经发生效力的案件，如果发现民事部分确有错误，应当依照审判监督程序对附带民事部分予以纠正。

(2)【刑事已生效】对附带民事部分提出上诉、抗诉，刑事部分已经发生法律效力的案件，应当对全案进行审查，并按照下列情形分别处理：

①第一审判决的刑事部分并无不当的，只需就附带民事部分作出处理；

②第一审判决的刑事部分确有错误的，依照审判监督程序对刑事部分进行再审，并将附带民事部分与刑事部分一并审理。(《刑诉解释》第 407 条、第 409 条)

4. 增加请求或者反诉：第二审期间，第一审附带民事诉讼原告人增加独立的诉讼请求或者第一审附带民事诉讼被告人提出反诉的，第二审人民法院可以根据自愿、合法的原则进行**调解**；调解不成的，**告知当事人另行起诉**。

5. 增加数额：可以调解，调解不成依法作出裁判。

【总结】二审附带民事诉讼程序

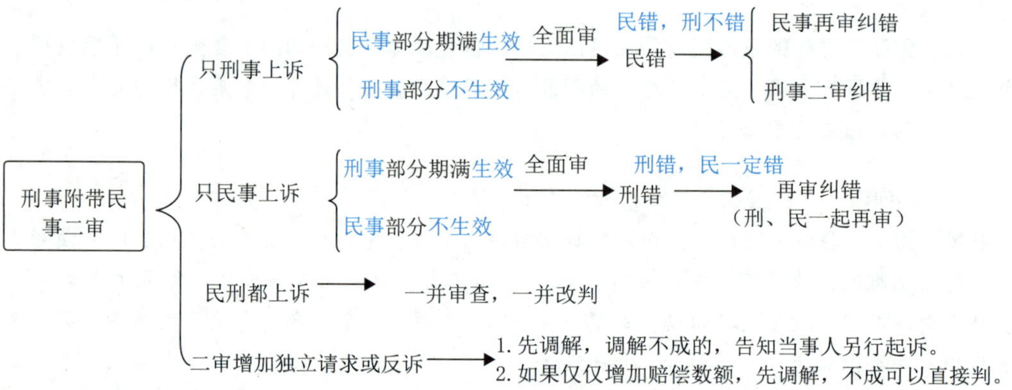

【小案例练习】

案例 1：甲市 A 县法院对张某故意伤害一案作出了刑事附带民事一审判决，张某不服一审刑事部分判决，提起上诉。二审审理过程中，甲市中级法院发现原判民事部分也有错误。

问题：（不涉及其他法院的情况下）甲市中级法院应如何处理？

【解析】

案例 1—问题：（不涉及其他法院的情况下）甲市中级法院应如何处理？

答案：甲市中级法院应**依照二审程序对刑事部分做出裁判**，再**依照审判监督程序对附带民事部分予以纠正**。本案中张某**只针对刑事部分提起上诉**，则本案刑事部分进入二审程序、**附带民事部分在上诉期满后即发生法律效力**。根据法律规定，对未生效、进入二审程序的刑事部分应继续依照二审程序做出裁判，对已经生效的附带民事判决应依照**审判监督程序**对错误予以纠正。法条依据为《刑诉解释》第 407 条。

【总结】对于被害人提起的附带民事诉讼，法院应当如何处理？

法院可以根据自愿、合法的原则进行调解。经调解达成协议的，应当制作调解书。调解书经双方当事人签收后，即具有法律效力。调解达成协议并即时履行完毕的，可以不制作调解书，但应当制作笔录，经双方当事人、审判人员、书记员签名或者盖章后即发生法律效力。调解未达成协议或者调解书签收前当事人反悔的，附带民事诉讼应当同刑事诉讼一并判决。法条依据为《刑诉解释》第 190 条、第 191 条。

【案例】

陈某是甲市 A 县人，其在某酒吧工作时认识了同龄人王某。某晚，陈某约王某到某酒吧喝酒。次日凌晨 6 时许，陈某乘坐王某的奔驰小轿车离开酒吧。途中，二人遇到智障的小甲（15 周岁）在路边闲逛，二人见小甲有几分姿色便起了色心，把小甲拉到街角暗处对小甲多次实施奸淫。小甲把被人强奸的事情告知了父母。小甲父母随即报警。警方立案后通过调取街上的摄像头录像带锁定犯罪嫌疑人就是陈某和王某。陈某听到风声连夜逃亡，一直未被抓获。王某被抓归案。

王某在侦查阶段如实供述自己的罪行，后在审查起诉阶段签署了认罪认罚具结书。检察机关认为犯罪事实清楚，证据确实、充分，遂以强奸罪向法院提起公诉。被害人小甲的父亲代表小甲在审查起诉阶段提出要求被告人王某赔偿损失，但是检察机关却告知其应该向法院提起附带民事诉讼。随后，小甲的父亲向法院提起了附带民事诉讼，要求王某赔偿精神抚慰金、伤残赔偿金等约60万元，人民法院将陈某（应被追究刑事责任，但是在逃）列为共同被告人。王某表示愿意赔偿损失，但是认为原告人要求的赔偿数额过高而不接受，最终法院认定被告人王某犯强奸罪，判处有期徒刑10年，并判决赔偿被害人小甲3万元（支持精神抚慰金，但并未支持伤残赔偿金的诉讼请求）。判决作出后，王某对附带民事部分判决不服，遂针对附带民事部分提起上诉，二审法院认为刑事部分也存在错误，因此对附带民事部分和刑事部分一并进行了处理。

【问题】

1. 小甲的父亲只是对王某提起附带民事诉讼，法院直接将陈某也列为共同被告人的做法是否正确？为什么？

2. 检察机关针对小甲父亲提起附带民事诉讼的处理是否正确？为什么？

3. 法院支持了小甲父亲提出的精神抚慰金，但没有支持伤残赔偿金的诉讼请求是否正确？为什么？

4. 小甲父亲针对附带民事判决提起上诉，第二审人民法院发现刑事部分判决有错误，对附带民事部分和刑事部分一并进行处理的做法是否正确？为什么？

【解析】

1. **答**：不正确。理由有二：第一，根据规定，陈某作为共同侵害人，虽然也有赔偿义务，但是附带民事诉讼原告人（小甲父亲）有权放弃对部分侵害人提起诉讼，法院无权干涉。因此，在小甲父亲只对王某提起附带民事诉讼的情况下，法院首先应当告知其也可以向其他共同侵害人（陈某）提起附带民事诉讼，并确认小甲父亲是否明确放弃对陈某提起附带民事诉讼，告知其相应法律后果，而不能直接将陈某列为共同被告人。第二，根据规定，共犯不在案的，绝对不能列为附带民事诉讼的共同被告人。因此，即使小甲父亲同意将陈某列为共同被告人，由于陈某一直未被抓获，法院也不得将陈某列为共同被告人。法条依据为《刑诉解释》第181条。

2. **答**：不正确。根据规定，附带民事诉讼的原告人（小甲父亲）可以在刑事案件立案以后的任何阶段提起附带民事诉讼，在审查起诉阶段，原告人可以向负有赔偿义务的人提出赔偿要求，检察机关应该及时接收原告人的申请材料，并可针对赔偿要求进行调解。法条依据为《刑诉解释》第184条、185条。

3. **答**：正确。首先，根据规定，附带民事诉讼的原告人可以请求赔偿物质损失，精神损失一般不赔偿。据此，精神损失在特殊情况下可以赔偿。给予受性侵害未成年人一定的精神损害赔偿，更能体现对未成年人优先、特殊保护的原则，因此，支持精神抚慰金的处理决定是正确的。其次，物质损失包括被害人因为犯罪行为的伤害所产生的医疗费、护理费、交通费以及误工损失等，不包括伤残赔偿金和死亡赔偿金，因此，法院不支持伤残赔偿金也是正确的，由上可知，法院的处理决定是正确的。法条依据为《刑诉解释》第175条、第192条。

4. **答**：不正确。理由是：根据规定，第二审法院在第二审程序中贯彻全面审查原则，虽然小甲的父亲针对附带民事部分提起上诉，但是二审法院既要审查刑事部分也要审查附带民事部分，在审查过程中发现刑事部分存在错误的，由于刑事部分已经生效，因此，不能在第二审程序中对刑事部分的错误直接纠正，而需要按照审判监督程序对刑事部分进行再审，并将附带民事部分与刑事部分一并审理。法条依据为《刑诉解释》第409条。

专题十一 管辖与回避

第一节 管辖

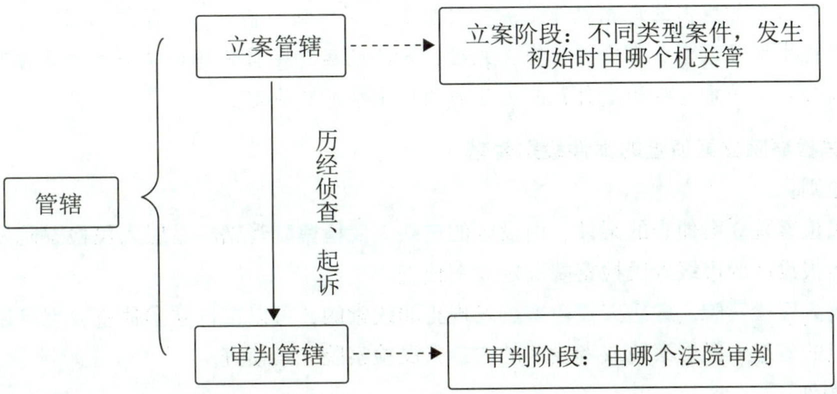

一、立案管辖

（一）人民检察院直接立案侦查的刑事案件（也称为自侦案件）

1. 司法工作人员侵犯公民权利的职务犯罪

（1）人民检察院在对诉讼活动实行法律监督中发现的司法工作人员利用职权实施的非法拘禁、刑讯逼供、非法搜查等侵犯公民权利、损害司法公正的犯罪（14 个罪名①），可以由人民检察院立案侦查。

（2）司法工作人员：是指有侦查、检察、审判、监管职责的工作人员。

【小结】司法工作人员+侵犯公民权利、损害司法公正

【提示】上述案件，人民检察院并没有独享管辖权。按照《监察法实施条例》第 52 条规定，监察机关必要时可以依法调查司法工作人员利用职权实施的涉嫌非法拘禁、刑讯逼供、非法搜查等侵犯公民权利、损害司法公正的犯罪，并在立案后及时通报同级人民检察院。监察机关在调查司法工作人员涉嫌贪污贿赂等职务犯罪中，可以对其涉嫌的前款规定的犯罪一并调查，并及时通

① 第一类，易混罪名：(1) 非法拘禁罪；(2) 非法搜查罪；(3) 滥用职权罪；(4) 玩忽职守罪。第二类，非易混：(1) 刑讯逼供罪；(2) 暴力取证罪；(3) 虐待被监管人罪；(4) 徇私枉法罪；(5) 民事、行政枉法裁判罪；(6) 执行判决、裁定失职罪；(7) 执行判决、裁定滥用职权罪；(8) 私放在押人员罪；(9) 失职致使在押人员脱逃罪；(10) 徇私舞弊减刑、假释、暂予监外执行罪。

报同级人民检察院。人民检察院在办理直接受理侦查的案件中，发现犯罪嫌疑人同时涉嫌监察机关管辖的其他职务犯罪，经沟通全案移送监察机关管辖的，监察机关应当依法进行监察。

2. 国家机关工作人员利用职权实施的重大犯罪

对于公安机关管辖的国家机关工作人员利用职权实施的重大犯罪案件，需要由人民检察院直接受理的，经省级以上人民检察院决定，可以由人民检察院立案侦查。

【提示】人民检察院需要直接立案侦查的，应当层报省级人民检察院决定。报请省级人民检察院决定立案侦查的案件，应当制作提请批准直接受理书，写明案件情况以及需要由人民检察院立案侦查的理由，并附有关材料。省级人民检察院应当在收到提请批准直接受理书后10日以内作出是否立案侦查的决定。省级人民检察院可以决定由设区的市级人民检察院立案侦查，也可以自行立案侦查。

【例】某市海关科长，与走私集团通谋，利用职权走私国家禁止出口的文物，情节特别严重。根据规定，在海关关境内的走私犯罪由海关（公安）缉私部门侦查，由于缉私部门也隶属于公安机关，可以说本案可以由公安机关侦查，此时，人民检察院在同时符合以下两个条件时，也可以决定立案侦查：一是重大犯罪案件；二是经省级以上检察院决定。

3. 人民检察院立案侦查的案件级别管辖

（1）原则：

①人民检察院立案侦查的案件，由设区的市级人民检察院管辖。基层人民检察院发现犯罪线索的，应当报设区的市级人民检察院决定立案侦查。

②最高人民检察院、省级人民检察院发现犯罪线索的，可以自行立案侦查，也可以将犯罪线索交由指定的省级人民检察院或者设区的市级人民检察院立案侦查。

（2）例外：

设区的市级人民检察院可以交给基层人民检察院立案侦查或要求基层人民检察院协助侦查。

（二）公安机关立案侦查的案件

1. 公安机关立案侦查的范围

《刑事诉讼法》第19条第1款规定："刑事案件的侦查由公安机关进行，法律另有规定的除外。"据此，除法律另有规定，一般的刑事案件由公安机关立案侦查。

2. 法律另有规定【同公安机关行使相同侦查权】

（1）国家安全机关：对与国家安全有关的案件进行侦查。

（2）军队保卫部门：对军队内部发生的刑事案件行使侦查权。

（3）监狱：对罪犯在监狱内犯罪的案件进行侦查。【罪犯+监狱内】

【正例】四金因盗窃罪在监狱服刑，服刑期间和狱友徐毛毛打架，造成徐毛毛轻伤，由此四金涉嫌的故意伤害罪由监狱侦查。

【反例】两个狱警在监狱里面一言不合打起来，四金把徐某打成了重伤，四金犯故意伤害罪。虽然狱警四金在监狱内犯罪，但其不是罪犯，所以应当由公安机关侦查。

（4）海警机构（中国海警局）：负责对海上发生的刑事案件进行侦查。

（5）海关（公安）缉私部门：海关（公安）缉私部门负责海关关境内走私犯罪的侦查工作。海关（公安）缉私部门受公安机关和海关双重领导，因此既是公安机关的组成部门，也是海关的组成部门。换言之，可以说海关关境内的走私犯罪由公安机关侦查。

（三）监察机关立案调查的案件

详见后文专题十二 监察法与刑事诉讼法的衔接。

（四）管辖权竞合的处理（交叉管辖的处理）

1. 监察委员会与其他机关的管辖权竞合

详见后文专题十二 监察法与刑事诉讼法的衔接

2. 公安机关与人民检察院的管辖权竞合

①**分别管辖**：涉及到对方管辖的案件时，将不属于本部门管辖的案件移送给对方。

【例】 A市的检察机关对涉嫌刑讯逼供的刑警四金进行立案侦查，发现四金在归案前曾畏罪潜逃到B市，并在B市进行抢劫。

问：该刑讯逼供案和抢劫案怎么查？

答：应当进行分别管辖。四金在A市的刑讯逼供案由A市的检察院侦查；在B市的抢劫案由B市的公安机关侦查。

②**主罪原则**：如果涉嫌主罪属于公安机关管辖，由公安机关为主侦查，人民检察院予以配合；如果涉嫌主罪属于人民检察院管辖，由人民检察院为主侦查，公安机关予以配合。

3. 公诉案件与自诉案件的管辖权竞合

（1）【公诉中发现自诉】公安机关或人民检察院在侦查过程中，如果发现被告人还犯有属于人民法院直接受理的罪行时，应当分情况进行处理：

①如果发现犯罪嫌疑人还犯有告诉才处理的案件：告知被害人向法院直接提起诉讼。

②如果发现犯罪嫌疑人还犯有其他类型自诉案件（可公诉可自诉/公诉转自诉）：可以立案侦查，随同公诉案件**移送**法院，由法院**合并**审理。（公可并自）

（2）【自诉中发现公诉】人民法院在审理自诉案件过程中，如果发现被告人还犯有必须由人民检察院提起公诉的罪行时：**应当**将新发现的案件**另案移送**有管辖权的公安机关、监察机关、人民检察院处理。（因为不告不理原则，自不可并公）。

二、审判管辖

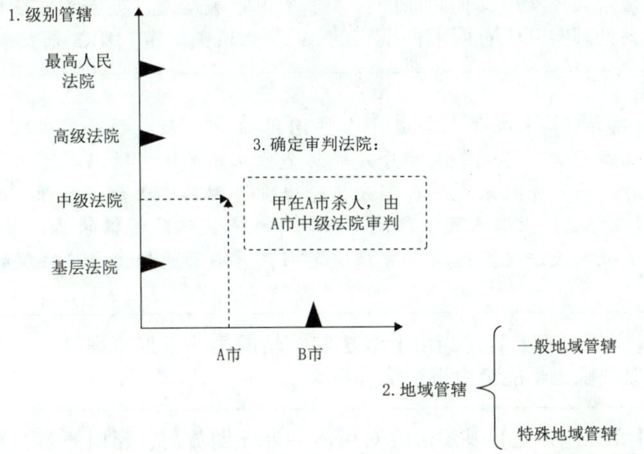

4. 指定管辖：多个法院之间就管辖发生争议，或因案件性质，有管辖权的法院不宜管辖的，报上级法院指定管辖

（一）级别管辖

1. 各级人民法院管辖的案件范围

最高人民法院	管辖全国性的重大刑事案件。
高级人民法院	管辖全省（自治区、直辖市）性的重大刑事案件。
中级人民法院（《刑诉法》第21条、291条、299条）	（1）危害国家安全、恐怖活动案件。（2）可能判处无期徒刑、死刑的案件。（3）犯罪嫌疑人、被告人逃匿、死亡案件违法所得的没收程序。（4）贪污贿赂、经最高检核准的严重危害国家安全犯罪、恐怖活动犯罪案件而被告人在境外的缺席审判案件。 【记忆口诀】国、恐、无、死、没、缺
基层人民法院	除上级人民法院管辖的以外的案件。

2. 级别管辖应当遵循的原则

上可以审下	【上可审下】上级法院在必要的时候，可以审判下级法院管辖的第一审刑事案件；
	【上接检后不交下】检察院认为可能判处无期徒刑、死刑，向中级法院提起公诉的案件，中级法院受理后，认为不需要判处无期徒刑、死刑的，应当依法审判，不再交基层法院审判。（《刑诉解释》第14条）
	【下可请移上】下级法院认为案情重大、复杂需要由上级法院审判的第一审刑事案件，可以请求移送上一级法院审判。
就高不就低	【就高不就低】一人犯数罪、共同犯罪案件或者其他需要并案审理的案件，其中一人或者一罪属于上级人民法院管辖的，全案由上级法院管辖。（《刑诉解释》第15条）
	【并案】具有下列情形之一的，人民法院、人民检察院、公安机关可以在其职责范围内并案处理：①一人犯数罪的；②共同犯罪的；③共同犯罪的犯罪嫌疑人、被告人还实施其他犯罪的；④多个犯罪嫌疑人、被告人实施的犯罪存在关联，并案处理有利于查明案件事实的。（《六机关规定》第3条）
	【提示1】未成年人与成年人共同犯罪中，未成年分案处理，即未成年人部分从立案开始就与成年人部分分成两个独立的案件，所以在运用“就高不就低”原则时，应当先将未成年人部分排除出去（因其已成为一个独立的案件）。 【提示2】上级人民法院决定审判下级人民法院管辖的第一审刑事案件的，应当向下级人民法院下达改变管辖决定书，并书面通知该上级法院的同级人民检察院。
下不可以审上	【下不可审上】应当由上级法院管辖的第一审刑事案件，下级法院不能管辖，上级法院也不能交由下级法院审判。
	【无死应移上】基层法院对可能判处无期徒刑、死刑的第一审刑事案件，应当移送中级法院审判。

（二）地域管辖

地域管辖	概念：指不同地区的同级法院之间，关于第一审刑事案件的审判权限划分。	
一般原则 【**以犯罪地为主，被告人居住地为辅**】	犯罪地	①犯罪地包括犯罪**行为地**和犯罪**结果地**。 ②计算机犯罪，沾边就管。针对或者主要利用计算机网络实施的犯罪，犯罪地包括用于实施犯罪行为的网络服务使用的服务器所在地，网络服务提供者所在地，被侵害的信息网络系统及其管理者所在地，犯罪过程中被告人、被害人使用的信息网络系统所在地，以及被害人被侵害时所在地和被害人财产遭受损失地等。（《刑诉解释》第 2 条）
	被告人居住地	居住地是指被告人的户籍地。经常居住地与户籍地不一致的，经常居住地为其居住地。
共同管辖	几个法院都有管辖权的，由**最初受理**的法院审判为主。必要时可以移送**主要犯罪地**的法院审判。	
并案管辖 【审判阶段一人数罪】	其他犯罪已提起公诉	人民法院发现被告人还有**其他犯罪被起诉的**，**可以并**案审理；涉及**同种犯罪**的，**一般应当并**案审理。
		【例】：法院审理被告 A 罪过程中，发现被告还有其他 B 罪被提起公诉，考虑将 A 罪和 B 罪一起审理。
	其他犯罪未提起公诉	人民法院发现被告人还有其他犯罪被审查起诉、立案侦查、立案调查的，可以**参照前款规定协商**人民检察院、公安机关、监察机关并案处理，但**可能造成审判过分迟延的除外**。（《刑诉解释》第 24 条）
	二审发现被告人其他犯罪的	第二审人民法院在审理过程中，发现被告人还有其他犯罪没有判决的，参照前条规定处理。第二审人民法院决定并案审理的，应当发回第一审人民法院，由第一审法院作出处理。
		【提示】发回第一审法院并案审理的具体处理规则： （1）**对于其他犯罪尚未作出生效判决的，应当并案审理**。对于其他犯罪系同种犯罪的，不能适用数罪并罚的规定；对于其他犯罪系异种犯罪的，应当根据《刑法》第 69 条的规定进行数罪并罚。
		（2）**对于其他犯罪已经作出生效判决，但刑罚尚未执行完毕的**，应当根据《刑法》第 70 条的规定进行数罪并罚。
	地域上	根据前两款规定并案处理的案件，由最初受理地的人民法院审判。必要时，可以由主要犯罪地的人民法院审判。
	级别上	遵循级别管辖的规定。

（三）指定管辖

指定管辖含义	指当**管辖权不明**或者**有管辖权的法院不宜行使**管辖权时，由**上级人民法院以指定的方式确定**案件由下级法院管辖。【注意：只能上指下】

续表

<table>
<tr><td>管辖不明或者存在争议</td><td colspan="2">管辖权发生争议的，应当在审理期限内协商解决——协商不成的，分别层报共同的上级人民法院指定管辖。
【提示】争议各方协商是必经程序，只有协商不成的，才能报请共同上级法院指定管辖，而且报请只能“逐级”层报，不能越级报请。</td></tr>
<tr><td rowspan="3">管辖不宜
【有管辖权】</td><td colspan="2">有管辖权的人民法院因案件涉及本院院长需要回避或者其他原因，不宜行使管辖权的，可以请求移送上一级人民法院管辖。</td></tr>
<tr><td colspan="2">上一级人民法院可以管辖，也可以指定与提出请求的人民法院同级的其他人民法院管辖。（《刑诉解释》第18条）</td></tr>
<tr><td colspan="2">指定时：不能违背级别管辖；也不能超出辖区。</td></tr>
<tr><td>其他需要指定管辖的情形</td><td colspan="2">【有管辖权，且没有不宜管辖的情形】
有关案件，由犯罪地、被告人居住地以外的人民法院审判更为适宜的，上级人民法院可以指定下级人民法院管辖。
例：专业性较强的刑事案件，可以指定具有相关审判经验的法院管辖。</td></tr>
<tr><td rowspan="4">指定管辖后的处理
（《刑诉解释》第21条、22条）</td><td colspan="2">（1）上级法院指定管辖，应当将指定管辖决定书送达被指定管辖的人民法院和其他有关的人民法院。</td></tr>
<tr><td colspan="2">（2）指定后的案卷移送制度（由原受理案件的人民法院移送）：</td></tr>
<tr><td>公诉案件</td><td>原受理案件的人民法院收到决定书后，应当书面通知原受理案件的人民法院的同级人民检察院，并将案卷材料退回，同时书面通知当事人。</td></tr>
<tr><td>自诉案件</td><td>原受理案件的人民法院收到决定书后，应当将案卷材料移送被指定管辖的人民法院，并书面通知当事人。</td></tr>
</table>

（四）特殊管辖

1. 外国人犯罪

（1）普遍管辖：中国缔结或者参加的国际条约所规定的罪行，中国在所承担条约义务范围内行使管辖权的，由被告人被抓获地、登陆地或者入境地的人民法院管辖。

（2）保护管辖：外国人在领域外对中国、中国人犯罪，根据中国《刑法》应当受处罚的，由该外国人登陆地、入境地或者入境后居住地的人民法院管辖，也可以由被害人离境前居住地或者现居住地的人民法院管辖。

2. 中国内水领海内的犯罪

（1）内水的含义：指领海基线向陆一侧的海上水域。

（2）管辖：由犯罪地或者被告人登陆地的人民法院管辖。由被告人居住地的人民法院审判更为适宜的，可以由被告人居住地的人民法院管辖。

3. 在中国领域外的中国的交通工具上的犯罪

（1）领域外的中国船舶内的犯罪：最初停泊的中国口岸所在地或者被告人登陆地、入境地的人民法院管辖。

（2）领域外的中国航空器内的犯罪：由该航空器在中国最初降落地的人民法院管辖。

4. 在中国领域内的中国列车上的犯罪

（1）被告人在运行途中被抓获：由前方停靠站所在地负责审判铁路运输刑事案件的人民法院管辖。必要时，也可以由始发站或者终点站所在地负责审判铁路运输刑事案件的人民法院管辖。

【提示】前方停靠站包括但不限于前方停靠的第一站。

（2）被告人不是在运行途中被抓获：

①【不管在哪里被抓获】由负责该列车乘务的铁路公安机关（即乘警地）对应的审判铁路运输刑事案件的人民法院管辖；

②被告人在列车运行途经车站被抓获的，也可以由该车站所在地负责审判铁路运输刑事案件的人民法院管辖。

【思路】

在列车上犯罪
- 在车上被抓：前方停靠站，必要时，可以始发站或者终点站
- 下车后被抓：
  - 离开车站才被抓：乘警地
  - 在车站内被抓获：乘警地+车站所在地

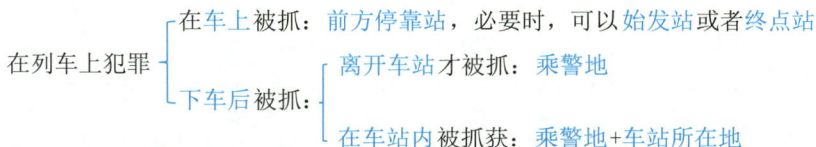

【例】四金在从甲市开往乙市的高铁（该高铁由丙市铁路公安机关负责乘务工作）上实施了盗窃行为，其在A站下车后逃窜到丁区在丁区被抓获。

问：对于此案，哪一法院有管辖权？

答：丙市负责审判铁路运输刑事案件的人民法院。

5. 在国际列车上的犯罪

根据我国与相关国家签订的协定确定管辖【协定优先】；没有协定的，由该列车始发或者前方停靠的中国车站所在地负责审判铁路运输刑事案件的人民法院管辖。

6. 中国人在中国驻外使领馆内或领域外的犯罪

（1）驻外使领馆内的犯罪：由其主管单位所在地或者原户籍地的人民法院管辖。

（2）领域外的犯罪：由其登陆地、入境地、离境前居住地或者现居住地的人民法院管辖；被害人是中国公民的，也可以由被害人离境前居住地或者现居住地的人民法院管辖。

7. 服刑期间的犯罪

（1）漏罪：正在服刑的罪犯在判决宣告前还有其他罪没有判决的，由原审地人民法院管辖；由罪犯服刑地或者犯罪地的人民法院审判更为适宜的，可以由罪犯服刑地或者犯罪地的人民法院管辖。

（2）新罪：【监狱内】罪犯在服刑期间又犯罪的，由服刑地的人民法院管辖。【监狱外】罪犯在脱逃期间又犯罪的，由服刑地的人民法院管辖。但是，在犯罪地抓获罪犯并发现其在脱逃期间犯罪的，由犯罪地的人民法院管辖。

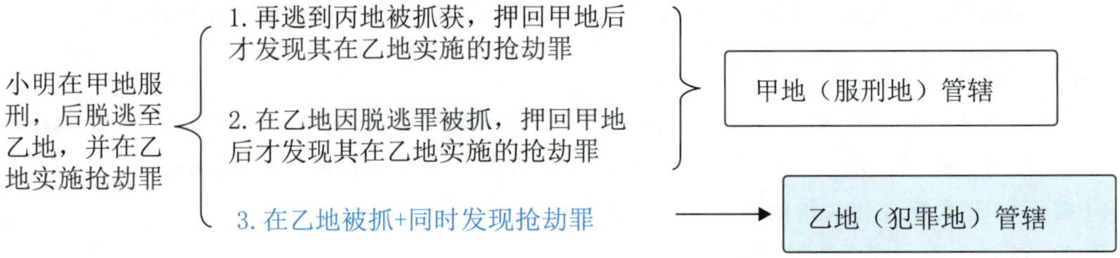
小明在甲地服刑，后脱逃至乙地，并在乙地实施抢劫罪
1. 再逃到丙地被抓获，押回甲地后才发现其在乙地实施的抢劫罪
2. 在乙地因脱逃罪被抓，押回甲地后才发现其在乙地实施的抢劫罪
3. 在乙地被抓+同时发现抢劫罪
甲地（服刑地）管辖
乙地（犯罪地）管辖

【小案例练习】

案例 1：某地 A 区税务局局长王某涉嫌贪污罪，被当地监察委立案调查。同时又涉嫌盗窃罪。

问题：本案管辖应当如何处理？

案例 2：A 市 B 区居民张三在该地故意投毒致受害人死亡。

问题：本案应由哪个法院进行管辖？

案例 3：A 市 B 区居民张三、李四合谋在该地故意投毒给被害人王五，李四在买完毒药后心生悔意，劝张三放弃投毒，但未成功对张三进行劝阻，张三进行投毒致王五死亡。

问题：本案应由哪个法院进行管辖？

案例 4：我国甲市的居民小张在由 M 国飞往我国乙市途中的中国籍航班上涉嫌故意伤害罪，后该航班降落在我国乙市 D 区。

问题：本案有管辖权的法院是哪些？

【解析】

案例 1—问题：本案管辖应当如何处理？

答案：由监察机关为主调查，公安机关予以协助。根据相关规定，本案中王某既涉嫌贪污罪，属于监察机关管辖范围，又涉嫌盗窃罪，属于公安机关管辖范围，**一般应当由监察机关为主**调查，公安机关予以协助。法条依据为《监察法》第 34 条。

案例 2—问题：本案应由哪个法院进行管辖？

答案：由 A 市中院管辖。本案中，张三涉嫌故意杀人罪，可能被判处**无期徒刑、死刑**，犯罪地在 A 市，因此**应由 A 市中院管辖**。法条依据为《刑事诉讼法》第 21 条、第 25 条。

案例 3—问题：本案应由哪个法院进行管辖？

答案：由 A 市中院管辖。根据相关规定，**一人犯数罪**、**共同犯罪**和**其他需要并案审理**的案件，其中**一人或者一罪**属于**上级法院**管辖的，**全案由上级法院管辖**。本案中，张三、李四涉嫌**共同犯罪**，李四犯罪情节相对轻微，而张三可能被判处**无期徒刑、死刑，**应由**中院管辖**，且本案犯罪地为 A 市，因此全案应由 A 市中院管辖。法条依据为《刑事诉讼法》第 21 条、第 25 条及《刑诉解释》第 15 条。

案例 4—问题：本案有管辖权的法院是哪些？

答案：乙市 D 区法院。根据相关规定，在中华人民共和国**领域外**的**中国航空器内的犯罪**，由该航空器在中国最初降落地的法院管辖。本案中，最初降落地为乙市D区法院。法条依据为《刑诉解释》第8条。

第二节 回避

一、回避理由

回避的理由，是指由法律规定适用回避所必须具备的根据。回避的理由包括以下几种情形：

（一）近亲属或其他利害关系：

1. 是本案的当事人或者是当事人的近亲属的；

【提示】刑事诉讼中唯回避理由（包括以下其他回避理由中涉及近亲属的）中的“近亲属”范围大于父母、子女、配偶、同胞兄弟姐妹，包含直系血亲、三代以内旁系血亲及姻亲关系。

2. 与本案的辩护人、诉讼代理人有近亲属关系的；

3. 本人或者他的近亲属和本案有利害关系的；

4. 与本案当事人有其他关系，可能影响公正处理案件的；

【提示】此处“其他关系”是指除近亲属以外的其他关系，如同学关系、朋友关系等，而且，并非有其他关系就一定要回避，要回避还必须同时符合“可能影响公正处理案件的”以及连接点是“当事人”这两个条件。

【例1】被告人在法庭上申请法官回避，理由是法官跟公诉人是大学同班同学，据说是同宿舍的铁哥们。

问：请问法官要不要回避？

答：不用。回避制度的连接点是当事人，因为公诉人不是当事人，不属于法官与当事人有其他关系应当回避的情形。

【例2】被告人在法庭上申请法官回避，理由是法官跟被害人是大学同班同学，据说是同宿舍的铁哥们。

问：请问法官要不要回避？

答：应当回避。在本案中，连接点是被害人这个当事人，属于法官与当事人有其他关系，可能影响公正处理案件应当回避的情形。

5. 担任过本案的证人、鉴定人、辩护人、诉讼代理人、翻译人员的。

（二）违法违规

审判人员、检察人员、侦查人员接受当事人及其委托的人的请客送礼，违反规定会见当事人及其委托的人。

【提示】对此种情形的回避，为了防止当事人滥用申请权，当事人及其法定代理人申请时应当提供相关证据材料。

（三）程序一次

1. 参与过本案调查、侦查、审查起诉工作的监察、侦查、检察人员，调至人民法院工作的，不得担任本案的审判人员。

2. 在一个审判程序中参与过本案审判工作的合议庭组成人员或者独任审判员，不得再参与本案其他程序的审判。

【例外】但是，发回重新审判的案件，在第一审人民法院作出裁判后又进入第二审程序、在法定刑以下判处刑罚的复核程序或者死刑复核程序的，原第二审程序、在法定刑以下判处刑罚的复核程序或者死刑复核程序中的合议庭组成人员不受上述规定（程序只能参与一次的规定）的限制。

【小结】关于程序一次及其例外的图示

1. 一般案件二审发回重审的情况：

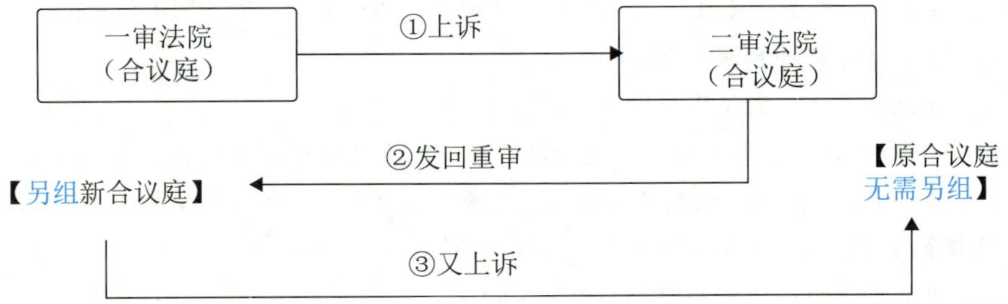

2. 死刑复核程序发回重审的情况：

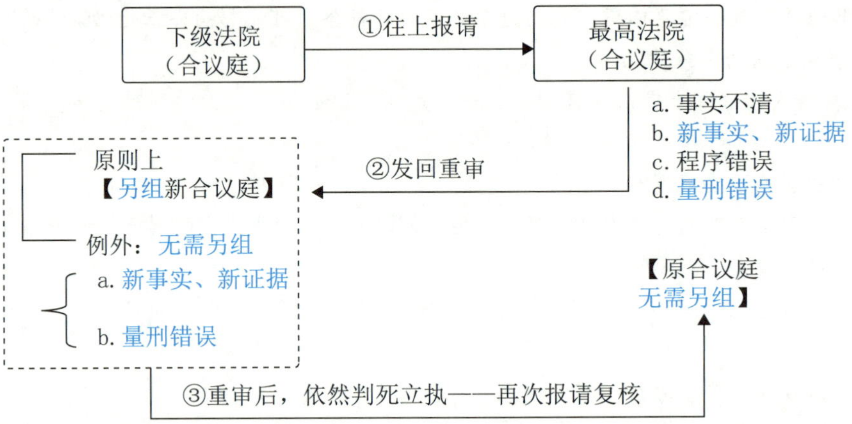

二、回避的程序

（一）回避的期间

在刑事诉讼中的各个阶段，即侦查、审查起诉和审判（包括一审程序、二审程序、死刑复核程序和审判监督程序）等阶段，都可以启动回避程序。侦查人员、检察人员、审判人员具有应当回避情形的，应当自行提出回避，没有自行提出回避的，应当责令其回避，当事人**在任何诉讼阶段**均可以申请其回避。

（二）回避的申请

1. 回避的提出主体

（1）自行回避：由具有回避理由的公安司法人员**本人主动**提出。

（2）申请回避：由**当**事人及其**法**定代理人、**辩**护人、**诉**讼代理人提出申请。

【记忆口诀】**当法辩诉**。有权申请回避的主体只有以上四种，**近亲属不享有申请回避权**。

（3）指令回避：由对回避有决定权的机关或人员直接决定。

2. 回避的申请方式

无论是自行回避还是申请回避，既可以以**书面形式**提出回避，也可以以**口头形式**提出。

3. 回避的审查与决定

（1）回避的决定主体

①审判人员、检察人员、侦查人员的回避应当分别由法院**院长**、**检察长**、县级以上**公安机关负责人**决定。

②人民法院院长的回避由本院**审判委员会**决定。审判委员会讨论院长回避时，由副院长主持，院长不得参加。

③检察长和公安机关负责人的回避由同级人民检察院**检察委员会**决定。检察委员会讨论检察长回避问题时，由副检察长主持，检察长不得参加。

【提示】这里的公安机关负责人，是指公安机关的正职负责人。对公安机关副职负责人的回避，由正职负责人决定。

④书记员、翻译人员、鉴定人、有专门知识的人的回避，一般应当按照诉讼进行的阶段，分别由公安机关负责人、检察长或法院院长决定。法官助理的回避，由法院院长决定。

【记忆口诀】一般找老大；老大找组织。

【小结】

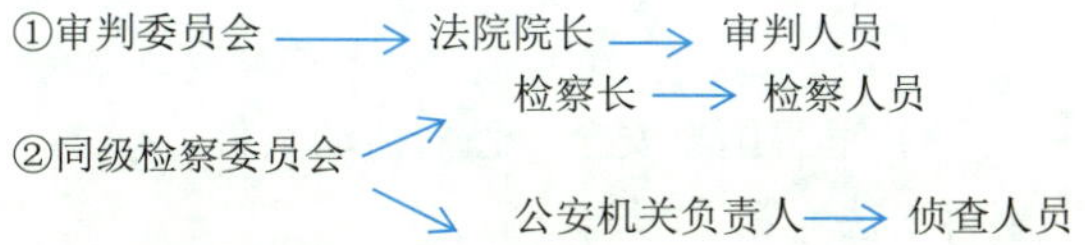

③法官助理、法院的书记员由院长决定，翻译人员、鉴定人、有专门知识的人的回避，实行“**谁聘请，谁决定**”原则，分别由院长、检察长、公安机关负责人决定。

【例】在审判阶段被告人申请鉴定人四金回避，四金是**检察院聘请**的公安机关的**法医**，被告人的理由是四金收了被害人两条烟。

问：四金的回避由谁决定？

答：四金的回避由检察院的**检察长决定**。不管在什么阶段，也不管原来四金是哪个机关的工作人员，在本案当中，四金是为检察院工作的，所以是由检察长决定。

（2）回避的后果

①提出回避要求后的法律效果；

提出有法定理由的回避申请，被申请回避的人员**一般**应**暂停**参与本案的诉讼活动。但是，侦查人员的**侦查活动不停止**。

②作出回避决定后，相关人员在回避前诉讼活动的法律效力。

被决定回避的人员在回避决定作出以前所进行的诉讼活动（包括取得的证据和进行的诉讼行为）**是否有效，由决定其回避的该主体根据案件情况决定**。【**效力待定。谁决定回避，谁决定效力**】

（3）对回避决定的救济

①救济的条件：

<1>救济的主体必须是**当**事人及其**法**定代理人、**辩**护人、**诉**讼代理人。

<2>必须提出有法定理由的回避申请被驳回才能救济，如果是非法定理由的回避申请，法庭当庭驳回，并不得复议；

②救济的方式：可以向原决定机关申请复议一次。

【小案例练习】

案例1：小张因涉嫌抢劫罪被检察机关移送起诉，被害人为小李。该案的法官为A区法院法官小王，小张聘请了小邓为辩护律师。小李在开庭前发现小王和小邓等人在餐厅聚餐，并拍照留证。

问题：小王的回避决定应由谁做出？

【解析】

案例1—问题：小王的回避决定应由谁做出？

答案：A区法院院长。根据相关规定，审判人员、检察人员、侦查人员的回避，应当分别由院长、检察长、公安机关负责人决定。本案中小王为A区法官，故其回避决定由A区法院院长决定。法条依据为《刑事诉讼法》第31条。

【知识点分析思路总结】关于“本案的管辖应当如何处理？”“本案应由何机关管辖？”“本案应由哪个法院进行管辖？”“本案是否需要回避？”等问题，需要考虑案件的立案管辖和审判管辖，审判管辖又细分为级别管辖、地域管辖等等，应当全面考虑。可以按照如下模板回答：

（1）基层法院管辖第一审普通刑事案件，但是应当由上级法院管辖的除外。法条依据为《刑事诉讼法》第20条。

（2）中级人民法院管辖下列第一审刑事案件：（一）危害国家安全、恐怖活动案件；（二）可能判处无期徒刑、死刑的案件。法条依据为《刑事诉讼法》第21条。

（3）刑事案件由犯罪地的法院管辖。如果由被告人居住地的法院审判更为适宜的，可以由被告人居住地的法院管辖。法条依据为《刑事诉讼法》第25条。

（4）刑事案件由犯罪地的法院管辖。犯罪地包括犯罪行为地和犯罪结果地。法条依据为《刑诉解释》第2条。

（5）几个同级法院都有权管辖的案件，由最初受理的人民法院审判。法条依据为《刑事诉讼法》第26条。

（6）管辖权发生争议的，应当在审理期限内协商解决；协商不成的，由争议的法院分别层报共同的上级法院指定管辖。法条依据为《刑诉解释》第19条。

（7）审判人员具有下列情形之一的，应当自行回避，当事人及其法定代理人有权申请其回避：（一）是本案的当事人或者是当事人的近亲属的；（二）本人或者其近亲属与本案有利害关系的；（三）担任过本案的证人、鉴定人、辩护人、诉讼代理人、翻译人员的；（四）与本案的辩护人、诉讼代理人有近亲属关系的；（五）与本案当事人有其他利害关系，可能影响公正审判的。法条依据为《刑诉解释》第27条。

案例：B市张某户籍在A区，常在C区居住，在D区的某国家机关工作，工作时与同事王某发生争执，王某住在E市，后出于报复心理在同事家中对其进行殴打，王某抢救无效去世。

（1）本案应由何机关管辖？

（2）原则上，本案应由何地法院管辖？

（3）原则上，本案应由哪一级机关管辖？

（1）**答：由公安机关管辖**。根据相关规定，**刑事案件的侦查由公安机关进行**，法律另有规定的除外。本案的被告人**虽为国家机关工作人员**，但**犯罪与职务毫无关系**，**仍然由公安管辖**。法条依据为《刑事诉讼法》第19条。

（2）**答：由E市人民法院管辖**。根据相关规定，刑事案件由**犯罪地的法院管辖**。如果由被告人**居住地**的人民法院审判**更为适宜**的，可以由被告人**居住地的人民法院管辖**。本案中犯罪地为E市，被告人居住地为C区。法条依据为《刑事诉讼法》第25条。

（3）**答：由中院管辖**。根据相关规定，中院管辖下列第一审刑事案件：（一）危害国家安全、恐怖活动案件；（二）可能判处无期徒刑、死刑的案件。本案中，张某故意伤害致被害人死亡，**可能被判处无期徒刑、死刑**，因此**应当由中院管辖**。法条依据为《刑事诉讼法》第21条。

KEEP AWAKE

专题十二 监察法与刑事诉讼法的衔接

衔接流程图

立案——侦查——审查起诉——审判——执行

立案——调查↗

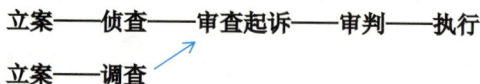

一、交叉管辖的衔接（监察委员会与其他机关的管辖权竞合）

（一）监察机关立案调查的案件范围

1. 监察对象：【公职人员全覆盖+类公职人员】，其中，类公职人员包括国企、事业单位、基层组织中的管理人员。①具体而言：

【提示1】国企、事业单位、基层组织中的管理人员才是监察对象，其他普通人员不包含在内，如国企中的普通职员。

【提示2】《监察法实施条例》第53条第1款　监察机关对于退休公职人员在退休前或者退休后，或者离职、死亡的公职人员在履职期间实施的涉嫌职务违法或者职务犯罪行为，可以依法进行调查。

2. 案件范围：监察机关对公职人员和有关人员涉嫌贪污贿赂②、滥用职权③、玩忽职守④、

---

① 《监察法》第15条："监察机关对下列公职人员和有关人员进行监察：（一）中国共产党机关、人民代表大会及其常务委员会机关、人民政府、监察委员会、人民法院、人民检察院、中国人民政治协商会议各级委员会机关、民主党派机关和工商业联合会机关的公务员，以及参照《中华人民共和国公务员法》管理的人员；（二）法律、法规授权或者受国家机关依法委托管理公共事务的组织中从事公务的人员；（三）国有企业管理人员；（四）公办的教育、科研、文化、医疗卫生、体育等单位中从事管理的人员；（五）基层群众性自治组织中从事管理的人员；（六）其他依法履行公职的人员。"

② 《监察法实施条例》第26条规定："监察机关依法调查涉嫌贪污贿赂犯罪，包括贪污罪，挪用公款罪，受贿罪，单位受贿罪，利用影响力受贿罪，行贿罪，对有影响力的人行贿罪，对单位行贿罪，介绍贿赂罪，单位行贿罪，巨额财产来源不明罪，隐瞒境外存款罪，私分国有资产罪，私分罚没财物罪，以及公职人员在行使公权力过程中实施的职务侵占罪，挪用资金罪，对外国公职人员、国际公共组织官员行贿罪，非国家工作人员受贿罪和相关联的对非国家工作人员行贿罪。"

③ 《监察法实施条例》第27条规定："监察机关依法调查公职人员涉嫌滥用职权犯罪，包括滥用职权罪，国有公司、企业、事业单位人员滥用职权罪，滥用管理公司、证券职权罪，食品、药品监管渎职罪，故意泄露国家秘密罪，报复陷害罪，阻碍解救被拐卖、绑架妇女、儿童罪，帮助犯罪分子逃避处罚罪，违法发放林木采伐许可证罪，办理偷越国（边）境人员出入境证件罪，放行偷越国（边）境人员罪，挪用特定款物罪，非法剥夺公民宗教信仰自由罪，侵犯少数民族风俗习惯罪，打击报复会计、统计人员罪，以及司法工作人员以外的公职人员利用职权实施的非法拘禁罪、虐待被监管人罪、非法搜查罪。"

④ 《监察法实施条例》第28条规定："监察机关依法调查公职人员涉嫌玩忽职守犯罪，包括玩忽职守罪，国

权力寻租、利益输送、徇私舞弊[①]以及浪费国家资财等职务违法和职务犯罪[②]进行调查。

【提示】核心是贪污、滥用职权等职务犯罪。判断监察机关立案调查的案件范围，从两点出发：一是身份，即公职人员或类公职人员；二是罪名：贪污、滥用职权等职务犯罪。

（二）监察机关与其他机关的管辖权竞合

1. 监察机关调查过程中发现被调查人既涉嫌严重职务违法或者职务犯罪，又涉嫌其他违法犯罪的：

①一般应当由监察机关为主调查，其他机关予以协助。

②《监察法实施条例》第51条：公职人员既涉嫌贪污贿赂、失职渎职等严重职务违法和职务犯罪，又涉嫌公安机关、人民检察院等机关管辖的犯罪，依法由监察机关为主调查的，应当由监察机关和其他机关分别依职权立案，监察机关承担组织协调职责，协调调查和侦查工作进度、重要调查和侦查措施使用等重要事项。（2022年新增内容）

【例】监委会对某涉嫌贪污罪的官员四金立案调查，在调查过程中发现四金还有抢劫的犯罪事实，此时，抢劫犯罪仍然由公安机关立案侦查，但由监委会承担组织协调职责，协调贪污罪的调查和公安机关抢劫罪的侦查工作进度、重要调查和侦查措施使用等重要事项。

2. 人民检察院侦查过程中发现犯罪嫌疑人同时涉嫌监察机关管辖的职务犯罪线索的：

①【应沟通】应当及时与同级监察机关沟通。

②【一并移】经沟通，认为全案由监察机关管辖更为适宜的，人民检察院应当将案件和相应职务犯罪线索一并移送监察机关。

③【分别管】认为由监察机关和人民检察院分别管辖更为适宜的，人民检察院应当将监察委员会管辖的相应职务犯罪线索移送监察委员会，对依法由人民检察院管辖的犯罪案件继续侦查。

④【不停侦】人民检察院应当及时将沟通情况报告上一级人民检察院。沟通期间，人民检察院不得停止对案件的侦查。

【提示】人民检察院在办理直接受理侦查的案件中，发现犯罪嫌疑人同时涉嫌监察机关管辖的其他职务犯罪，经沟通全案移送监察机关管辖的，监察机关应当依法进行调查。

（接上页）有公司、企业、事业单位人员失职罪，签订、履行合同失职被骗罪，国家机关工作人员签订、履行合同失职被骗罪，环境监管失职罪，传染病防治失职罪，商检失职罪，动植物检疫失职罪，不解救被拐卖、绑架妇女、儿童罪，失职造成珍贵文物损毁、流失罪，过失泄露国家秘密罪。”

①《监察法实施条例》第29条规定：“监察机关依法调查公职人员涉嫌徇私舞弊犯罪，包括徇私舞弊低价折股、出售国有资产罪，非法批准征收、征用、占用土地罪，非法低价出让国有土地使用权罪，非法经营同类营业罪，为亲友非法牟利罪，枉法仲裁罪，徇私舞弊发售发票、抵扣税款、出口退税罪，商检徇私舞弊罪，动植物检疫徇私舞弊罪，放纵走私罪，放纵制售伪劣商品犯罪行为罪，招收公务员、学生徇私舞弊罪，徇私舞弊不移交刑事案件罪，违法提供出口退税凭证罪，徇私舞弊不征、少征税款罪。”

②《监察法实施条例》第30条规定：“监察机关依法调查公职人员在行使公权力过程中涉及的重大责任事故犯罪，包括重大责任事故罪，教育设施重大安全事故罪，消防责任事故罪，重大劳动安全事故罪，强令、组织他人违章冒险作业罪，危险作业罪，不报、谎报安全事故罪，铁路运营安全事故罪，重大飞行事故罪，大型群众性活动重大安全事故罪，危险物品肇事罪，工程重大安全事故罪。”《监察法实施条例》第31条规定：“监察机关依法调查公职人员在行使公权力过程中涉及的其他犯罪，包括破坏选举罪，背信损害上市公司利益罪，金融工作人员购买假币、以假币换取货币罪，利用未公开信息交易罪，诱骗投资者买卖证券、期货合约罪，背信运用受托财产罪，违法运用资金罪，违法发放贷款罪，吸收客户资金不入账罪，违规出具金融票证罪，对违法票据承兑、付款、保证罪，非法转让、倒卖土地使用权罪，私自开拆、隐匿、毁弃邮件、电报罪，故意延误投递邮件罪，泄露不应公开的案件信息罪，披露、报道不应公开的案件信息罪，接送不合格兵员罪。”

（三）监察机关的级别管辖

1.《监察法实施条例》第 46 条　**设区的市级以上**监察委员会按照管理权限，依法管辖**同级**党委管理的公职人员涉嫌职务违法和职务犯罪案件。

县级监察委员会和直辖市所辖区（县）监察委员会按照管理权限，依法管辖**本辖区内**公职人员涉嫌职务违法和职务犯罪案件。

地方各级监察委员会按照监察法实施条例第十三条、第四十九条规定，可以依法管辖工作单位在**本辖区内**的有关公职人员涉嫌职务违法和职务犯罪案件。

监察机关调查公职人员涉嫌职务犯罪案件，可以依法对涉嫌行贿犯罪、介绍贿赂犯罪或者共同职务犯罪的涉案人员中的非公职人员一并管辖。非公职人员涉嫌利用影响力受贿罪的，按照其所利用的公职人员的管理权限确定管辖。

2.《监察法实施条例》第 47 条：上级监察机关对于下一级监察机关管辖范围内的职务违法和职务犯罪案件，具有下列情形之一的，可以依法提级管辖：

（1）在本辖区有**重大影响**的；

（2）涉及**多个**下级监察机关管辖的监察对象，调查难度大的；

（3）其他需要提级管辖的**重大、复杂**案件。

上级监察机关对于所辖各级监察机关管辖范围内有重大影响的案件，必要时可以依法直接调查或者组织、指挥、参与调查。

地方各级监察机关所管辖的职务违法和职务犯罪案件，具有第一款规定情形的，可以依法报请上一级监察机关管辖。

（四）监察机关的指定管辖

《监察法实施条例》第 48 条　**上级**监察机关可以依法将其所管辖的案件**指定下级**监察机关管辖。

设区的市级监察委员会将同级党委管理的公职人员涉嫌职务违法或者职务犯罪案件**指定下级监察委员会**管辖的，**应当报省级监察委员会批准**；**省级**监察委员会将同级党委管理的公职人员涉嫌职务违法或者职务犯罪案件**指定下级**监察委员会管辖的，应当报国家监察委员会相关监督检查部门**备案**。

上级监察机关对于**下级监察机关管辖**的职务违法和职务犯罪案件，具有下列情形之一，认为由**其他下级监察机关**管辖更为适宜的，可以依法**指定给其他下级监察机关**管辖：

（1）管辖有争议的；

（2）指定管辖有利于案件公正处理的；

（3）下级监察机关报请指定管辖的；

（4）其他有必要指定管辖的。

被指定的下级监察机关未经指定管辖的监察机关批准，不得将案件再行指定管辖。发现新的职务违法或者职务犯罪线索，以及其他重要情况、重大问题，应当及时向指定管辖的监察机关请示报告。

二、监察机关调查程序与检察机关审查起诉程序的衔接

（一）监察机关对案件的调查措施

<table>
<tr><th>调查措施</th><th colspan="2">内容</th></tr>
<tr><td rowspan="7">1. 监察机关的谈话</td><td>（1）谈话主体</td><td>谈话应当个别进行。负责谈话的人员不得少于二人。采取谈话方式处置问题线索的，经审批可以由监察人员或者委托被谈话人所在单位主要负责人等进行谈话。（《监察法实施条例》第 70 条、72 条第 1 款）</td></tr>
<tr><td rowspan="3">（2）谈话地点</td><td>①立案后，与未被限制人身自由的被调查人谈话的，应当在具备安全保障条件的场所进行。（《监察法实施条例》第 75 条第 1 款）</td></tr>
<tr><td>②调查人员按规定通知被调查人所在单位派员或者被调查人家属陪同被调查人到指定场所的，应当与陪同人员办理交接手续，填写《陪送交接单》。（《监察法实施条例》第 75 条第 2 款）</td></tr>
<tr><td>③调查人员与被留置的被调查人谈话的，按照法定程序在留置场所进行。（《监察法实施条例》第 76 条第 1 款）</td></tr>
<tr><td>（3）应当录音录像</td><td>与涉嫌严重职务违法的被调查人进行谈话的，应当全程同步录音录像，并告知被调查人。告知情况应当在录音录像中予以反映，并在笔录中记明。（《监察法实施条例》第 74 条第 3 款）</td></tr>
<tr><td colspan="2">（4）与被调查人进行谈话，应当合理安排时间、控制时长，保证其饮食和必要的休息时间。（《监察法实施条例》第 77 条）</td></tr>
<tr><td colspan="2">（5）谈话笔录应当在谈话现场制作。笔录应当详细具体，如实反映谈话情况。笔录制作完成后，应当交给被调查人核对。被调查人没有阅读能力的，应当向其宣读。（《监察法实施条例》第 78 条第 1 款）</td></tr>
<tr><td rowspan="5">2. 监察机关讯问被调查人</td><td>（1）讯问主体</td><td>讯问应当个别进行，调查人员不得少于二人。（《监察法实施条例》第 83 条第 1 款）</td></tr>
<tr><td>（2）讯问地点</td><td>讯问被留置的被调查人，应当在留置场所进行。（《监察法实施条例》第 82 条）</td></tr>
<tr><td>（3）应当录音录像</td><td>讯问时，应当告知被讯问人将进行全程同步录音录像。告知情况应当在录音录像中予以反映，并在笔录中记明。（《监察法实施条例》第 83 条第 5 款）</td></tr>
<tr><td colspan="2">（4）告知被讯问人如实供述自己罪行可以依法从宽处理和认罪认罚的法律规定。（《监察法实施条例》第 83 条第 3 款第 2 项）</td></tr>
<tr><td colspan="2">（5）调查人员的提问应当与调查的案件相关。被讯问人对调查人员的提问应当如实回答。调查人员对被讯问人的辩解，应当如实记录，认真查核。（《监察法实施条例》第 83 条第 4 款）</td></tr>
</table>

续表

<table>
<tr><th>调查措施</th><th colspan="2">内容</th></tr>
<tr><td rowspan="6">3. 监察机关询问证人、被害人</td><td>（1）询问主体</td><td>询问应当个别进行。负责询问的调查人员不得少于二人。（《监察法实施条例》第 87 条第 1 款）</td></tr>
<tr><td>（2）询问地点</td><td>证人未被限制人身自由的，可以在其工作地点、住所或者其提出的地点进行询问，也可以通知其到指定地点接受询问。到证人提出的地点或者调查人员指定的地点进行询问的，应当在笔录中记明。（区别于侦查机关询问证人的地点）（《监察法实施条例》第 86 条第 1 款）</td></tr>
<tr><td colspan="2">（3）询问重大或者有社会影响案件的重要证人，应当对询问过程全程同步录音录像，并告知证人。告知情况应当在录音录像中予以反映，并在笔录中证明。（《监察法实施条例》第 87 条第 4 款）</td></tr>
<tr><td colspan="2">（4）询问未成年人，应当通知其法定代理人到场。无法通知或者法定代理人不能到场的，应当通知未成年人的其他成年亲属或者所在学校、居住地基层组织的代表等有关人员到场。询问结束后，由法定代理人或者有关人员在笔录中签名。调查人员应当将到场情况记录在案。（《监察法实施条例》第 88 条第 1 款）</td></tr>
<tr><td colspan="2">（5）询问聋、哑人，应当有通晓聋、哑手势的人员参加。（《监察法实施条例》第 88 条第 2 款）</td></tr>
<tr><td colspan="2">【注意】监察机关询问被害人，适用询问证人的相关规定。</td></tr>
<tr><td rowspan="6">4. 监察机关的勘验、检查</td><td>（1）主体</td><td>勘验检查应当由 2 名以上调查人员主持，邀请与案件无关的见证人在场。（《监察法实施条例》第 138 条第 1 款）</td></tr>
<tr><td>（2）证件</td><td>依法需要勘验检查的，应当制作《勘验检查证》；需要委托勘验检查的，应当出具《委托勘验检查书》，送具有专门知识、勘验检查资格的单位（人员）办理。（《监察法实施条例》第 137 条）</td></tr>
<tr><td>（3）录音录像</td><td>勘验检查现场、拆封电子数据存储介质应当全程同步录音录像。（《监察法实施条例》第 138 条第 2 款）</td></tr>
<tr><td colspan="2">（4）检查女性身体，应当由女工作人员或者医师【医师不要求性别】进行。（《监察法实施条例》第 139 条第 1 款）</td></tr>
<tr><td colspan="2">（5）勘验检查情况应当制作笔录，并由参加勘验检查人员和见证人签名。（《监察法实施条例》第 138 条第 1 款）</td></tr>
<tr><td>（6）调查实验</td><td>为查明案情，在必要的时候，经审批可以依法进行调查实验。调查实验，可以聘请有关专业人员参加，也可以要求被调查人、被害人、证人参加。进行调查实验，应当全程同步录音录像，制作调查实验笔录，由参加实验的人签名。进行调查实验，禁止一切足以造成危险、侮辱人格的行为。（《监察法实施条例》第 140 条）</td></tr>
</table>

续表

<table>
<tr><th>调查措施</th><th colspan="3">内容</th></tr>
<tr><td rowspan="8">5. 监察机关的搜查</td><td>（1）主体</td><td colspan="2">搜查应当在调查人员主持下进行，调查人员不得少于 2 人。（《监察法实施条例》第 113 条第 1 款）</td></tr>
<tr><td>（2）范围</td><td colspan="2">按规定报批后，可以依法对被调查人以及可能隐藏被调查人或者犯罪证据的人的身体、物品、住处、工作地点和其他有关地方进行搜查。（《监察法实施条例》第 112 条）</td></tr>
<tr><td rowspan="6">（3）程序（《监察法实施条例》第 113 条、第 114 条、第 116 条、第 117 条）</td><td colspan="2">①搜查女性的身体，由女性工作人员进行。</td></tr>
<tr><td colspan="2">②搜查时，应当有被搜查人或者其家属、其所在单位工作人员或者其他见证人在场。监察人员不得作为见证人。</td></tr>
<tr><td colspan="2">③搜查时，应当避免未成年人或者其他不适宜在搜查现场的人在场。</td></tr>
<tr><td colspan="2">④搜查时，应当要求在场人员予以配合，不得进行阻碍。对以暴力、威胁等方法阻碍搜查的，应当依法制止。对阻碍搜查构成违法犯罪的，依法追究法律责任。</td></tr>
<tr><td colspan="2">⑤对搜查取证工作，应当全程同步录音录像。</td></tr>
<tr><td colspan="2">⑥对搜查情况应当制作《搜查笔录》，由调查人员和被搜查人或者其家属、见证人签名。被搜查人或者其家属不在场，或者拒绝签名的，调查人员应当在笔录中记明。</td></tr>
<tr><td rowspan="6">6. 监察机关的查封、扣押、查询、冻结</td><td rowspan="6">（1）监察机关查封、扣押</td><td><1>主体</td><td>调查人员不得少于二人。（《监察法实施条例》第 126 条第 1 款）</td></tr>
<tr><td><2>对象</td><td>用以证明被调查人涉嫌违法犯罪以及情节轻重的财物、文件、电子数据等证据材料。（《监察法实施条例》第 125 条第 1 款）
【注意 1】对于被调查人到案时随身携带的物品，以及被调查人或者其他相关人员主动上交的财物和文件，依法需要扣押的，依照前款规定办理。
【注意 2】经查明与案件无关的，经审批，应当在查明后3 日以内解除查封、扣押，予以退还。</td></tr>
<tr><td><3>强制扣押</td><td>持有人拒绝交出应当查封、扣押的财物和文件的，可以依法强制查封、扣押。（《监察法实施条例》第 126 条第 1 款）</td></tr>
<tr><td><4>签名</td><td>调查人员对于查封、扣押的财物和文件，由调查人员、见证人和持有人签名或者盖章。（《监察法实施条例》第 126 条第 2 款）</td></tr>
<tr><td colspan="2"><5>查封、扣押不动产和置于该不动产上不宜移动的设施、家具和其他相关财物，以及车辆、船舶、航空器和大型机械、设备等财物，必要时可以依法扣押其权利证书，经拍照或者录像后原地封存。（《监察法实施条例》第 127 条第 1 款）</td></tr>
<tr><td colspan="2"><6>对被调查人使用违法犯罪所得与合法收入共同购置的不可分割的财产，可以先行查封、扣押。对无法分割退还的财产，涉及违法的，可以在结案后委托有关单位拍卖、变卖，退还不属于违法所得的部分及孳息；涉及职务犯罪的，依法移送司法机关处置。（《监察法实施条例》第 128 条第 5 项）</td></tr>
</table>

续表

调查措施	内容		
			<7>在立案调查之前，对监察对象及相关人员主动上交的涉案财物，经审批可以接收。(《监察法实施条例》第135条第1款)
	(2) **监察机关**查询、冻结	<1>主体	查询、冻结财产时，调查人员不得少于2人。(《监察法实施条例》第105条第1款)
			<2>调查人员不得查询与案件调查工作无关的信息。(《监察法实施条例》第107条第2款)
			<3>冻结财产，应当为被调查人及其所扶养的亲属保留必需的生活费用。(《监察法实施条例》第105条第4款)
		<4>冻结期限	冻结财产的**期限不得超过6个月**。冻结期限到期未办理续冻手续的，冻结自动解除。有特殊原因需要延长冻结期限的，应当在到期前**按原程序报批**，办理续冻手续。**每次续冻期限不得超过6个月**。(没有次数限制)(《监察法实施条例》第108条)
			<5>已被冻结的财产**可以轮候冻结，不得重复冻结**。(《监察法实施条例》第109条第1款)
			<6>冻结股票、债券、基金份额等财产，应当告知权利人或者其法定代理人、委托代理人有权申请出售。(《监察法实施条例》第110条第1款)
			<7>对于冻结的财产，应当及时核查。经查明与案件无关的，经审批，应当在查明后3日以内将《解除冻结财产通知书》送交有关单位执行。(《监察法实施条例》第111条)
7. 监察机关的**鉴定**	(1) 监察机关为解决案件中的专门性问题，按规定报批后，可以依法进行鉴定。(《监察法实施条例》第145条第1款)		
	(2) 鉴定时应当出具《委托鉴定书》，由2名以上调查人员送交具有鉴定资格的鉴定机构、鉴定人进行鉴定。(《监察法实施条例》第145条第2款)		
	(3) 监察机关应当为鉴定提供必要条件，向鉴定人送交有关检材和对比样本等原始材料，介绍与鉴定有关的情况。调查人员应当明确提出要求鉴定事项，但不得暗示或者强迫鉴定人作出某种鉴定意见。(《监察法实施条例》第147条第1款)		
	(4) 鉴定人应当在出具的鉴定意见上签名，并附鉴定机构和鉴定人的资质证明或者其他证明文件。多个鉴定人的鉴定意见不一致的，应当在鉴定意见上记明分歧的内容和理由，并且分别签名。(《监察法实施条例》第148条第1款)		
	(5) 被调查人或者相关单位、人员提出补充鉴定或者重新鉴定申请，经审查符合法定要求的，应当按规定报批，进行补充鉴定或者重新鉴定。(《监察法实施条例》第149条第2款)		
	(6) **补充鉴定与重新鉴定的情形与侦查机关补充鉴定、重新鉴定的情形相同**。		

续表

<table>
<tr><th>调查措施</th><th colspan="2">内容</th></tr>
<tr><td rowspan="11">8. 监察机关组织的辨认</td><td rowspan="3">（1）主体</td><td>①调查人员在必要时，可以依法让被害人、证人和被调查人对与违法犯罪有关的物品、文件、尸体或者场所进行辨认；也可以让被害人、证人对被调查人进行辨认，或者让被调查人对涉案人员进行辨认。（《监察法实施条例》第 141 条第 1 款）</td></tr>
<tr><td>②辨认工作应当由 2 名以上调查人员主持进行。（《监察法实施条例》第 141 条第 2 款）</td></tr>
<tr><td>【注意】在辨认前，应当向辨认人详细询问辨认对象的具体特征。</td></tr>
<tr><td rowspan="3">（2）对象</td><td>①与违法犯罪有关的物品、文件、尸体或者场所。</td></tr>
<tr><td>②被调查人。</td></tr>
<tr><td>③涉案人员。（《监察法实施条例》第 141 条第 1 款）</td></tr>
<tr><td rowspan="4">（3）程序（辨认规则）</td><td>①个别原则：几名辨认人对同一辨认对象进行辨认时，应当由辨认人个别进行。（《监察法实施条例》第 141 条第 2 款）</td></tr>
<tr><td>②混杂原则（相似性要求+数量上的要求）：7 人；10 张人的照片；物 5 件；物的照片 5 张（不少于）；辨认人员时，被辨认的人数不得少于 7 人，照片不得少于 10 张。辨认物品时，同类物品不得少于 5 件，照片不得少于 5 张。（《监察法实施条例》第 142 条、第 143 条第 2 款）
【例外】对于难以找到相似物品的特定物，可以将该物品照片交由辨认人进行确认。</td></tr>
<tr><td>③防止预断原则：避免辨认人见到辨认对象。（《监察法实施条例》第 141 条第 2 款）</td></tr>
<tr><td>④不得暗示原则：不得给辨认人明显暗示或者明显有指认嫌疑。（《监察法实施条例》第 144 条第 1 款第 4 项）</td></tr>
<tr><td>（4）其他要求</td><td>辨认人不愿公开进行辨认时，应当在不暴露辨认人的情况下进行辨认，并为其保守秘密。（《监察法实施条例》第 142 条第 2 款）</td></tr>
<tr><td rowspan="6">9. 监察机关的通缉</td><td>（1）主体</td><td>决定主体：监察机关。发布主体：公安机关。</td></tr>
<tr><td>（2）对象</td><td>在逃的应当被留置人员。（《监察法实施条例》第 158 条第 1 款）
【注意】通缉范围超出本行政区域的，应当报有决定权的上级监察机关决定，送交同级公安机关执行。</td></tr>
<tr><td colspan="2">（3）国家监察委员会依法需要提请公安部对在逃人员发布公安部通缉令的，应当先提请公安部采取网上追逃措施。如情况紧急，可以向公安部同时出具《通缉决定书》和《提请采取网上追逃措施函》。（《监察法实施条例》第 159 条第 1 款）</td></tr>
<tr><td colspan="2">（4）省级以下监察机关报请国家监察委员会提请公安部发布公安部通缉令的，应当先提请本地公安机关采取网上追逃措施。（《监察法实施条例》第 159 条第 2 款）</td></tr>
<tr><td colspan="2">（5）公安机关在移交前，将被抓获人员送往当地监察机关留置场所临时看管的，当地监察机关应当接收，并保障临时看管期间的安全，对工作信息严格保密。（《监察法实施条例》第 160 条第 2 款）</td></tr>
<tr><td colspan="2">（6）监察机关需要提请公安机关协助将被抓获人员带回的，应当按规定报批，请本地同级公安机关依法予以协助。（《监察法实施条例》第 160 条第 3 款）</td></tr>
</table>

续表

调查措施	内容	
	(7) 监察机关对于被通缉人员已经归案、死亡，或者依法撤销留置决定以及发现有其他不需要继续采取通缉措施情形的，应当经审批出具《撤销通缉通知书》，送交协助采取原措施的公安机关执行。(《监察法实施条例》第161条)	
10. 监察机关的**技术调查**	(1) 主体	①决定主体——监察委员会
		②**执行**机关——**公安机关**
	(2) 案件范围	监察机关调查涉嫌重大贪污贿赂①等职务犯罪，根据需要，经过严格的批准手续，可以采取技术调查措施，按照规定交有关机关执行。(《监察法》第28条) 【重大贪污贿赂等职务犯罪的理解】《监察法实施条例》第153条第2款规定："前款所称重大贪污贿赂等职务犯罪，是指具有下列情形之一：①案情重大复杂，涉及**国家利益或者重大公共利益**的；②被调查人可能被判处**10年以上有期徒刑、无期徒刑或者死刑的**；③案件**在全国或者本省、自治区、直辖市范围内有较大影响**的。"
	(3) 期限	批准决定应当明确采取技术调查措施的种类和适用对象，自签发之日起**3个月以内**有效；对于复杂、疑难案件，期限届满仍有必要继续采取技术调查措施的，经过批准，有效期可以延长，**每次不得超过3个月(没有次数限制)**。对于不需要继续采取技术调查措施的，应当及时解除。(《监察法》第28条第2款) **【注意】**期限届满前未办理延期手续的，**到期自动解除**。
	(4) 执行程序	①依法采取技术调查措施的，监察机关应当出具**《采取技术调查措施委托函》《采取技术调查措施决定书》**和**《采取技术调查措施适用对象情况表》**，送交有关机关执行。其中，设区的市级以下监察机关委托有关执行机关采取技术调查措施，还应当提供**《立案决定书》**。(《监察法实施条例》第154条)
		②需要依法**变更**技术调查措施**种类**或者增加**适用对象**的，监察机关应当**重新办理报批和委托手续**，依法送交有关机关执行。(《监察法实施条例》第155条第3款)
		③调查人员对采取技术调查措施过程中知悉的国家秘密、商业秘密、个人隐私，应当严格保密。(《监察法实施条例》第157条第1款)
		④采取技术调查措施获取的证据、线索及其他有关材料，只能用于对违法犯罪的**调查、起诉和审判，不得用于其他用途**。(《监察法实施条例》第157条第2款)
		⑤对采取技术调查措施获取的与案件无关的材料，应当经审批及时销毁。对销毁情况应当制作记录，由调查人员签名。(《监察法实施条例》第157条第3款)
	(5) 证据使用	对于采取技术调查措施获取的证据材料，如果使用该证据材料可能危及有关人员的人身安全，或者可能产生其他严重后果的，应当采取不暴露有关人员身份、技术方法等保护措施。必要时，可以建议由审判人员在庭外进行核实。(《监察法实施条例》第156条第3款)

① 《监察法实施条例》第153条第2款规定："前款所称重大贪污贿赂等职务犯罪，是指具有下列情形之一：(1) 案情重大复杂，涉及**国家利益或者重大公共利益**的；(2) 被调查人可能被判处**10年以上有期徒刑、无期徒刑或者死刑的**；(3) 案件**在全国或者本省、自治区、直辖市范围内有较大影响**的。"

续表

调查措施	内容	
11. 监察机关的调查措施——**限制出境**	（1）主体	①决定主体——监察委员会。
		②**执行**机关——**公安机关（移民管理机构）**。
	（2）对象	可能逃匿境外的**被调查人**及**相关人员**。
	（3）措施	①边控措施。
		②法定不批准出境措施的。
	（4）期限	①限制出境措施有效期**不超过 3 个月**，到期**自动解除**。（《监察法实施条例》第 164 条第 1 款）
		②到期后仍有必要继续采取措施的，应当**按原程序报批**。承办部门应当出具有关函件，在到期前与《延长限制出境措施期限决定书》一并送交移民管理机构执行。延长期限**每次不得超过 3 个月**。（《监察法实施条例》第 164 条第 2 款）
	（5）程序要求	①监察机关接到口岸移民管理机构查获被决定采取留置措施的边控对象的通知后，应当于 24 小时以内到达口岸办理**移交手续**。无法及时到达的，应当委托当地监察机关及时前往口岸办理移交手续。当地监察机关应当予以协助。（《监察法实施条例》第 165 条）
		②对于不需要继续采取限制出境措施的，应当按规定报批，及时予以解除。（《监察法实施条例》第 166 条）
		③县级以上监察机关在重要紧急情况下，经审批可以依法直接向口岸所在地口岸移民管理机构提请办理临时限制出境措施。（《监察法实施条例》第 167 条）

（二）监察机关调查程序与审查起诉程序的衔接

1. 调查终结

（1）对涉嫌职务犯罪的，监察机关经调查认为**犯罪事实清楚，证据确实、充分**的，制作**起诉意见书**，连同案卷材料、**证据**一并移送**人民检察院**依法审查、提起公诉；

（2）监察机关经调查，对违法取得的财物，依法予以没收、追缴或者责令退赔；对涉嫌犯罪取得的财物，应当随案移送人民检察院。

【注意】经调查认为被调查人构成职务违法或者职务犯罪的，应当**区分不同情况**提出相应处理意见，经审批将调查报告、职务违法或者职务犯罪事实材料、涉案财物报告、涉案人员处理意见等材料，连同全部证据和文书手续移送审理。

2. 人民检察院审查起诉

（1）人民检察院对于监察机关移送起诉的案件，依照刑事诉讼法和监察法的有关规定进行审查。

（2）人民检察院对于监察机关、公安机关移送起诉的案件，应当在 1 个月以内作出决定，重大、复杂的案件，可以延长 15 日；犯罪嫌疑人认罪认罚，符合速裁程序适用条件的，应当在 10 日以内作出决定，对可能判处的有期徒刑超过一年的，可以延长至 15 日。

（3）对监察机关移送的案件，人民检察院依照《刑事诉讼法》对被调查人采取强制措施。人民检察院经审查，认为犯罪事实已经查清，证据确实、充分，依法应当追究刑事责任的，应当作出起诉决定。

三、监察机关留置措施与检察机关强制措施的衔接

1. 监察机关在调查中可以采取留置措施

（1）可以采取留置措施的情形：

《监察法》第 22 条：被调查人涉嫌贪污贿赂、失职渎职等严重职务违法或者职务犯罪，监察机关已经掌握其部分违法犯罪事实及证据，仍有重要问题需要进一步调查，①并有下列情形之一的，经监察机关**依法审批**，可以将其留置在特定场所：

①涉及案情重大、复杂的；

②可能逃跑、自杀的；

③可能串供或者伪造、隐匿、毁灭证据的；

④可能有其他妨碍调查行为的。

对涉嫌行贿犯罪或者共同职务犯罪的涉案人员，监察机关可以依照前款规定采取留置措施。

留置场所的设置、管理和监督依照国家有关规定执行。

（2）不得采取留置措施的情形：

《监察法实施条例》第 96 条：对下列人员不得采取留置措施：

①患有严重疾病、生活不能自理的；

②怀孕或者正在哺乳自己婴儿的妇女；

③系生活不能自理的人的唯一扶养人。

上述情形消除后，根据调查需要可以对相关人员采取留置措施。

（3）留置程序

①**【批准手续】**监察机关采取留置措施，应当由监察机关领导人员集体研究决定。**设区的市级以下**监察机关采取留置措施，应当报**上一级监察机关批准**。**省级**监察机关采取留置措施，应当**报国家监察委员会备案**。

②**【调查人员不得少于 2 人】**采取留置措施时，调查人员不得少于二人。

③**【通知家属】**采取留置措施后，应当在二十四小时以内通知被留置人员所在单位和家属。当面通知的，由有关人员在《留置通知书》上签名。无法当面通知的，可以先以电话等方式通知，并通过邮寄、转交等方式送达《留置通知书》，要求有关人员在《留置通知书》上签名。

因可能毁灭、伪造证据，干扰证人作证或者串供等有碍调查情形而不宜通知的，应当按规定报批，记录在案。有碍调查的情形消失后，应当立即通知被留置人员所在单位和家属。

---

① 《监察法实施条例》第 92 条第 2、3、4 款规定："监察法第二十二条第一款规定的严重职务违法，是指根据监察机关已经掌握的事实及证据，被调查人涉嫌的职务违法行为情节严重，可能被给予撤职以上政务处分；重要问题，是指对被调查人涉嫌的职务违法或者职务犯罪，在定性处置、定罪量刑等方面有重要影响的事实、情节及证据。监察法第二十二条第一款规定的已经掌握其部分违法犯罪事实及证据，是指同时具备下列情形：（一）有证据证明发生了违法犯罪事实；（二）有证据证明该违法犯罪事实是被调查人实施；（三）证明被调查人实施违法犯罪行为的证据已经查证属实。部分违法犯罪事实，既可以是单一违法犯罪行为的事实，也可以是数个违法犯罪行为中任何一个违法犯罪行为的事实。"

④【提请协助】县级以上监察机关需要提请公安机关协助采取留置措施的，应当按规定报批，请同级公安机关依法予以协助。

⑤【留置期限】留置时间不得超过3个月，自向被留置人员宣布之日起算。具有下列情形之一的，经审批可以延长一次，延长时间不得超过3个月：

A. 案情重大，严重危害国家利益或者公共利益的；

B. 案情复杂，涉案人员多、金额巨大，涉及范围广的；

C. 重要证据尚未收集完成，或者重要涉案人员尚未到案，导致违法犯罪的主要事实仍须继续调查的；

D. 其他需要延长留置时间的情形。

省级以下监察机关采取留置措施的，延长留置时间应当报上一级监察机关批准。

延长留置时间的，应当在留置期满前向被留置人员宣布延长留置时间的决定，要求其在《延长留置时间决定书》上签名、捺指印。被留置人员拒绝签名、捺指印的，调查人员应当在文书上记明。

延长留置时间的，应当通知被留置人员家属。

⑥【留置的解除】对被留置人员不需要继续采取留置措施的，应当按规定报批，及时解除留置。

2. 监察机关留置措施与人民检察院刑事拘留的衔接

对于监察机关移送起诉的已采取留置措施的案件，人民检察院应当对犯罪嫌疑人先行拘留，留置措施自动解除。人民检察院应当在拘留后的10日以内作出是否逮捕、取保候审或者监视居住的决定。在特殊情况下，决定的时间可以延长1日至4日。人民检察院决定采取强制措施的期间不计入审查起诉期限。

四、人民检察院审查起诉与监察机关补充调查的衔接

（一）人民检察院在审查起诉阶段的补充调查

1.《最高检规则》第343条：人民检察院对于监察机关移送起诉的案件，认为需要补充调查的，应当退回监察机关补充调查。必要时，可以自行补充侦查。

需要退回补充调查的案件，人民检察院应当出具补充调查决定书、补充调查提纲，写明补充调查的事项、理由、调查方向、需补充收集的证据及其证明作用等，连同案卷材料一并送交监察机关。

人民检察院决定退回补充调查的案件，犯罪嫌疑人已被采取强制措施的，应当将退回补充调查情况书面通知强制措施执行机关。监察机关需要讯问的，人民检察院应当予以配合。

2.《最高检规则》第344条：对于监察机关移送起诉的案件，具有下列情形之一的，人民检察院可以自行补充侦查：

（1）证人证言、犯罪嫌疑人供述和辩解、被害人陈述的内容主要情节一致，个别情节不一致的；

（2）物证、书证等证据材料需要补充鉴定的；

（3）其他由人民检察院查证更为便利、更有效率、更有利于查清案件事实的情形。

自行补充侦查完毕后，应当将相关证据材料入卷，同时抄送监察机关。人民检察院自行补充侦查的，可以商请监察机关提供协助。

【注意】人民检察院在审查起诉中决定自行侦查的，应当在审查起诉期限内侦查完毕。

3.《最高检规则》第346条：退回监察机关补充调查、退回公安机关补充侦查的案件，均应当在1个月以内补充调查、补充侦查完毕。

补充调查、补充侦查以2次为限。

补充调查、补充侦查完毕移送起诉后，人民检察院重新计算审查起诉期限。

人民检察院负责捕诉的部门退回本院负责侦查的部门补充侦查的期限、次数按照本条第一款至第三款的规定执行。

（二）监察机关采取补充调查措施

1.《监察法实施条例》第226条　监察机关对于人民检察院依法退回补充调查的案件，应当向主要负责人报告，并积极开展补充调查工作。

2.《监察法实施条例》第227条　对人民检察院退回补充调查的案件，经审批分别作出下列处理：

（1）认定犯罪事实的证据不够充分的，应当在补充证据后，制作补充调查报告书，连同相关材料一并移送人民检察院审查，对无法补充完善的证据，应当作出书面情况说明，并加盖监察机关或者承办部门公章；

（2）在补充调查中发现新的同案犯或者增加、变更犯罪事实，需要追究刑事责任的，应当重新提出处理意见，移送人民检察院审查；

（3）犯罪事实的认定出现重大变化，认为不应当追究被调查人刑事责任的，应当重新提出处理意见，将处理结果书面通知人民检察院并说明理由；

（4）认为移送起诉的犯罪事实清楚，证据确实、充分的，应当说明理由，移送人民检察院依法审查。

五、人民检察院不起诉与监察机关救济的衔接

1. 人民检察院的不起诉决定

（1）【法定不起诉】人民检察院对于监察机关或者公安机关移送起诉的案件，发现犯罪嫌疑人没有犯罪事实，或者符合刑事诉讼法第16条规定的情形之一的，经检察长批准，应当作出不起诉决定。

对于犯罪事实并非犯罪嫌疑人所为，需要重新调查或者侦查的，应当在作出不起诉决定后书面说明理由，将案卷材料退回监察机关或者公安机关并建议重新调查或者侦查。

（2）【存疑不起诉】人民检察院对于2次退回补充调查或者补充侦查的案件，仍然认为证据不足，不符合起诉条件的，经检察长批准，依法作出不起诉决定。

人民检察院对于经过1次退回补充调查或者补充侦查的案件，认为证据不足，不符合起诉条件，且没有再次退回补充调查或者补充侦查必要的，经检察长批准，可以作出不起诉决定。

（3）【酌定不起诉】人民检察院对于犯罪情节轻微，依照刑法规定不需要判处刑罚或者免除刑罚的，经检察长批准，可以作出不起诉决定。

【注意】人民检察院直接受理侦查的案件，以及监察机关移送起诉的案件，拟作不起诉决定的，应当报请上一级人民检察院批准。

2. 监察机关对不起诉决定的救济

监察机关认为人民检察院不起诉决定有错误的，应当在收到不起诉决定书后30日以内，依

法向其上一级人民检察院提请复议。监察机关应当将上述情况及时向上一级监察机关书面报告。

【小案例练习】

案例1：甲市Q区税务局局长王某涉嫌贪污罪，被当地监察委立案调查，并采取留置措施。后认为王某需要被追责，移送Q区检察院审查起诉。Q区检察院审查后作出不起诉决定。监察机关认为该决定有错。

问题：监察机关应当如何处理？

【解析】

案例1—问题：监察机关应当如何处理？

答案：应当向上一级检察院（甲市检察院）提请复议。根据相关规定，监察机关认为不起诉的决定有错误，向上一级检察院提请复议的，上一级检察院应当在收到提请复议意见书后三十日以内，经检察长批准，作出复议决定，通知监察机关。法条依据为《最高检规则》第379条。

【知识点分析思路总结】关于"监察委调查结束后，应当如何处置？""检察院应当如何处理？""监察机关应当如何处理？"等问题，可以按照如下模板回答：

（1）监察机关对涉嫌职务犯罪的，经调查认为犯罪事实清楚，证据确实、充分的，可以制作起诉意见书，连同案卷材料、证据一并移送人民检察院依法审查、提起公诉。法条依据为《监察法》第45条。

（2）可以由监察机关为主调查，公安机关予以协助。法条依据为《监察法》第34条。

（3）应当退回监察机关补充调查。法条依据为《监察法》第47条。

（4）检察院应当进行先行拘留，留置措施自动解除，并在拘留后的十日以内作出是否逮捕、取保候审或者监视居住的决定。法条依据为《刑事诉讼法》第170条。

案例：A市税务局局长王某涉嫌贪污罪被当地监察机关立案调查，在调查过程中，监察机关发现王某涉嫌故意伤害罪。

1. 本案的管辖应当如何处理？
2. 监察机关调查结束后，认为应当追究王某刑事责任，应当如何处理？
3. 本案中，检察院如果认为监察机关移送的证据不足，应当如何处理？

1. **答：由监察机关为主调查，公安机关予以协助。**本案中王某既涉嫌贪污罪，属于监察机关管辖范围，又涉嫌故意伤害罪，属于公安机关管辖范围，一般应当由监察机关为主调查，其他机关予以协助。法条依据为《监察法》第34条。

2. **答：直接移送检察院审查起诉。**本案中，监察委认为应当追究刑事责任，根据监督、调查结果，依法作出如下处置：对涉嫌职务犯罪的，监察机关经调查认为犯罪事实清楚，证据确实、充分的，制作起诉意见书，连同案卷材料、证据一并移送检察院依法审查、提起公诉。法条依据为《监察法》第45条。

3. **答：应当退回监察机关补充调查。**根据相关规定，检察院经审查，认为需要补充核实的，应当退回监察机关补充调查，必要时可以自行补充侦查。本案中，原则上应当采取第一种方式，即退回补充调查。法条依据为《监察法》第47条。

KEEP AWAKE

专题十三

认罪认罚从宽制度

一、认罪认罚从宽原则

《刑事诉讼法》第15条规定："犯罪嫌疑人、被告人自愿如实供述自己的罪行，承认指控的犯罪事实，愿意接受处罚的，可以依法从宽处理。"

1. 含义：

（1）认罪：［要求认事实］指犯罪嫌疑人、被告人自愿如实供述自己的罪行，对指控的犯罪事实没有异议。

①承认指控的主要犯罪事实，仅对个别事实情节提出异议，或者虽然对行为性质提出辩解但表示接受司法机关认定意见的，不影响"认罪"的认定。此处对行为性质提出辩解，既包括对罪与非罪提出辩解，比如认为自己的行为是正当防卫，也包括对此罪与彼罪提出辩解，比如指控贪污，辩解是挪用，只要表示接受司法机关的认定意见，不影响"认罪"的认定。比如，被告人张三对人民检察院起诉的故意伤害事实不持异议，只是辩称其行为属于正当防卫，这不影响"认罪"的认定。

②犯罪嫌疑人、被告人犯数罪，仅如实供述其中一罪或部分罪名事实的，全案不作"认罪"的认定，不适用认罪认罚从宽制度，但对如实供述的部分，人民检察院可以提出从宽处罚的建议，人民法院可以从宽处罚。

（2）认罚：指犯罪嫌疑人、被告人真诚悔罪，愿意接受处罚。认罚在不同阶段表现有所不同。

①在侦查阶段表现为表示愿意接受处罚。

②在审查起诉阶段表现为A. 接受人民检察院拟作出的起诉或不起诉决定，B. 认可人民检察院的量刑建议，C. 签署认罪认罚具结书。

③在审判阶段表现为当庭确认自愿签署具结书，愿意接受刑罚处罚。

【提示】①【表里不一不认罚】"认罚"考察的重点是犯罪嫌疑人、被告人的悔罪态度和悔罪表现，应当结合退赃退赔、赔偿损失、赔礼道歉等因素来考量。犯罪嫌疑人、被告人虽然表示"认罚"，却暗中串供、干扰证人作证、毁灭、伪造证据或者隐匿、转移财产，有赔偿能力而不赔偿损失，则不能适用认罪认罚从宽制度。

②【程序选择不影响】犯罪嫌疑人、被告人享有程序选择权，不同意适用速裁程序、简易程序的，不影响"认罚"的认定。

（3）从宽：既包括实体法上的从宽，也包括程序法上的从宽。

【提示】从宽幅度的把握需要从多个方面进行考量。A. 主动认罪优于被动认罪，早认罪优于晚认罪，彻底认罪优于不彻底认罪，稳定认罪优于不稳定认罪。B. 认罪认罚的从宽幅度一般应当大于仅有坦白，或者虽认罪但不认罚的从宽幅度。C. 对犯罪嫌疑人、被告人具有自首、坦白情节，同时认罪认罚的，应当在法定刑幅度内给予相对更大的从宽幅度。D. 认罪认罚与自首、坦白不作重复评价。

2. 对犯罪嫌疑人、被告人认罪认罚过程中的权利保障

（1）公安机关、检察机关、人民法院的告知义务：①侦查人员在讯问犯罪嫌疑人的时候，应当告知犯罪嫌疑人享有的诉讼权利，如实供述自己罪行可以从宽处理和认罪认罚的法律规定。②在审查起诉阶段，犯罪嫌疑人认罪认罚的，人民检察院应当告知其享有的诉讼权利和认罪认罚的法律规定。③被告人认罪认罚的，审判长应当告知被告人享有的诉讼权利和认罪认罚的法律规定，审查认罪认罚的自愿性和认罪认罚具结书内容的真实性、合法性。

（2）保障犯罪嫌疑人、被告人获得法律帮助权或辩护权。犯罪嫌疑人、被告人没有辩护人的，安排值班律师为犯罪嫌疑人、被告人提供法律帮助。符合强制法律援助辩护条件的，公安机关、检察机关、人民法院应当通知法律援助机构指派律师为犯罪嫌疑人、被告人提供辩护。

【提示】（1）认罪认罚从宽既是一项基本原则，也是一项具体制度，适用于全部案件，轻罪可认罪认罚从宽，重罪也可认罪认罚从宽；而且其适用贯穿刑事诉讼全过程，因此，在后续具体程序中，侦查程序、审查起诉、审判阶段也会有相关制度内容。

（2）“可以”适用，不是一律适用：对犯罪性质和危害后果特别严重、犯罪手段特别残忍、社会影响特别恶劣的犯罪嫌疑人、被告人，认罪认罚不足以从轻处罚的，依法不予从宽处罚。

（3）认罪认罚从宽作为一项基本原则，贯穿刑事诉讼全过程。犯罪嫌疑人、被告人可以在侦查阶段认罪认罚，而且在后续阶段也稳定地认罪认罚，一直到案件终结。如果犯罪嫌疑人、被告人在侦查阶段没有认罪认罚，到了审查起诉阶段或在更晚的阶段才认罪认罚，也适用认罪认罚从宽原则。如果犯罪嫌疑人在侦查阶段认罪认罚了，但是到了审查起诉阶段或者审判阶段反悔，不认罪认罚了，也准许。不过，因为先前阶段已经因为其认罪认罚给予过其在该阶段的从宽处理，其在后续阶段反悔的，也有相关机制“收回”先前阶段的从宽“优惠”。

3. 被害人权益保护

（1）听取意见：公安司法机关应当听取被害人及其诉讼代理人的意见。

【提示】意见应当听，但是否采纳被害方意见，由公安司法机关自行决定。

（2）促进和解谅解

①应当促进和解：对符合和解程序适用条件的公诉案件，犯罪嫌疑人、被告人认罪认罚的，司法机关（公、检、法）应当积极促进当事人自愿达成和解。

②可以促进谅解：对不符合和解程序条件的认罪认罚案件，司法机关可以促进犯罪嫌疑人、被告人向被害方赔偿损失、赔礼道歉，以此方式获得谅解，被害方出具的谅解意见应当随案移送。

（3）被害人异议的处理

①被害人及其诉讼代理人不同意对认罪认罚的犯罪嫌疑人、被告人从宽处理的，不影响认罪认罚从宽制度的适用。

②认罪认罚，但没有退赃退赔、赔偿损失，未能与被害方达成调解或者和解协议的，从宽时应当予以酌减。

③自愿认罪并且愿意积极赔偿损失，但由于被害方赔偿请求明显不合理，未能达成调解或者和解协议的，一般不影响从宽处理。

二、认罪认罚从宽制度在侦查阶段的适用

1. 侦查机关的权利告知义务

侦查人员在讯问犯罪嫌疑人的时候，应当告知犯罪嫌疑人享有的诉讼权利，如实供述自己罪行可以从宽处理和认罪认罚的法律规定。

2. 保障值班律师提供法律帮助

犯罪嫌疑人、被告人入所羁押时没有委托辩护人，法律援助机构也没有指派律师提供辩护的，看守所应当告知其有权约见值班律师，获得法律咨询、程序选择建议、申请变更强制措施、对案件处理提出意见等法律帮助，并为犯罪嫌疑人、被告人约见值班律师提供便利。

没有委托辩护人、法律援助机构没有指派律师提供辩护的犯罪嫌疑人、被告人，向看守所申请由值班律师提供法律帮助的，看守所应当在24小时内通知值班律师。（《公安部规定》第49条）

3. 侦查阶段认罪认罚的处理

（1）犯罪嫌疑人自愿认罪的，应当记录在案，随案移送，并在起诉意见书中写明有关情况。

（2）认为案件符合速裁程序适用条件的，可以向人民检察院提出适用速裁程序的建议。（《公安部规定》第289条第2款）

（3）自愿如实供述涉嫌犯罪的事实，有重大立功或者案件涉及国家重大利益的，经最高人民检察院核准，公安机关可以撤销案件。（《刑诉法》第182条第1款）

【如实供述+重大立功或国家重大利益+最高检核准=可撤销案件】

三、认罪认罚从宽制度在审查起诉阶段的适用

1. 人民检察院的权利告知义务

审查案件讯问犯罪嫌疑人时，犯罪嫌疑人认罪认罚的，人民检察院应当告知其享有的诉讼权利和认罪认罚的法律规定。

2. 保障值班律师提供法律帮助（《最高检规则》第267条）

人民检察院办理犯罪嫌疑人认罪认罚案件，应当保障犯罪嫌疑人获得有效法律帮助，确保其了解认罪认罚的性质和法律后果，自愿认罪认罚。犯罪嫌疑人自愿认罪认罚、没有辩护人的，在审查起诉阶段，人民检察院应当通知值班律师为其提供法律帮助。符合通知辩护条件的，应当依法通知法律援助机构指派律师为其提供辩护。

3. 应当听取意见（《最高检规则》第269条）

犯罪嫌疑人认罪认罚的，人民检察院应当听取犯罪嫌疑人、辩护人或者值班律师、被害人及其诉讼代理人对下列事项的意见，并记录在案：

（1）涉嫌的犯罪事实、罪名及适用的法律规定；

（2）从轻、减轻或者免除处罚等从宽处罚的建议；

（3）认罪认罚后案件审理适用的程序；

（4）其他需要听取意见的事项。

人民检察院依照前款规定听取值班律师意见的，应当提前为值班律师了解案件有关情况提供必要的便利。自人民检察院对案件审查起诉之日起，值班律师可以查阅案卷材料，了解案情。人民检察院应当为值班律师查阅案卷材料提供便利。

人民检察院不采纳辩护人或者值班律师所提意见的，应当向其说明理由。

4. 认罪认罚具结书（《最高检规则》第 272 条）

犯罪嫌疑人自愿认罪认罚，同意量刑建议和程序适用的，应当在辩护人或者值班律师在场的情况下签署认罪认罚具结书。具结书应当包括犯罪嫌疑人如实供述罪行、同意量刑建议和程序适用等内容，由犯罪嫌疑人及其辩护人、值班律师签名。

犯罪嫌疑人具有下列情形之一的，不需要签署认罪认罚具结书：

（1）犯罪嫌疑人是盲、聋、哑人，或者是尚未完全丧失辨认或者控制自己行为能力的精神病人的；

（2）未成年犯罪嫌疑人的法定代理人、辩护人对未成年人认罪认罚有异议的；

（3）其他不需要签署认罪认罚具结书的情形。

有前款情形，犯罪嫌疑人未签署认罪认罚具结书的，不影响认罪认罚从宽制度的适用。

【例】 问：未成年犯罪嫌疑人欲认罪认罚，是否以法定代理人、辩护人同意为前提？

答： 不是，只要未成年犯罪嫌疑人自己决定认罪认罚的，就可以适用认罪认罚从宽制度。若该未成年犯罪嫌疑人的法定代理人、辩护人同意他认罪认罚的，那么应当签署认罪认罚具结书。但是如果未成年犯罪嫌疑人法定代理人、辩护人不同意未成年犯罪嫌疑人认罪认罚的，就不用签署认罪认罚具结书，即未成年犯罪嫌疑人的法定代理人和辩护人不同意的只是作为签署具结书的例外，并不代表认罪认罚的不适用。

5. 审查起诉阶段认罪认罚从宽处理的表现

（1）起诉

①犯罪嫌疑人认罪认罚的，人民检察院应当就主刑、附加刑、是否适用缓刑等提出量刑建议。①量刑建议一般应当为确定刑。对新类型、不常见犯罪案件，量刑情节复杂的重罪案件等，也可以提出幅度刑量刑建议。

②犯罪嫌疑人认罪认罚，人民检察院经审查，认为符合速裁程序适用条件的，提起公诉时，可以建议人民法院适用速裁程序审理。

（2）不起诉

①【酌定不起诉】自愿认罪认罚，且符合酌定不起诉条件的，可以作出不起诉决定。

②【认罪认罚特别不起诉】犯罪嫌疑人自愿如实供述涉嫌犯罪的事实，有重大立功或者案件涉及国家重大利益的，经最高人民检察院核准，人民检察院可以作出不起诉决定，也可以对涉嫌数罪中的一项或者多项不起诉。（《刑诉法》第 182 条第 1 款）

【如实供述+重大立功或国家重大利益+最高检核准=可不起诉或数罪中一项或多项不起诉】

---

① 《最高检规则》第 276 条第 1 款、第 2 款："办理认罪认罚案件，人民检察院应当将犯罪嫌疑人是否与被害方达成和解或者调解协议，或者赔偿被害方损失，取得被害方谅解，或者自愿承担公益损害修复、赔偿责任，作为提出量刑建议的重要考虑因素。犯罪嫌疑人自愿认罪并且愿意积极赔偿损失，但由于被害方赔偿请求明显不合理，未能达成和解或者调解协议的，一般不影响对犯罪嫌疑人从宽处理。"

【重大立功的理解】认罪认罚当中重大立功应从三个方面进行理解：①

一是现有法律规定中的重大立功。根据《刑法》第68条、第78条以及最高人民法院《关于处理自首和立功具体应用法律若干问题的解释》第7条和《关于处理自首和立功若干具体问题的意见》的规定，犯罪分子有检举、揭发他人重大犯罪行为，经查证属实；提供侦破其他重大案件的重要线索，经查证属实；阻止他人重大犯罪活动；协助司法机关抓捕其他重大犯罪嫌疑人（包括同案犯）；对国家和社会有其他重大贡献等表现的，应当认定为有重大立功表现。其中，“重大犯罪”“重大案件”“重大犯罪嫌疑人”的标准，一般是指犯罪嫌疑人、被告人可能被判处无期徒刑以上刑罚或者案件在本省、自治区、直辖市或者全国范围内有较大影响等情形。

二是特殊情形撤销案件中的重大立功。从认罪认罚从宽制度的设计初衷和刑事诉讼法的立法原意看，认罪认罚中“重大立功”与正常意义上的重大立功并非同一层面含义，其应当比照刑法和相关司法解释规定的重大立功更为从严把握，其在程度上应当与维护国家重大利益具有等质性，即不追究刑事责任更有利于维护外交、国家安全等国家重大利益和公共利益。

三是重大立功的把握原则。基于重大立功与国家重大利益的等质性，此类特殊案件在实践中应当是极少数，因此需要把握的原则是“严格控制，慎重适用，防止滥用”。

【国家重大利益的把握】此处的案件涉及国家重大利益，主要是指外交、国家安全、经济等国家重大利益和公共利益。刑法与刑事诉讼法中对何为国家重大利益没有作出明确的解释，需要办案机关根据案件情况严格把握。

6. 反悔

（1）作出酌定不起诉决定后的反悔（《最高检规则》第278条）

因犯罪嫌疑人认罪认罚，人民检察院依照《刑事诉讼法》第177条第2款作出**酌定不起诉决定**后，犯罪嫌疑人反悔的，人民检察院应当进行审查，并区分下列情形依法作出处理：

①发现犯罪嫌疑人没有犯罪事实，或者符合刑事诉讼法**第十六条【法定不起诉】**规定的情形之一的，**应当撤销**原不起诉决定，依法**重新作出**不起诉决定；

②犯罪嫌疑人**犯罪情节轻微**，依照刑法规定不需要判处刑罚或者免除刑罚的，可以**维持**原不起诉决定；

③排除认罪认罚因素后，**符合起诉条件**的，**应当**根据案件具体情况撤销原不起诉决定，依法**提起公诉**。

（2）起诉前的反悔

犯罪嫌疑人认罪认罚，签署认罪认罚具结书，在人民检察院提起**公诉前反悔**的，具结书失效，人民检察院应当在全面审查事实证据的基础上，**依法提起公诉**。（《认罪认罚从宽指导意见》第52条）

【小案例练习】

案例1：甲市乙区检察院对张三涉嫌盗窃罪一案进行审查起诉，张三自愿认罪认罚。经审查，张三既不符合法律援助条件，也没有委托辩护人。

问题：乙区检察院应如何保障张三获得有效法律帮助？

案例2：成年人张三和未成年人李四涉嫌共同犯罪被甲市乙区人民检察院审查起诉，二人自

① 参见童建明、万春主编：《〈人民检察院刑事诉讼规则〉条文释义》，中国检察出版社2020年版，第300页。

愿认罪认罚，同意量刑建议和程序适用。张三委托律师 A 为辩护人，李四的母亲为其法定代理人。乙区人民检察院要求张三和李四签署认罪认罚具结书，律师 A 不在场，张三按检察院要求签署了具结书；李母在场，并对李四认罪认罚提出异议，李四没有签署具结书。起诉时，乙区人民检察院仅对张三提出从宽建议。

问题： 乙区检察院是否存在程序违法情形？请说明理由。

案例 3： 甲市检察院对张三涉嫌贪污罪一案进行审查起诉。张三自愿如实供述涉嫌犯罪的事实，同意量刑建议和程序适用。

问题： 甲市检察院在何种情况下可以对张三作出不起诉决定？

【解析】

案例 1——问题： 乙区检察院应如何保障张三获得有效法律帮助？

答案：（1）应当**及时安排值班律师**为犯罪嫌疑人张三提供法律咨询、程序选择建议、申请变更强制措施、对案件处理提出意见等**法律帮助**，确保张三**了解认罪认罚的性质**和**法律后果**，自愿认罪认罚。（2）应当**告知**张三**有权约见值班律师**，并为其约见值班律师提供便利。（3）**应当听取值班律师意见**，提前为值班律师了解案件有关情况**提供必要的便利**。自案件审查起诉之日起，应当为值班律师**查阅案卷材料提供便利**。不采纳值班律师所提意见的，应当向其**说明理由**。法条依据为《最高检规则》第 267 条、第 268 条第 2 款、第 269 条。

案例 2——问题： 乙区检察院是否存在程序违法情形？请说明理由。

答案： **存在**。（1）犯罪嫌疑人自愿认罪认罚，同意量刑建议和程序适用的，应当在**辩护人或者值班律师在场**的情况下签署认罪认罚具结书。乙区检察院在张三的辩护律师 A 不在场时要求其签署具结书，**属于程序违法**。（2）**未成年犯罪嫌疑人的法定代理人**对未成年人认罪认罚**有异议**的，犯罪嫌疑人**不需要签署认罪认罚具结书**，且未签署认罪认罚具结书**不影响认罪认罚从宽制度的适用**。乙区检察院因李四未签署具结书而拒绝对其适用认罪认罚从宽制度，属于程序违法。法条依据为《最高检规则》第 272 条。

案例 3—— 问题：甲市检察院在何种情况下可以对张三作出不起诉决定？

答案：（1）张三自愿认罪认罚，如果**犯罪情节轻微**，依照刑法规定**不需要判处刑罚或者免除刑罚**的，**经检察长批准**，**可以**作出不起诉决定。（2）张三自愿认罪认罚，如果有**重大立功**或者案件**涉及国家重大利益**的，**经最高检核准**，甲市检察院**可以**作出**不起诉**决定，也**可以**对涉嫌**数罪中**的**一项或者多项不起诉**。法条依据为《最高检规则》第 279 条第 1 款、第 370 条。

四、认罪认罚从宽制度在一审阶段的适用

（一）一审法院的权利告知义务

对认罪认罚案件，法庭审理时**应当告知**被告人享有的诉讼权利和认罪认罚的法律规定。

（二）保障值班律师提供法律帮助

1. 被告人没有委托辩护人，法律援助机构也没有指派律师为其提供辩护的，人民法院**应当告知被告人有权约见值班律师，并为被告人约见值班律师提供便利**。

2. 人民法院收到在押被告人提出的法律帮助申请，应当依照有关规定及时通知值班律师。

（三）程序适用

对认罪认罚案件，应当根据案件情况，依法适用速裁程序、简易程序或者普通程序审理。

（四）审查内容

审查认罪认罚的**自愿性**和认罪认罚**具结书内容的真实性、合法性**。

（五）一审阶段认罪认罚从宽的表现

1. 定罪：【一般应当采纳罪名】对于认罪认罚案件，人民法院依法作出判决时，**一般应当采纳**人民检察院指控的**罪名。**

【指控和审理罪名不一致】对认罪认罚案件，人民检察院起诉指控的事实清楚，但指控的罪名与审理认定的**罪名不一致**的，人民法院**应当听取**人民检察院、被告人及其辩护人对审理认定罪名的意见，**依法作出判决。**

2. 量刑

（1）【**一般应当**采纳量刑建议】对于认罪认罚案件，人民法院依法作出判决时，一般应当采纳人民检察院指控的罪名和量刑建议。

（2）【调整量刑建议】但有下列情形的除外：a 被告人的行为不构成犯罪或者不应当追究其刑事责任的；b 被告人违背意愿认罪认罚的；c 被告人否认指控的犯罪事实的；d 起诉指控的罪名与审理认定的罪名不一致的；e 其他可能影响公正审判的情形。对认罪认罚案件，人民法院经审理认为**量刑建议明显不当**，或者被告人、辩护人对量刑建议**提出异议的**，人民检察院可以调整量刑建议。人民检察院不调整或者调整后仍然明显不当的，人民法院**应当依法作出判决**。（《刑诉法》第 201 条）

【注意-调整量刑建议的时间】适用速裁程序审理认罪认罚案件，需要调整量刑建议的，应当**在庭前**或者**当庭**作出调整。

【继续适用速裁程序需满足量刑条件】调整量刑建议后，仍然符合速裁程序适用条件的，继续适用速裁程序审理。

对量刑建议是否明显不当，应当根据审理认定的犯罪事实、认罪认罚的具体情况，结合相关犯罪的法定刑、类似案件的刑罚适用等作出审查判断。

【注意】（1）对认罪认罚案件，人民法院**一般应当对被告人从轻处罚**；符合非监禁刑适用条件的，应当适用非监禁刑；具有法定减轻处罚情节的，可以减轻处罚。

（2）对认罪认罚案件，应当根据被告人认罪认罚的阶段早晚以及认罪认罚的主动性、稳定性、彻底性等，在从宽幅度上体现差异。

（3）共同犯罪案件，**部分被告人认罪认罚**的，可以依法对该**部分被告人从宽处罚**，但应当注意全案的量刑平衡。

（六）不同审判阶段认罪认罚的处理

提起公诉前未认罪认罚，在审判阶段认罪认罚的：人民法院可以不再通知人民检察院提出或者调整量刑建议。

（七）审理过程中反悔的

人民法院应当根据审理查明的事实，依法作出裁判。需要转换程序的，依照《关于适用认罪认罚从宽制度的指导意见》的相关规定处理。

五、认罪认罚从宽制度在二审阶段的适用

被告人在一审阶段未认罪认罚，在二审中认罪认罚的：应当根据其认罪认罚的具体情况决定

是否从宽，并依法作出裁判。确定从宽幅度时应当与第一审程序认罪认罚有所区别。

【总结】不同阶段认罪认罚从宽原则的适用

	侦查阶段	审查起诉阶段	审判阶段
认罪的要求	犯罪嫌疑人、被告人自愿如实供述自己的罪行，对指控的犯罪事实没有异议		
认罚的要求	表示愿意接受处罚	接受人民检察院拟作出的起诉或不起诉决定，认可人民检察院的量刑建议，签署认罪认罚具结书	当庭确认自愿签署具结书，愿意接受刑罚处罚
从宽的体现	（1）记录在案，随案移送。 （2）向人民检察院建议适用速裁程序 （3）自愿如实供述涉嫌犯罪的事实，有重大立功或者案件涉及国家重大利益的，经最高人民检察院核准，公安机关可以撤销案件	（1）提起公诉时提出从宽的量刑建议，而且要求量刑建议一般应当为确定刑 （2）建议适用速裁程序 （3）酌定不起诉 （4）认罪认罚特别不起诉	（1）一般应当从轻处罚 （2）符合非监禁刑适用条件的，应当适用非监禁刑 （3）具有法定减轻处罚情节的，可以减轻处罚。

【小案例练习】

案例1：某县检察院以张一涉嫌抢夺罪起诉至某县法院，张一认罪认罚，法院经审理后认为，检察院起诉指控的事实清楚，但张一所犯并非抢夺罪，法院直接判决张一盗窃罪。

问题：本案中，法院直接判决张一盗窃罪的做法是否正确？

案例2：张三非法拘禁李四被抓，到案后自愿供述自己的罪行并接受处罚，在法院审理过程中，张三的辩护人认为检察院提出的量刑建议不合理，经法院告知，检察院认为其量刑建议并无不合理之处，不予调整，法院遂依法作出判决。

问题：本案中，法院的做法是否正确？

案例3：小张因报复心理作祟，偷取小王价值不菲的财物，小王报案后，由公安机关立案。公安机关后将本案移送检察机关审查起诉。在审查起诉阶段，小张自愿认罪，同意检察院的量刑建议，后本案开庭，法院认为检察院的量刑建议过重，但检察院不调整其量刑建议。

问题：法院应当如何处理？

【解析】

案例1—问题：本案中，法院直接判决张一盗窃罪的做法是否正确？

答案：不正确。根据相关规定，对认罪认罚案件，检察院起诉指控的事实清楚，但指控的罪名（抢夺罪）与审理认定的罪名（盗窃罪）不一致的，法院应当听取检察院、被告人及其辩护人对审理认定罪名的意见，依法作出判决。本案中，法院未听取相关意见即直接作出判决的做法是不正确的。法条依据为《刑诉解释》第352条。

案例 2—问题：本案中，法院的做法是否正确？

答案：**正确**。根据相关规定，对认罪认罚案件，**辩护人**对量刑建议**提出异议**的，检察院**可以调整**量刑建议，但检察院**不调整的**，法院应当**依法作出判决**。法条依据为《刑诉解释》第 353 条。

案例 3—问题：法院应当如何处理？

答案：**法院应当依法作出判决**。根据相关规定，法院经审理认为**量刑建议明显不当**，或者**被告人、辩护人对量刑建议**提出**异议**的，**检察院可以调整**量刑建议。检察院**不调整**量刑建议或者**调整**量刑建议**后仍然明显不当**的，法院**应当依法作出判决**。法条依据为《刑事诉讼法》第 201 条。

【知识点分析思路总结】关于"本案中检察机关应当如何办理认罪认罚案件？""法院应当如何处理？"等问题，可以按照如下模板回答：

1. 检察院在审查起诉阶段如何办理认罪认罚案件

（1）受理案件后，应当首先向犯罪嫌疑人了解其委托辩护人的情况。犯罪嫌疑人自愿认罪认罚而没有辩护人的，应当通知值班律师为其提供法律帮助。

（2）如果犯罪嫌疑人认罪认罚，应当告知其享有的诉讼权利和认罪认罚的法律规定。

（3）听取犯罪嫌疑人、其辩护人或者值班律师对下列事项的意见，并记录在案：涉嫌的犯罪事实、罪名及适用的法律规定；从轻、减轻或者免除处罚等从宽处罚的建议；认罪认罚后案件审理适用的程序；其他需要听取意见的事项。

（4）如果犯罪嫌疑人自愿认罪认罚，且同意量刑建议和程序适用，应当在辩护人或者值班律师在场的情况下签署认罪认罚具结书。

（5）经审查，如果认为本案符合速裁程序适用条件的，应当至多 15 日以内作出是否提起公诉的决定。

（6）应当向法院提出量刑建议，并在起诉书中写明被告人认罪认罚情况，移送认罪认罚具结书等材料。量刑建议一般应当为确定刑。

【注意】如果符合不起诉条件的，检察院依法作出不起诉决定。

2. 完善认罪认罚从宽制度（速裁程序）的论述题可以按照如下模板回答

答：①认罪认罚从宽制度，是指在刑事诉讼中，以被追诉人自愿认罪认罚而在实体上和程序上予以从宽处理、处罚的制度。认罪认罚从宽，以自愿认罪、认罚为前提，从宽不仅包括实体上从宽，而且包括在程序上适用较为简化的程序。

②完善认罪认罚从宽制度具有重大意义。第一，有利于提高诉讼效率。认罪认罚从宽制度能使刑事案件繁简分流，节约了司法资源，有助于简案快审、难案精审，在更高层次上实现公正和效率的统一。第二，有利于保障人权。认罪认罚从宽制度以事实清楚，证据充分为适用前提，确保了打击犯罪的准确性。同时，由于被追诉人认罪、认罚，对其从程序上适用较为简化的程序能使其尽快摆脱讼累，有效地保障其权利。第三，有利于实现司法公正。认罪认罚从宽制度以事实清楚，证据确实充分为前提条件，这对实现实体公正有重要保障作用。同时，因为该制度适用简化诉讼程序基于被告人自愿认罪认罚，因此不仅不会剥夺其诉讼权利，相反，能够较快地使其权利义务关系处于稳定状态。

③目前，认罪认罚从宽制度并不完善，应当从以下几个方面着手完善：第一，应当在刑事诉讼法中明确刑事案件认罪认罚可以依法从宽处理的原则。第二，完善刑事案件认罪认罚从宽的程序要求。第三，加强对当事人的权利保障，如权利告知、建立值班律师制度等。第四，建立认罪

认罚协商制度。

④总而言之，完善认罪认罚从宽制度是推进以审判为中心的诉讼制度改革的重要举措，有助于推动中国刑事审判制度，乃至整个刑事诉讼制度的深刻变革。

案例：聋哑人小张偷窃小王的价值不菲的财物，后小王报案，小张承认被指认的罪行，愿意接受处罚。

（1）本案中，犯罪嫌疑人需要签署认罪认罚具结书吗？

（2）公安机关从认罪认罚的角度应当如何处理？

（3）本案能否适用认罪认罚原则处理？

（1）**答**：**不需要**。根据相关规定，犯罪嫌疑人小张是**聋哑人**，**不需要签署认罪认罚具结书**。法条依据为《刑事诉讼法》第 174 条。

（2）**答**：根据相关规定，侦查人员在**讯问犯罪嫌疑人**的时候，**应当告知**犯罪嫌疑人小张享有的**诉讼权利**，如实供述自己罪行可以**从宽处理**和**认罪认罚的法律规定**。法条依据为《刑事诉讼法》第 120 条。

（3）**答**：**可以**。本案中，小张**自愿如实供述**了自己的**罪行**，**承认被指控的犯罪事实**，并且**愿意接受处罚**，故**符合**适用**认罪认罚的条件**。法条依据为《刑事诉讼法》第 15 条。

KEEP AWAKE

专题十四

特别程序

一、未成年人刑事案件诉讼程序

（一）特有原则和制度

教育为主，惩罚为辅	对犯罪的未成年人实行教育、感化、挽救的方针，坚持**教育为主、惩罚为辅**的原则。
最有利于未成年人和保护未成年人权利原则	人民法院应当加强同政府有关部门、人民团体、社会组织等的配合，对遭受性侵害或者暴力伤害的未成年被害人及其家庭实施必要的心理干预、经济救助、法律援助、转学安置等保护措施。 **【注意】**人民法院发现有关单位未尽到未成年人教育、管理、救助、看护等保护职责的，**应当向该单位提出司法建议**。
分案处理原则	为了防止交叉感染，对被拘留、逮捕和执行刑罚的未成年人与成年人应**分别关押、分别管理、分别教育、分别侦查、分别起诉、分别审判、分别执行**。
审理不公开原则	**审判的时候**被告人**不满18周岁**的案件，不公开审理。但是，经未成年被告人及其法定代理人同意，未成年被告人所在学校和未成年人保护组织可以派代表到场。
社会调查制度	（1）公、检、法办理未成年人刑事案件，根据情况**可以**对未成年犯罪嫌疑人、被告人的成长经历、犯罪原因、监护教育等情况进行调查，并制作社会调查报告，**作为办案和教育的参考**。 （2）开展社会调查，**可以委托有关组织和机构进行**。
心理疏导	（1）法院根据情况，可以对未成年被告人、被害人、证人进行心理疏导；根据实际需要并经未成年被告人及其法定代理人同意，可以对未成年被告人进行心理测评。 （2）心理疏导、心理测评可以委托专门机构、专业人员进行。 （3）心理测评报告可以作为办理案件和教育未成年人的参考。
未成年人案件适用认罪认罚从宽制度	（1）未成年嫌疑人认罪认罚的，**在签署具结书时应当有其法定代理人、辩护人在场**，未成年嫌疑人及其法定代理人、辩护人都对认罪认罚没有异议且愿意签署具结书的，应当签署具结书。
	（2）如果未成年嫌疑人的法定代理人、辩护人对认罪认罚有异议，但未成年人本人同意认罪认罚的，不需要签署具结书。 **【注意】**此时**同样可以对其适用认罪认罚从宽制度从宽处理**。
	（3）未成年人刑事案件适用认罪认罚从宽制度的也**不适用速裁程序**。
犯罪记录封存	**犯罪的时候**不满18周岁，被判处5年有期徒刑以下刑罚的，应当对相关犯罪记录予以封存。

（二）程序特点

1. 诉讼制度的特殊规定

（1）强制法律援助

未成年犯罪嫌疑人、被告人没有委托辩护人的，公安机关、人民检察院、人民法院**应当通知**法律援助机构指派律师为其提供辩护。

（2）严格适用强制措施

①对未成年被告人应当严格限制适用逮捕措施。

②人民法院决定逮捕，**应当讯问未成年被告人，应当听取辩护律师的意见**。

③对被逮捕且没有完成义务教育的未成年被告人，人民法院应当与教育行政部门互相配合，保证其接受义务教育。

【注意—戒具的使用】讯问未成年犯罪嫌疑人**一般不得**使用戒具。对于确有人身危险性，必须使用戒具的，在现实危险消除后，应当立即停止使用。(可以使用戒具，但**尽量不用**)

人民法院对无固定住所、无法提供保证人的未成年被告人适用取保候审的，应当指定合适成年人作为保证人，必要时可以安排取保候审的被告人接受社会观护。

2. 立案程序特殊规定

公安机关办理未成年人刑事案件时，应当重点查清未成年犯罪嫌疑人实施犯罪行为时是否已满 14 周岁（特殊情况下 12 周岁）、16 周岁、18 周岁的临界年龄。

3. 侦查程序特殊规定（特殊的讯问规则）

（1）在**讯问和审判**的时候，**应当**通知未成年犯罪嫌疑人、被告人的法定代理人到场。无法通知、法定代理人不能到场或者法定代理人是共犯的，也可以通知合适成年人到场，并将有关情况记录在案。

【注意—到场法代的权利】

①到场的法定代理人或者其他人员，除依法行使《刑事诉讼法》第 281 条第 2 款[①]规定的权利外，经法庭同意，可以参与对未成年被告人的法庭教育等工作。

②**到场**的法定代理人**可以代为行使**未成年犯罪嫌疑人、被告人的诉讼权利，**其他**合适成年人**不能代为行使**。

（2）**讯问女性未成年犯罪嫌疑人，应当有女工作人员**在场。

【注意】询问未成年被害人、证人，适用前条规定。审理未成年人遭受性侵害或者暴力伤害案件，在询问未成年被害人、证人时，应当采取同步录音录像等措施，**尽量一次完成**；未成年被害人、证人是女性的，**应当由女性工作人员进行**。

4. 审查起诉程序特殊规定

（1）应当听取意见与讯问未成年人

①检察院对未成年犯罪嫌疑人进行审查起诉，**应当听取辩护人的意见**，**应当听取**其父母或者其他法定代理人、被害人及其法定代理人的意见。

---

① 《刑事诉讼法》第 281 条第 2 款：“到场的法定代理人或者其他人员认为办案人员在讯问、审判中侵犯未成年人合法权益的，可以提出意见。讯问笔录、法庭笔录应当交给到场的法定代理人或者其他人员阅读或者向他宣读。”

②人民检察院对未成年人刑事案件进行审查起诉，**应当讯问未成年犯罪嫌疑人**。讯问程序同上述侦查程序中的讯问。

（2）附条件不起诉制度

<table>
<tr><td rowspan="2">适用情形</td><td colspan="2">未成年人涉嫌刑法分则第四、五、六章规定的犯罪，可能判 1 年以下刑罚，符合起诉条件，但有悔罪表现的，检察院可以作出附条件不起诉的决定。（人身、财产、妨碍社会管理）</td></tr>
<tr><td colspan="2">【注意—应当听取】检察院在作出附条件不起诉的决定以前，应当听取公安机关、被害人的意见，并制作笔录附卷。</td></tr>
<tr><td rowspan="4">对附条件不起诉的制约</td><td colspan="2">（1）【公安】对附条件不起诉的决定，公安机关可以提出复议和复核。</td></tr>
<tr><td colspan="2">（2）【只能申诉】被害人对检察院对未成年犯罪嫌疑人作出的附条件不起诉的决定和考验期满的不起诉的决定，可以向上一级检察院申诉，不可以向法院起诉。</td></tr>
<tr><td colspan="2">（3）【异议-起诉】未成年嫌疑人及其法定代理人对检察院决定附条件不起诉有异议的，检察院应当作出起诉的决定。</td></tr>
<tr><td colspan="2">【注意】未成年犯罪嫌疑人及其法定代理人对案件作附条件不起诉处理没有异议，仅对所附条件及考验期有异议的，人民检察院可以依法采纳其合理的意见，对考察的内容、方式、时间等进行调整；其意见不利于对未成年犯罪嫌疑人帮教，人民检察院不采纳的，应当进行释法说理。</td></tr>
<tr><td rowspan="4">附条件不起诉的考验</td><td>考验主体</td><td>人民检察院</td></tr>
<tr><td>考验期限</td><td>附条件不起诉的考验期为6 个月以上 1 年以下，从检察院作出附条件不起诉的决定之日起计算。考验期不计入案件审查起诉期限。
【注意】考验期可以浮动，但无论如何浮动，最终的考验期都必须在 6 个月以上 1 年以下。</td></tr>
<tr><td rowspan="2">考验内容</td><td>（1）被附条件不起诉的未成年犯罪嫌疑人，应当遵守下列规定：
①遵守法律法规，服从监督；
②按照考察机关的规定报告自己的活动情况；
③离开所居住的市、县或者迁居，应当报经考察机关批准；
④按照考察机关的要求接受矫治和教育。</td></tr>
<tr><td>（2）人民检察院可以要求被附条件不起诉的未成年犯罪嫌疑人接受下列矫治和教育：
①完成戒瘾治疗、心理辅导或者其他适当的处遇措施；
②向社区或者公益团体提供公益劳动；
③不得进入特定场所，与特定的人员会见或者通信，从事特定的活动；
④向被害人赔偿损失、赔礼道歉等；
⑤接受相关教育；
⑥遵守其他保护被害人安全以及预防再犯的禁止性规定。</td></tr>
</table>

续表

考验后的处理	起诉	被附条件不起诉的未成年犯罪嫌疑人，在考验期内有下列情形之一的，人民检察院应当**撤销附条件不起诉**的决定，**提起公诉**： ①实施**新的犯罪**的； ②发现决定附条件不起诉以前还有**其他犯罪需要追诉**的； ③违反治安管理规定，**造成严重后果，或者多次违反**治安管理规定的； ④违反考察机关有关附条件不起诉的监督管理规定，**造成严重后果，或者多次违反**考察机关有关附条件不起诉的监督管理规定的。 （《人民检察院办理未成年人刑事案件的规定》第46条）
	不起诉	在考验期内没有上述情形，考验期满的，检察院**应当**作出不起诉的决定。 【注意—应当听取】考验期满作出不起诉的决定以前，**应当听取**被害人意见。

5. 审判程序特殊规定

（1）少年法庭

【应当】被告人实施被指控的**犯罪时不满18周岁、人民法院立案时不满20周岁**的案件，由未成年人案件审判组织审理。

【例】被告人甲犯罪时年龄为17周岁，4年后被公安机关立案侦查。此时甲虽然满足“犯罪时不满18周岁”的条件，但不满足“人民法院立案时不满20周岁”的条件，因此本案并非必须由未成年人案件审判组织审理。

【可以】下列案件**可以**由未成年人案件审判组织审理：

①人民法院**立案时不满22周岁**的在校学生犯罪案件；

②强奸、猥亵、虐待、遗弃未成年人等侵害未成年人人身权利的犯罪案件；

③由未成年人案件审判组织审理**更为适宜**的其他案件。

共同犯罪案件有未成年被告人的或者其他涉及未成年人的刑事案件，是否由未成年人案件审判组织审理，由**院长**根据实际情况**决定**。

（2）未成年被害人、证人一般不出庭

①开庭审理涉及未成年人的刑事案件，未成年被害人、证人**一般不出庭作证**；

②必须出庭的，应当采取**保护其隐私**的技术手段和心理干预等保护措施。

（3）特殊的讯问规则

在**审判**的时候，**应当**通知未成年犯罪嫌疑人、被告人的法定代理人到场。无法通知、法定代理人不能到场或者法定代理人是共犯的，也可以通知合适成年人到场，并将有关情况记录在案。

二、当事人和解的公诉案件诉讼程序

（一）适用案件范围和适用条件

可以适用的范围	下列公诉案件，双方当事人可以和解（《刑诉法》第288条）： （1）因**民间纠纷**引起，涉嫌刑法分则**第4章、第5章**规定的犯罪案件，可能判处**3年有期徒刑以**下刑罚的；（人身、财产）
	（2）除渎职犯罪以外的可能判处7年有期徒刑以下刑罚的**过失犯罪**案件。

续表

不能适用的范围	犯罪嫌疑人、被告人在五年以内曾经故意犯罪的，不适用当事人和解的公诉案件诉讼程序。
	【注意】犯罪嫌疑人在犯《刑事诉讼法》第288条第1款规定的犯罪（上述犯罪）前5年内曾故意犯罪，无论该故意犯罪是否已经追究，均应当认定为前款规定的5年以内曾故意犯罪。
适用条件	当事人和解的公诉案件应当同时符合下列条件： （1）犯罪嫌疑人真诚悔罪，向被害人赔偿损失、赔礼道歉等； （2）被害人明确表示对犯罪嫌疑人予以谅解； （3）双方当事人自愿和解，符合有关法律规定； （4）属于侵害特定被害人的故意犯罪或者有直接被害人的过失犯罪； （5）案件事实清楚，证据确实、充分。

（二）和解主体

被害人一方	（1）被害人死亡的，其法定代理人、近亲属可以与犯罪嫌疑人、被告人和解；
	（2）被害人系无行为能力或者限制行为能力人的，其法定代理人、近亲属可以代为和解。
	【小结】被害人一方不一定是被害人本人。
被告人一方	被告人的近亲属经被告人同意，可以代为和解。
	被告人系限制行为能力人的，其法定代理人可以代为和解。
	【小结】被告人一方一定是被告人本人。
	【注意1】法院可以主持和解，检察院也可以建议和解，这些做法只是促成和解，而不是参与双方的具体和解。也就是说，公安机关、检察院、人民法院均不是和解的主体。 【注意2—必须被告人本人履行】被告人的法定代理人、近亲属依照前两款规定代为和解的，和解协议约定的赔礼道歉等事项，应当由被告人本人履行。

（三）和解对象

双方当事人可以就赔偿损失、赔礼道歉等民事责任事项进行和解，并且可以就被害人及其法定代理人或者近亲属是否要求或者同意公安机关、人民检察院、人民法院对犯罪嫌疑人依法从宽处理进行协商，但不得对案件的事实认定、证据采信、法律适用和定罪量刑等依法属于公安机关、人民检察院、人民法院职权范围的事宜进行协商。

【提示】当事人和解只能针对民事责任事项。

（四）和解阶段

和解适用于侦查、审查起诉与审判三个阶段。不同阶段达成和解协议的，公安机关、人民检察院、人民法院的处理方式不同。

（五）不同阶段达成和解协议的处理

不同阶段达成和解协议的，公安司法机关的处理方式不同：

（1）侦查阶段，公安机关可以向人民检察院提出从宽处理的建议。（不可以直接撤案）

（2）审查阶段，人民检察院可以向人民法院提出从宽处罚的量刑建议；对于犯罪情节轻微，不需要判处刑罚的，**可以**作出不起诉的决定。

（3）对达成和解协议的案件，人民法院**应当**对被告人从轻处罚；符合非监禁刑适用条件的，应当适用非监禁刑；判处法定最低刑仍然过重的，可以减轻处罚；综合全案认为犯罪情节轻微不需要判处刑罚的，可以免除刑事处罚。共同犯罪案件，部分被告人与被害人达成和解协议的，可以依法对该部分被告人从宽处罚，但应当注意全案的量刑平衡。

（六）和解协议

1. 和解协议的制作

双方当事人和解的，公安机关、人民检察院、人民法院应当听取当事人和其他有关人员的意见，对和解的自愿性、合法性进行审查，并**主持制作**和解协议书。

【提示】 公、检、法机关“主持制作”不等于由他们“制作”。和解协议书只是在公、检、法机关的主持下进行制作，真正制作和解协议书的是当事人。

2. 和解协议的审查

对公安机关、人民检察院主持制作的和解协议书，当事人提出异议的，人民法院**应当**审查。经审查，**和解没有违反自愿、合法原则的，予以确认，无需重新制作和解协议书**；和解不**具有自愿性、合法性的，应当认定无效**。和解协议被认定无效后，双方当事人重新达成和解的，人民法院**应当主持制作**新的和解协议书。

3. 和解协议的签名

（1）和解协议书应当由**双方当事人**和**审判人员签名**，但**不加盖人民法院印章**。

【注意】 和解协议书应当由双方当事人签字，可以写明和解协议书系在人民检察院主持下制作。**检察人员不在当事人和解协议书上签字，也不加盖人民检察院印章。**（《最高检规则》第 498 条第 3 款）（注意法院与检察院的区别）

（2）和解协议书一式三份，双方当事人各持一份，另一份交人民法院附卷备查。

（3）对和解协议中的赔偿损失内容，双方当事人要求保密的，人民法院应当准许，并采取相应的保密措施。

4. 和解协议的履行

和解协议约定的赔偿损失内容，被告人应当在协议签署后**即时履行**。（《刑诉解释》第 593 条第 1 款）

【注意】 和解协议书约定的赔偿损失内容，**应当在双方签署协议后立即履行，至迟在人民检察院作出从宽处理决定前履行。确实难以一次性履行的，在提供有效担保并且被害人同意的情况下，也可以分期履行。**（《最高检规则》第 499 条）（注意法院与检察院的区别）

【提示 1】 和解协议达成的赔偿损失内容是否应当即时履行，取决于是哪个阶段达成的协议。如果法院阶段达成的，应当即时履行；检察院阶段达成的，则例外情况下可以不即时履行。考生做题时应先判断是什么阶段。

【提示 2】 法院阶段达成的和解协议应当即时履行，而**附带民事诉讼中的调解协议约定的赔偿损失内容可以分期履行**。

5. 达成和解协议后提起附带民事诉讼的处理

双方当事人在侦查、审查起诉期间已经达成和解协议并全部履行，被害人或者其法定代理人、近亲属又提起附带民事诉讼的，人民法院不予受理，但有证据证明和解违反自愿、合法原则的除外。

6. 和解协议的反悔

（1）和解协议已经全部履行，当事人反悔的，法院不予支持，但有证据证明和解违反自愿、合法原则的除外。（《刑诉解释》第 593 条第 2 款）

（2）当事人在不起诉决定作出之前反悔的，可以另行达成和解。不能另行达成和解的，人民检察院应当依法作出起诉或者不起诉决定。当事人在不起诉决定作出之后反悔的，人民检察院不撤销原决定，但有证据证明和解违反自愿、合法原则的除外。（《最高检规则》第 503 条第 2 款、第 3 款）

7. 和解协议的无效

犯罪嫌疑人或者其亲友等以暴力、威胁、欺骗或者其他非法方法强迫、引诱被害人和解，或者在协议履行完毕之后威胁、报复被害人的，应当认定和解协议无效。已经作出不批准逮捕或者不起诉决定的，人民检察院根据案件情况可以撤销原决定，对犯罪嫌疑人批准逮捕或者提起公诉。

三、刑事缺席审判程序

（一）适用范围

1.【贪污贿赂等犯罪案件外逃人员的缺席审判】对于贪污贿赂犯罪案件，以及需要及时进行审判，经最高人民检察院核准的严重危害国家安全犯罪、恐怖活动犯罪案件，犯罪嫌疑人、被告人在境外，监察机关、公安机关移送起诉，人民检察院认为犯罪事实已经查清，证据确实、充分，依法应当追究刑事责任的，可以向人民法院提起公诉。人民法院进行审查后，对于起诉书中有明确的指控犯罪事实，符合缺席审判程序适用条件的，应当决定开庭审判。（《刑诉法》第 291 条第 1 款）

2.【被告人有严重疾病的缺席审判】因被告人患有严重疾病无法出庭，中止审理超过六个月，被告人仍无法出庭，被告人及其法定代理人、近亲属申请或者同意恢复审理的，人民法院可以在被告人不出庭的情况下缺席审理，依法作出判决。

3.【被告人死亡的缺席审判】被告人死亡的，人民法院应当裁定终止审理，但有证据证明被告人无罪，人民法院经缺席审理确认无罪的，应当依法作出判决。

4.【被告人死亡的缺席审判】人民法院按照审判监督程序重新审判的案件，被告人死亡的，人民法院可以缺席审理，依法作出判决。

（二）对于贪污贿赂等犯罪案件外逃人员的缺席审判案件的审理

1. 管辖法院

由犯罪地、被告人离境前居住地或者最高人民法院指定的中级人民法院组成合议庭进行审理。

【注意】人民检察院提起公诉的，应当向人民法院提交被告人已出境的证据。

2. 庭前审查

《刑诉解释》第 599 条：对人民检察院依照刑事诉讼法第二百九十一条第一款的规定提起公诉的案件，人民法院审查后，应当按照下列情形分别处理：

（1）符合缺席审判程序适用条件，属于本院管辖，且材料齐全的，应当受理；

（2）不属于可以适用缺席审判程序的案件范围、不属于本院管辖或者不符合缺席审判程序的其他适用条件的，应当退回人民检察院；

（3）材料不全的，应当通知人民检察院在30日以内补送；30日以内不能补送的，应当退回人民检察院。

3. 强制法律援助辩护

人民法院缺席审判案件，被告人有权委托辩护人，被告人的近亲属可以代为委托辩护人。被告人及其近亲属没有委托辩护人的，人民法院**应当**通知法律援助机构指派律师为其提供辩护。

4. 庭前准备（送达文书）

（1）对人民检察院对贪污贿赂犯罪被告人在境外的案件提起公诉的，人民法院立案后，应当将**传票和起诉书副本**送达被告人，传票应当载明被告人到案期限以及不按要求到案的法律后果等事项；应当将**起诉书副本送达被告人近亲属**，告知其有权代为委托辩护人，并通知其敦促被告人归案。

（2）人民法院应当通过有关**国际条约规定的**或者**外交途径提出的司法协助方式**，或者**被告人所在地法律允许的其他方式**，将传票和人民检察院的起诉书副本送达被告人。

5. 近亲属参与

被告人的近亲属申请参加诉讼的，应当在收到起诉书副本后、第一审开庭前提出，并提供与被告人关系的证明材料。有多名近亲属的，应当推选1至2人参加诉讼。对被告人的近亲属提出申请的，人民法院应当及时审查决定。

6. 法庭审理

参照适用公诉案件第一审普通程序的有关规定。被告人的近亲属参加诉讼的，**可以发表意见，出示证据，申请法庭通知证人、鉴定人等出庭，进行辩论**。

7. 一审裁判

（1）人民法院审理后应当参照普通程序的规定作出判决、裁定。

（2）作出有罪判决的，应当达到**证据确实、充分**的证明标准。

（3）经审理认定的罪名不属于《刑事诉讼法》第291条第1款规定的罪名的，应当终止审理。

（4）适用缺席审判程序审理案件，可以对违法所得及其他涉案财产一并作出处理。

8. 重新审理

（1）在审理过程中，被告人**自动投案**或者**被抓获**的，人民法院应当重新审理。

（2）罪犯在判决、裁定发生法律效力后到案的，人民法院应当将罪犯交付执行刑罚。**交付执行刑罚前**，人民法院**应当告知**罪犯有权对判决、裁定提出异议。罪犯对判决、裁定**提出异议**的，人民法院应当**重新审理**。

9. 上诉权

人民法院应当将判决书送达被告人及其近亲属、辩护人。被告人或者其近亲属不服判决的，有权向上一级人民法院**上诉**。辩护人经被告人或者其近亲属同意，可以提出上诉。

【注意】 人民检察院也有救济权，即人民检察院认为人民法院的判决确有错误的，应当向**上**

一级人民法院提出抗诉。

（三）对于被告人患有严重疾病案件或被告人死亡案件的缺席审判

1. 对于被告人患有严重疾病案件的缺席审判

（1）因被告人患有严重疾病导致缺乏受审能力，无法出庭受审，中止审理超过六个月，被告人仍无法出庭，被告人及其法定代理人、近亲属申请或者同意恢复审理的，人民法院可以根据刑事诉讼法第296条的规定缺席审判。

（2）符合上述规定的情形，被告人无法表达意愿的，其法定代理人、近亲属可以代为申请或者同意恢复审理。

2. 对于被告人死亡案件的缺席审判

（1）人民法院受理案件后被告人死亡的，应当裁定终止审理；但有证据证明被告人无罪，经缺席审理确认无罪的，应当判决宣告被告人无罪。

【注意】上述所称"有证据证明被告人无罪，经缺席审理确认无罪"，包括案件事实清楚，证据确实、充分，依据法律认定被告人无罪的情形，以及证据不足，不能认定被告人有罪的情形。

（2）人民法院按照审判监督程序重新审判的案件，被告人死亡的，可以缺席审理。有证据证明被告人无罪，经缺席审理确认被告人无罪的，应当判决宣告被告人无罪；虽然构成犯罪，但原判量刑畸重的，应当依法作出判决。

四、犯罪嫌疑人、被告人逃匿、死亡案件违法所得的没收程序

（一）案件范围

1. 依照刑法规定应当追缴违法所得及其他涉案财产，且符合下列情形之一的，人民检察院可以向人民法院提出没收违法所得的申请：

（1）犯罪嫌疑人、被告人实施了贪污贿赂犯罪、恐怖活动犯罪等重大犯罪后逃匿，在通缉一年后不能到案的。

（2）犯罪嫌疑人、被告人死亡。

【注意1】"贪污贿赂犯罪、恐怖活动犯罪等"犯罪案件，是指下列案件：

①贪污贿赂、失职渎职等职务犯罪案件；

②刑法分则第二章规定的相关恐怖活动犯罪案件，以及恐怖活动组织、恐怖活动人员实施的杀人、爆炸、绑架等犯罪案件；

③危害国家安全、走私、洗钱、金融诈骗、黑社会性质组织、毒品犯罪案件；

④电信诈骗、网络诈骗犯罪案件。（《刑诉解释》609条）

【注意2】"重大犯罪案件"，是指在省、自治区、直辖市或者全国范围内具有较大影响的犯罪案件，或者犯罪嫌疑人、被告人逃匿境外的犯罪案件。

【注意3】在审理案件过程中，被告人死亡或者脱逃，符合违法所得没收程序相关规定的，检察院可以向法院提出没收违法所得的申请。

（二）申请程序

犯罪嫌疑人、被告人死亡，依照刑法规定应当追缴其违法所得及其他涉案财产，人民检察院提出没收违法所得申请的，人民法院应当依法受理。

【注意 1—公安不可申请】公安机关认为有前款规定情形的，应当写出没收违法所得意见书，移送人民检察院。人民检察院可以向人民法院提出没收违法所得的申请。

【注意 2】违法所得没收程序的启动主体只有一个，即检察院。公安机关或法院无权启动违法所得没收程序。

【例】问：某贪污案件审理过程中被告人死亡，人民法院能否直接由普通程序转为违法所得没收程序追缴该被告人的违法所得？

答：不能，因为在违法所得没收程序中只有人民检察院是唯一的程序启动主体，该程序是否启动取决于人民检察院是否提出申请，法院只能裁定终止审理。

（三）法院的受理程序

1. 管辖法院：由**犯罪地或者犯罪嫌疑人、被告人居住地的中级人民法院**组成**合议庭**审理。

2. 法院的公告：法院应当发出公告。公告期间为 6 个月，公告期间不适用中止、中断、延长的规定。

3. **利害关系人申请参加诉讼**：犯罪嫌疑人、**被告人的近亲属和其他利害关系人**有权申请参加诉讼，也可以委托诉讼代理人参加诉讼。利害关系人申请参加诉讼的，应当在公告期间提出。利害关系人在公告期满后申请参加诉讼，**能够合理说明理由**的，人民法院应当准许。

4. **犯罪嫌疑人、被告人委托诉讼代理人参加诉讼**：犯罪嫌疑人、被告人逃匿境外，委托诉讼代理人申请参加诉讼，且违法所得或者其他涉案财产所在国、地区主管机关明确提出意见予以支持的，人民法院可以准许。

【注意】“其他利害关系人”是指**对申请没收的财产主张权利的自然人和单位**。

（四）审理方式

1. 开庭审理和不开庭审理。利害关系人参加诉讼的，法院**应当**开庭审理。没有利害关系人申请参加诉讼的，或者利害关系人及其诉讼代理人无正当理由拒不到庭的，可以不开庭审理。

2. 利害关系人接到通知后无正当理由拒不到庭，或者未经法庭许可中途退庭的**可以转为不开庭审理**，但还有其他利害关系人参加的除外。

（五）法院的裁定

1. 申请没收的财产属于违法所得及其他涉案财产的，除依法返还被害人的以外，应当裁定没收。

2. 对不属于应当追缴的财产的，应当裁定驳回申请，解除查封、扣押、冻结措施。

3. 【特殊情况认定】申请没收的财产具有**高度可能**属于违法所得及其他涉案财产的，应当认定为前款规定的“申请没收的财产属于违法所得及其他涉案财产”。**巨额财产来源不明犯罪案件**中，**没有利害关系人对违法所得及其他涉案财产主张权利，或者利害关系人对违法所得及其他涉案财产虽然主张权利但提供的证据没有达到相应证明标准的**，应当视为“申请没收的财产属于违法所得及其他涉案财产”。

（六）审理期限

审理申请没收违法所得案件的期限，参照公诉案件第一审普通程序和第二审程序的审理期限执行。

（七）上诉与抗诉

对于法院作出的裁定，犯罪嫌疑人、被告人的近亲属和其他利害关系人或者检察院可以**在 5 日内**提出上诉、抗诉。

（八）犯罪嫌疑人、被告人到案的处理

1. 没收违法所得审理过程中到案的

在审理过程中，在逃的犯罪嫌疑人、被告人自动投案或者被抓获的，人民法院**应当终止审理**。人民检察院向原受理申请的人民法院提起公诉的，可以由**同一审判组织**审理。

2. 没收违法所得裁定生效到案的

（1）没收违法所得裁定生效后，犯罪嫌疑人、被告人到案并对没收裁定提出异议，人民检察院向原作出裁定的人民法院提起公诉的，可以由**同一审判组织**审理。法院经审理，应当按照下列情形分别处理：

①原裁定正确的，予以维持，不再对涉案财产作出判决；

②原裁定确有错误的，应当撤销原裁定，并在判决中对有关涉案财产一并作出处理。

（九）犯罪嫌疑人、被告人未到案但发现已生效的没收裁定有错

法院生效的没收裁定确有错误的，除上述情形外，应当依照审判监督程序予以纠正。

五、依法不负刑事责任的精神病人的强制医疗程序

（一）适用条件

（1）实施**暴力**行为，危害**公共安全**或者严重危害公民**人身安全**，社会危害性已经达到犯罪程度；（2）但经**法定程序鉴定**依法不负刑事责任的**精神病**人；（3）有**继续危害社会可能**的，**可以**予以强制医疗。

（二）程序的启动方式

1. 公安机关发现精神病人符合强制医疗条件的，应当写出强制医疗意见书，移送人民检察院。

2. 对于公安机关移送的或者在审查起诉过程中发现的精神病人符合强制医疗条件的，人民检察院应当向人民法院提出强制医疗的申请。

3. 人民法院在审理案件过程中发现被告人符合强制医疗条件的，**可以**作出强制医疗的决定。

【小结】有权启动强制医疗程序的主体是人民检察院和人民法院，公安机关没有启动权。人民法院启动强制医疗程序不以人民检察院的申请为前提，但须以起诉为前提，因为没有起诉就没有审判，而人民法院只有在审理案件的过程中才有权启动强制医疗程序。

对于人民检察院启动的强制医疗程序中的精神病人称为**被申请人**，对于人民法院启动的强制医疗程序中的精神病人称为**被告人**。

【注意】对实施暴力行为的精神病人，在人民法院决定强制医疗前，**公安机关**可以采取**临时的保护性约束措施**。

（三）审理程序

1. 管辖法院：**被申请人实施暴力行为所在地**的**基层**法院；由**被申请人居住地**的法院审判更为适宜的，可以由被申请人居住地的基层法院管辖。

2. 审判组织：**应当组成合议庭审理。**

3. 审理方式：开庭审理。但是，被申请人、被告人的法定代理人请求不开庭审理，并经法院审查同意的除外。审理强制医疗案件，应当会见被申请人，听取被害人及其法定代理人的意见。

4. 通知法定代理人：人民法院审理强制医疗案件，应当通知被申请人或者被告人的法定代理人到场。被申请人或者被告人的法定代理人经通知未到场的，可以通知被申请人或者被告人的其他近亲属到场。

5. 强制法律援助代理：被申请人或者被告人没有委托诉讼代理人的，法院应当通知法律援助机构指派律师为其提供法律帮助。

6. 审理期限：法院经审理，对于被申请人或者被告人符合强制医疗条件的，应当在 1 个月以内作出决定。

7. 审理结果（针对检察院申请而启动的情形）

（1）符合强制医疗条件的，应当作出对被申请人强制医疗的决定；

（2）被申请人属于依法不负刑事责任的精神病人，但不符合强制医疗条件的，应当作出驳回强制医疗申请的决定；

（3）被申请人具有完全或者部分刑事责任能力，依法应当追究刑事责任的，应当作出驳回强制医疗申请的决定，并退回人民检察院依法处理。

【注意】被申请人不符合强制医疗条件的，如果没有人民检察院的起诉，人民法院不能将强制医疗程序转为普通程序进行审理。

（四）对处理结果不服的复议

被决定强制医疗的人、被害人及其法定代理人、近亲属对强制医疗决定不服的，可以自收到决定书之日起 5 日内向上一级人民法院申请复议。复议期间不停止执行强制医疗的决定。

（五）强制医疗机构的医疗与解除

1. 送交强制医疗。人民法院决定强制医疗的，应当在作出决定后 5 日内，向公安机关送达强制医疗决定书和强制医疗执行通知书，由公安机关将被决定强制医疗的人送交强制医疗。

2. 强制医疗的解除。强制医疗机构应当定期对被强制医疗的人进行诊断评估。对于已不具有人身危险性，不需要继续强制医疗的，应当及时提出解除意见，报决定强制医疗的法院批准。被强制医疗的人及其近亲属有权申请解除强制医疗。

3. 被强制医疗的人及其近亲属申请解除强制医疗的，应当向决定强制医疗的人民法院提出。

4. 被强制医疗的人及其近亲属提出的解除强制医疗申请被人民法院驳回，6 个月后再次提出申请的，人民法院应当受理。

（六）检察院对强制医疗的监督

人民检察院认为强制医疗决定或者解除强制医疗决定不当，在收到决定书后 20 日以内提出书面纠正意见的，人民法院应当另行组成合议庭审理，并在 1 个月以内作出决定。

【小案例练习】

案例 1：小张（16 岁）和小王（15 岁）在校园里发生争执，小张将小王打成轻伤并偷走小王的钱包报复，后小王的父母报案。法院对小张判处管制刑罚。

问题：小张的犯罪记录应当如何处理？

案例 2：小马和小邓因为邻里纠纷而争吵，后小马为报复小邓，将其打成轻伤，可能判处 1 年以下有期徒刑，后小马真诚悔罪，向小邓赔礼道歉，赔偿损失，并且小邓明确表示愿意接受小马的道歉，二人自愿和解，签署和解协议，小马履行协议后，小邓反悔与小马进行和解。

问题：法院应当如何处理？

案例3：A市税务局局长张某因贪污数额巨大，被监察机关立案调查，张某逃匿M国一直未归案。后监察机关移送检察院审查起诉，检察院认为事实已经查清，证据确实充分，依法应当追究刑事责任，向法院提起公诉，法院认为不属于缺席审判范围。

问题：法院应当如何处理？

案例4：A市税务局局长张某因贪污数额巨大，被监察机关立案调查，张某逃匿M国一直未归案。后监察机关移送检察院审查起诉，检察院认为事实已经查清，证据确实充分，依法应当追究刑事责任，向法院提起公诉。法院决定缺席审判该案，张某没有委托辩护人。

问题：法院应当如何处理？

案例5：A市税务局局长张某因贪污数额巨大，被监察机关立案调查，后移送检察院审查起诉，张某逃匿一直未归案，其此前一直居住于工作的A市。

问题：检察院可以向哪个法院申请没收违法所得？

案例6：A市税务局局长张某因贪污数额巨大，被监察机关立案调查，后移送检察院审查起诉，张某逃匿一直未归案。检察院向管辖法院提出申请没收违法所得。

问题：张某的近亲属是否有权申请参加诉讼？

【解析】

案例1—问题：小张的犯罪记录应当如何处理？

答案：**应当封存处理**。本案中，小张**犯罪时16周岁**且被判处**管制**刑罚（属于**五年有期徒刑以下**刑罚），应当对**犯罪记录予以封存**。法条依据为《刑事诉讼法》第286条。

案例2—问题：法院应当如何处理？

答案：**法院不予支持**。本案中，当事人双方签署了和解协议，并且小马及时履行了**和解协议**的赔偿损失内容。现和解协议**已经全部履行**且没有证据证明和解违反自愿、合法原则，小邓反悔的，法院**不予支持**。法条依据为《刑诉解释》第593条。

案例3—问题：法院应当如何处理？

答案：**退回检察院**。本案中，对于检察院依照缺席审判相关规定提起公诉的张某贪污犯罪案件，经审查后法院认为**不属于**可以适用**缺席审判的案件范围**，应当退回检察院。法条依据为《刑诉解释》第599条。

案例4—问题：法院应当如何处理？

答案：**应当通知法律援助机构指派律师为其提供辩护**。本案中，对于张某的贪污案件，法院决定在其逃匿境外的情况下缺席审判，且张某及其近亲属没有委托辩护人，因此法院应当通知法律援助机构指派律师为其提供辩护。法条依据为《刑事诉讼法》第293条。

案例5—问题：检察院可以向哪个法院申请没收违法所得？

答案：**A市中院**。本案中，张某的贪污犯罪案件符合没收违法所得申请的情况，且其**犯罪地、居住地**均为A市，因此应当向**A市中院**提出申请，由A市中院组成合议庭进行审理。法条依据为《刑事诉讼法》第 299 条第 1 款。

案例 6—问题：张某的近亲属是否有权申请参加诉讼？

答案：**有权**。本案中，张某涉嫌**贪污罪被监察机关调查**，且移送检察机关后检察院向法院提起了**没收违法所得的申请**，张某的近亲属有权申请参加诉讼。利害关系人参加诉讼的，法院应当开庭审理。法条依据为《刑事诉讼法》第 299 条第 2、3 款。